■ 杭州市哲学社会科学规划常规性立项课题（2012年度 D12LS01）：1960年代的人口"逆向"迁移——以浙江省为样本的实证分析。

浙江省哲学社会科学规划
后期资助课题成果文库

20世纪60年代初浙江省
精简城镇人口问题研究

20shiji 60niandaichu Zhejiangsheng
Jingjian Chengzhen Renkou Wenti Yanjiu

朱珏 著

中国社会科学出版社

图书在版编目(CIP)数据

20世纪60年代初浙江省精简城镇人口问题研究 / 朱珏著. —北京：
中国社会科学出版社，2015.3
ISBN 978 - 7 - 5161 - 5873 - 9

Ⅰ.①2… Ⅱ.①朱… Ⅲ.①城镇 – 人口 – 问题 – 研究 – 浙江省
Ⅳ.①C924.24

中国版本图书馆 CIP 数据核字(2015)第 069585 号

出 版 人	赵剑英
责任编辑	宫京蕾
特约编辑	周晓丽
责任校对	林福国
责任印制	何 艳

出 版	中国社会科学出版社
社 址	北京鼓楼西大街甲 158 号
邮 编	100720
网 址	http://www.csspw.cn
发 行 部	010 - 84083685
门 市 部	010 - 84029450
经 销	新华书店及其他书店

印刷装订	北京市兴怀印刷厂
版 次	2015 年 3 月第 1 版
印 次	2015 年 3 月第 1 次印刷

开 本	710×1000 1/16
印 张	19
插 页	2
字 数	321 千字
定 价	62.00 元

凡购买中国社会科学出版社图书，如有质量问题请与本社联系调换
电话：010 - 84083683

目　　录

图表目录

绪　论

一　选题缘起

1949 年 10 月 1 日，中华人民共和国成立。1952 年底，在完成国民经济恢复等任务之后，中共中央提出了过渡时期的总路线。根据总路线的要求，从 1953 年开始，国家对农业、手工业和资本主义工商业进行社会主义改造。1956 年底，三大改造完成，社会主义制度在中国确立。同时，为"逐步实现国家的社会主义工业化"，中共中央确立了"优先发展重工业"的战略，并于 1953 年开始实施旨在快速发展国民经济的第一个五年计划。到 1957 年底，各项经济建设指标都大幅度超额完成，"一五"计划顺利结束。

为了进一步加快工业化的进程，从 1957 年底开始，中国开始了声势浩大的"大跃进"运动。然而，由于忽视了当时的生产力发展水平，一味强调工农业指标的"赶美超英"以及生产关系的公有化程度，"大跃进"运动没能实现中国经济的更大"跃进"，相反，从 1959 年开始到 1961 年，中国的国民经济和人民生活出现了严重的困难。为了渡过难关，从 1961 年开始，中央政府采取了一系列措施来扭转国民经济的失衡局面，到 1965 年，国民经济的困难局面得到了有效缓解。在国民经济调整过程中，"精简城镇人口"即为一项重要的举措。1961—1963 年，短短三年多的时间，全国有两千多万城镇人口被精简，其中绝大多数被精简到农村，可谓规模宏大。

对于这一次的精简工作，毛泽东曾发出这样的感叹："我们的中国人民、我们的广大干部，好啊！叫做两千万人呼之则来，挥之则去！"[①] 周

---

① 罗平汉：《大迁徙——1961—1963 年的城镇人口精简》，广西人民出版社 2003 年版，第 262 页。

恩来对此的评价为："拆这么多'庙'，精简这么多人，这件事情，在中国，没有哪个政权能够这样做，只有我们才有这样做的群众基础。"①"精简城镇人口"，对于缓解国家财政与粮食等生活必需品供应的压力，对于实现国民经济调整的目标起到了重要的作用。与此同时，精简工作之所以最终在政策层面取得成功，是社会动员、中国的国家体制、中国的城乡差异以及民众的社会心理等多方面因素共同作用的结果。

然而，综观当代中国史的研究，对于"精简城镇人口"的描述，仅仅停留在把其作为国民经济调整过程中的一项措施进行论述。时至今日，重新回顾历史，我们却发现这段历史本身的复杂程度以及对于中国社会发展产生的影响远远超出了我们的想象。因此，我们有必要重新来认识与审视这一段历史。

客观地再现"精简城镇人口"这段历史，并在此基础上探讨其背后所蕴含的深层次问题，是笔者将 20 世纪 60 年代初期"精简城镇人口"问题作为研究对象的初衷。然而，如果把这一段历史放在全国范围内进行考察，无论是在资料的搜集上还是在论述的深度上都存在着相当的困难，往往会陷于泛泛而谈。因此，笔者选择将这一课题具体化为一个区域性的实证研究，既易于获得更为详尽的资料，同时也能够增加课题研究的深度和力度。

20 世纪 70 年代末开始，中国进入改革开放时期，学术界的研究氛围也呈现出日益开放的趋势。80 年代初，关于精简城镇人口问题的研究，已有了一些成果，但大多只是对精简政策本身所作的介绍性论述，且较为简略，并未进行深入的剖析。90 年代中后期以后，部分学者开始从学术研究的角度关注精简城镇人口问题，对精简城镇人口的原因、过程及结果作了初步的分析与探讨。进入 21 世纪，有学者关注到了某一地区精简城镇人口的问题，因而出现了关于这一问题的区域性研究成果。这一研究趋势表明，关于精简城镇人口问题的研究已逐步受到学界的重视。

关于 20 世纪 60 年代初期中国城镇人口的变化，李若建有过初步的测算：1961—1963 年中国各省的城镇人口数都呈减少趋势，其中四川省减少的人口数最多，为 175 万人，浙江在四川、贵州（减少 156 万人）之后位居第三位（减少了 148 万人）；另外，同一时期从城镇人口在总人口中

① 《认清形势，掌握主动》，《周恩来选集》（下卷），人民出版社 1984 年版，第 407 页。

减少的比重而言，贵州最多，为 56.5%，浙江在贵州、青海（55.7%）、宁夏（33.3%）、河北（28.3%）、陕西（27.7%）后位居第六位（为25.2%）。虽然城镇人口减少的原因包括了建制变化、人口出生与死亡的自然变化等原因，但李若建指出，人口迁移是这一时期城镇人口变化最主要的原因。① 可见，作为研究样本的浙江省在这一时期城镇人口的减少，无论是城镇人口减少的数量上还是城镇人口在总人口中减少的比重上，在全国都处于较高的水平。② 然而，对于浙江的精简城镇人口问题，目前除了一些回忆录与地方史志的记载之外，并没有从历史学角度进行深入的研究。因此，对浙江精简城镇人口问题进行专题研究既有其必要性，同时也有其意义。

　　首先，本课题的研究可以为当代中国史的研究提供新的视角。关于当代中国史研究的重要性不言而喻，因为"当代史波澜壮阔、曲折摇曳，与每个人的当下境况关系最为密切，因此最受人们关注。书写发生在身边的历史是历史学家群体不能逃避的职责"。③ 从中华人民共和国成立至今，中国社会发生了剧烈变革。对中国当代历史，学界一般划分为两个阶段，即前 30 年为"社会主义建设的初步探索"时期，后 30 多年为"改革开放"时期。而在前 30 年对社会主义建设的初步探索过程中，可谓"成绩伟大，问题不少；经验丰富，教训深刻"。④ 因此，更好地研究这一段历史对于中国未来的发展有着重大的借鉴意义。基于这样的一种历史责任，近年来，当代中国史研究尤其是对于中华人民共和国成立后前 30 年历史的研究日益为学界所重视。在这一领域，除了研究范围日益拓宽外，研究的视角也发生了显著变化，从原来单一的党史、革命史的研究视角开始向多元方向转变。本课题将有关精简城镇人口问题的研究与区域史研究有机结合，尽可能运用第一手档案史料，既要理清这一运动的发展脉络，又要

---

① 李若建：《大跃进时期的城镇化高潮与衰退》，《人口与经济》1999 年第 5 期。

② 除上述有关城镇人口数量以及城镇人口在总人口中所占比重的变化外，还可以以精简的平均数作一比较。1959 年中国行政区划进行大调整后，从 1959 年到 1969 年，全国省级行政区划30 个，按照全国精简 2200 万人口计算，平均每个省级行政区划精简的人口在 73 万左右。浙江精简的人口近 100 万，高于全国平均精简水平，因此在全国属于中上水平。

③ 王学典：《当代史研究的开展刻不容缓》，《山东社会科学》2009 年第 11 期。

④ 《百年潮》记者：《如何看待新中国前 30 年的历史——访中共中央党史研究室副主任张启华》，《百年潮》2009 年第 10 期。

呈现区域特征，剖析历史，通过实证分析，为当代中国史的研究提供典型的个案与翔实的数据，通过典型个案的剖析为当代中国史的研究提供一种新的研究视角，展现重大历史事件的发展脉络，使当代中国史的研究趋于客观、生动与深入。

其次，本课题尝试为精简城镇人口问题的研究提供新的方法。关于精简城镇人口问题，从20世纪80年代至今，已有不少的研究成果。但综观这些成果，大多在全国范围内进行概括性研究，可以说这是目前常用的一种研究方法。然而，由于研究范围的广阔，这一类的宏观研究在资料的收集、整理、鉴别以及对于论述层面的把握上都存在着较大的困难，往往容易陷入简单的定性研究之中，产生从结论到结论的弊端。因此，本课题在兼顾全国精简工作整体情况的基础上，将这一问题聚焦于某一区域内进行研究。浙江省相对于全国而言，资料较为集中，对于此问题研究的各个层面也较易把握，而且还可以通过大量的定量分析得出有关结论。因此，将精简城镇人口问题放入浙江省进行考察，为这一问题的研究提供了不同于以往宏观研究的一种新的研究方法，即以更多细致的定量研究代替简单的定性研究。同时，对于精简城镇人口问题的研究，结合政治学与社会学的有关理论方法，探讨导致精简工作在政策层面取得成功的一系列重要因素——社会动员、中国的国家体制、城乡的差异性、民众的社会心理等，从而将关于这一问题的研究不断推向深入。

再次，对于20世纪60年代初浙江省精简城镇人口问题本身而言，本课题的研究可以理清与这一课题相关的系列问题。第一，浙江当时被精简的城镇人口有92.3万人，然而事实上，整个精简工作还涉及被精简人员的家属以及虽然参与了精简工作但最终没有被精简的人员等，因此牵涉进精简工作的人员远不止这个数字。如此众多的人员在精简工作中，经历了一个什么样的心路历程以及怎样的精简过程？当浙江大量的城镇人口被精简到农村后，他们的生产生活状况如何，对于原本就人地矛盾突出的浙江农村产生了何等的冲击？这一时期浙江省的精简城镇人口工作呈现出一些什么样的区域特点？这些问题都还未有专门的研究。因此，浙江省的精简城镇人口问题还只是一段模糊的历史。本课题力图在翔实的史料基础上梳理这一段历史的脉络。第二，当已经进入城镇的人们再一次返回农村，是否真如毛泽东所说的"呼之则来，挥之则去"那么简单，他们的真实想法如何？他们如何评价这一段历史？第三，20世纪60年代的精简城镇人口工作，是一次"政治主导"下的人口迁移活动，浙江被精简的92.3万人中，绝大多数都回到了农村，他们对当时农村的农业生产及农村经济的发展产生了什么样的影响？同时，精简工作又留下了什么样久而未决的历史遗留问题？搞清楚这些问题，对于我们进一步研究当代浙江社会与经济的发展也有着实际的意义。

综上所述，希望通过本课题的研究，从浙江的个案入手，深入剖析20世纪60年代初国民经济调整时期非常态人口逆向流动的历史真实，为20世纪60年代初精简城镇人口问题的研究提供新的研究视角与研究方法，通过更多更为细致的定量研究，避免对于这一问题的研究陷入从结论到结论的弊端。同时，希望通过对浙江省精简城镇人口问题的系统梳理，关注亲历者真实的思想状况、总结这一工作的特点及其对浙江省产生的影响，从而为更好地推进浙江省的经济建设和社会发展，提供一定的借鉴。

二 研究综述

关于20世纪60年代初精简城镇人口问题的研究，根据研究范围与研究深度的不断推进，大致可分为三个阶段。

20世纪80年代：研究的初始阶段。

20世纪60年代初对精简城镇人口问题的研究，属于当代史研究的范围。从20世纪80年代开始，一些学者开始关注这一问题。柳随年等于1982年和1984年分别编著的《六十年代国民经济调整的回顾》[①]及《"大跃进"和调整时期的国民经济》[②]二书，对精简城镇人口的缘由、经过、结果等作了较为系统的阐述。如对于精简工作的结果，《"大跃进"和调整时期的国民经济》一书中就提到：精简工作"大大增强了农业生产第一线的劳动力，减少了国家商品粮供应和工资开支的压力，而且有力地配合了基本建设战线的压缩和工交企业的关、停、并、转，促进了整个国民经济的调整，对争取整个财政经济情况的好转起了很大的作用。许多被精简的职工及其家属，顾全国家大局，努力克服个人困

难，为调整国民经济作出了重大的贡献"。① 可见，书中对于精简工作产生的结果之论述是站在国家政策实施的角度进行评价。这一时期，关于精简城镇人口问题的研究成果大多为简略的介绍性论述。此外，1984年美国学者安斯利·科尔著的《1952—1982 年中国人口的急剧变化》②一书，也关注到了精简城镇人口所带来的中国人口变动情况。这一时期值得关注的还有 1988 年由何光主编的《当代中国的劳动力管理》③ 一书，书中对精简城镇人口过程中有关被精简人员的数量、去向等方面作了统计与分析，这一成果为后来的研究提供了许多有益的资料与数据，也是现在借鉴频率较高的一个研究成果。除了上述成果，在这一时期出版的一些通史类的专著，如马齐彬的《中国共产党执政四十年》④ 等，都涉及了精简城镇人口问题。

总体而言，20 世纪 80 年代作为研究的初始阶段，关于精简城镇人口问题的研究成果，主要解决了以下两方面的问题：一是已有学者注意到了精简城镇人口这一问题，并从政策层面对精简政策实施的背景、经过、结果作了考察；二是为之后深入研究精简城镇人口问题提供了部分数据。

然而，这一时期的成果大多为介绍性的论述，并没有进行深入研究，究其原因是多方面的。一方面，史料的挖掘受到限制。精简城镇人口发生于 20 世纪 60 年代初，距离当时不到 20 年的时间，档案资料与其他史料都没有开放，这样就造成了学者们在史料的收集与解读上存在很大的困难，研究的难度很大；另一方面，事件本身具有一定的敏感性，研究所涉及的许多层面都还存在禁区，对于这一问题本身不能做到客观把握。因此，这一时期称之为研究的初始阶段。

20 世纪 90 年代：研究的初步发展阶段。

进入 20 世纪 90 年代以后，有学者注意到 1949 年以后中国人口的变化情况，其中"大跃进"运动前后中国人口的急剧变化就是学界关注的

---

① 柳随年、吴群敢：《"大跃进"和调整时期的国民经济》（1958—1965），黑龙江人民出版社 1984 年版，第 112 页。

② Coale·Ansley J: *Rapid Population Change in China*, 1952—1982. *Committee on Population and Demography*, *Washington D. C.*: *National Academy Press*（1984）。

③ 何光主编：《当代中国的劳动力管理》，中国社会科学出版社 1988 年版。

④ 马齐彬等：《中国共产党执政四十年》，中共党史出版社 1989 年版。

焦点问题之一。关于"大跃进"运动引起的人口非正常死亡数究竟有多少，由于当时的户口登记中有不少遗漏，因此难以作出确切的回答。《中共党史研究》1997 年第 2 期刊发了李成瑞的《"大跃进"引起的人口变动》一文，文中对美国人口学家科尔于 1984 年出版的《1952—1982 年中国人口的急剧变化》一书中对中国在 1958 年到 1963 年的超线性死亡（非正常死亡）人数为 2680 万的数据，与蒋正华在 1986 年著的《中国人口动态估计的方法与结果》的专论中对 1958 年到 1963 年中国的非正常死亡人数为 1697 万这两组数字作了对比，认为蒋正华运用的计算方法与得出的结论更为科学、客观。文章中翔实的数据与科学的研究方法引起了学界的广泛关注。同一时期，李若建也注意到了 1988 年《中国人口年鉴》中公布的 1954—1987 年间中国人口迁移统计数字失实的问题。1994 年，李若建发表《中国人口迁移统计失实原因探讨》[1] 一文，认为 1988 年的《中国人口年鉴》公布的 1954—1987 年间中国人口迁移的统计数字是失实的，并对这些数字失实的原因作了探讨。1998 年至 1999 年的两年间，李若建连续刊发了《大跃进与困难时期人口迁移初步探讨》[2]《大跃进后人口损失的若干问题》[3]《大跃进时期的城镇化高潮与衰退》[4] 等论文，文中通过大量的数据对比以及自己的实地调研，指出了一个十分尖锐的问题：即"大跃进"运动之后和困难时期中国人口统计的数据是失实的，他指出了数据失实的原因，并根据自己的调查分析得出了有关人口损失与迁移的结论，同时也提到了"大跃进"时期及之后中国城镇化高潮与衰退的根本原因是"大跃进"运动的政策失误，但是也涉及城乡隔离政策、粮食政策、区域发展政策、城镇发展等政策上的失误。尽管这些成果都没有对 1961—1963 年的精简城镇人口问题作直接的研究，但对于精简问题都有不同程度的涉及，尤其是提供了较为翔实的精简数据，可以说为精简问题的专题研究提供了有益的借鉴。此外，这一时期已有学者专门就精简城镇人口问题进行了研究，陈理的《60 年代初精减职工、动员城市人口下乡

---

① 李若建：《中国人口迁移统计失实原因探讨》，《中山大学学报论丛》1994 年第 3 期。

② 李若建：《大跃进与困难时期人口迁移初步探讨》，《中山大学学报》（社会科学版）1999年第 1 期。

③ 李若建：《大跃进后人口损失的若干问题》，《中国人口科学》1998 年第 4 期。

④ 李若建：《大跃进时期的城镇化高潮与衰退》，《人口与经济》1999 年第 5 期。

决策的研究》① 一文具有代表性，文章从压低粮食销量，有效缓解全国性的粮食危机，尤其是城市缺粮危机以及顺利贯彻执行“八字”方针，实现国民经济的调整两个方面阐述了精简城镇人口的必要性，同时指出精简政策经过酝酿、全面启动及收尾三个阶段，最终实现了缓解粮食危机，维护社会稳定；加强农业战线，促进农业生产的恢复和发展；有利于工业、基本建设的调整和劳动生产率的提高的重大成效。应该说这一成果对精简城镇人口政策本身在提出、实施、结果等层面都作了较为细致的诠释。

除了上述论文外，这一时期一些专著中也涉及了精简问题，如丛进的《曲折发展的岁月》一书，在其第二篇“克服困难的斗争”中对“精减城市人口的决策”专门作了论述，从当时任中共中央财经小组组长的陈云提出精简城镇人口的举措，到中共中央出台一系列精简政策以及精简任务的胜利完成，对整个精简工作从政策的层面作了介绍。② 此外，李锐的《大跃进亲历记》③ 一书也谈到了相关的精简问题。虽然这些论著中把精简城镇人口依然只是作为国民经济调整时期的一项举措进行介绍与论述，但无论是在数据的运用上还是论述的角度上，比起上一阶段而言，要客观得多。

这一阶段的研究成果呈现出以下两方面的特点：一是出现了一批致力于精简城镇人口这一专题研究的学者，正是在这批学者的推动之下，学界已开始真正地从研究的角度关注精简城镇人口问题；二是关于这一问题在政策层面的诠释，例如精简城镇人口的背景、过程、结果等方面的内容已较为清晰。

综上所述，进入 20 世纪 90 年代尤其是 90 年代中后期，关于精简城镇人口问题，已出现了一些论文与论著类的专题性成果，比起上一阶段仅仅作一些介绍性的论述而言，研究的专题性与深度都有所加强。但是，精简城镇人口问题，涉及国家、社会以及个体等多个层面，而这一时期的研究成果只限于对精简政策本身进行考察，研究视角较为单一，从而也影响了研究的深度，因此，可以称这一时期为研究的初步发展时期。

---

① 陈理：《60 年代初精减职工、动员城市人口下乡决策的研究》，《当代中国史研究》1996 年第 6 期。

② 丛进：《曲折发展的岁月》，河南人民出版社 1990 年第二次印刷，第 380—382 页。

③ 李锐：《大跃进亲历记》，上海远东出版社 1996 年版。

进入 21 世纪：研究的进一步发展阶段。

进入 21 世纪，关于 20 世纪 60 年代初精简城镇人口问题的专题性研究成果不断增多，研究的视角与范围也不断拓展。

首先，值得一提的是罗平汉于 2003 年出版了《大迁徙——1961—1963 年的城镇人口精简》①一书。关于研究这一问题的缘起，正如该书的"前言"中所写："对于我们共和国，对于那个时代经历了这场大精简的人们，这是一段难以忘怀的记忆。然而，对于这一历史，许多的国史著述或一笔带过，或寥寥数语，并不曾有详细的记叙，更不要说有专门的论著了。"②有鉴于此，该书对这段历史进行了一番梳理，对 1961—1963 年的精简城镇人口的起因、经过、结果作了较为深入的考察。书中用了很大的篇幅介绍了精简工作的背景，指出"大跃进"、"大招工"、社会主义建设过程中"左"的错误的泛滥是造成国民经济困难和中共中央出台精简城镇人口政策的主要原因。关于精简城镇人口的过程，书中从出台"八字"方针、清理劳动力、启动大精简、统一认识、痛下决心等几个方面作了考察。关于这一工作的效果，书中得出的结论是："1961 年至 1963 年的精简工作，是共和国在非常时期采取的非常措施。这场大精简是迫不得已的，却又是十分成功的……这项涉及上千万个家庭、数千万人口的大迁徙，没有出现社会动荡，没有出现人们曾担心的大乱子，是十分不容易的。"③此外，书中还涉及了部分地区精简工作的概况。应该说，该书是对于精简问题进行较为系统研究的一项十分重要的成果，也是到目前为止关于精简城镇人口问题研究的最为翔实的论著，为其他学者研究精简城镇人口问题提供了十分重要的借鉴。除了这一专著外，罗平汉在这一时期还发表了《三年困难时期的大精减》④《一九五八年至一九六二年粮食产销的几个问题》⑤等几篇相关的论文，对精简城镇人口的相关问题进行了专题剖析。

其次，除了罗平汉对于精简城镇人口问题倾注了大量的研究热情外，

---

① 罗平汉：《大迁徙——1961—1963 年的城镇人口精简》，广西人民出版社 2003 年版。

② 同上。

③ 同上书，前言，第 7 页。

④ 罗平汉：《三年困难时期的大精减》，《文史精华》2003 年第 4 期。

⑤ 罗平汉：《一九五八年至一九六二年粮食产销的几个问题》，《中共党史研究》2006 年第 1 期。

还有一些学者也关注到这一问题，研究成果颇为丰硕。李若建一直从人口史、人口学等角度对于"大跃进"运动后中国的人口变化情况作了大量研究，其中有相当一部分研究成果涉及了精简城镇人口问题。他于 2000 年和 2001 年分别刊发了两篇与精简城镇人口问题相关的论文。《"大跃进"与困难时期的人口流动》① 一文指出，"大跃进"与困难时期是当代中国人口流动的一个高峰时期，"大跃进"是形成大规模流动人口的最根本的原因，自然灾害的空间分布不均衡、下放城镇居民与职工、压缩教育规模和非正式经济活动都是部分原因。大部分流动人口最后还是返回家乡，少量在流入地安置下来，由于政府采取了比较妥当的措施，使这次的人口大规模流动没有引起大的社会波动。《困难时期的精简职工与下放城镇居民》② 一文，则论述了精简城镇人口的背景、被精简人员的构成、被精简之后的生活与出路以及精简所带来的历史遗留问题。此外，陈建兰在 2006 年刊发的《1961—1963 年中国城镇人口精简浅析》③ 一文，谈到了"大跃进"运动、"人民公社化"运动与大饥荒所带来的严重困难局面是导致精简工作产生的直接原因，中共的领导与组织是本次迁移得以顺利完成的保证，因而这一人口大迁移运动与西方的人口迁移规律完全相左，它有着自己的特点。然而这一逆向人口迁移运动并没有发挥人们预期的作用，却带来了一些消极的后果。应该说文章十分尖锐地指出了精简工作所带来的负面影响，例如文中提到精简是中国城市化进程中的一次大倒退，是一次人口的逆向迁移，给中国的发展带来了一系列不利后果等，引发了许多思考。这一时期，对精简城镇人口问题进行专题研究的论文成果还包括了刘松林的《浅析 1957 至 1963 年国家职工人数波动的原因及其历史经验教训》④，该文将 1957—1963 年全国职工人数的波动大致分为迅猛增长期、持续增长期以及调整下降期（即精简城镇人口时期）三个时期，并提出，到 1963 年底，精简工作取得重大进展，职工人数压缩到了 3293 万人，比 1960 年减少了 1751 万人，基本达到了预定的目标。郑美霞的《试

---

① 李若建：《"大跃进"与困难时期的人口流动》，《中国人口科学》2000 年第 4 期。

② 李若建：《困难时期的精简职工与下放城镇居民》，《社会学研究》2001 年第 6 期。

③ 陈建兰：《1961—1963 年中国城镇人口精简浅析》，《兰州学刊》2006 年第 6 期。

④ 刘松林：《浅析 1957 至 1963 年国家职工人数波动的原因及其历史经验教训》，《党史纵横》2003 年第 1 期。

论困难时期的职工精简与城镇居民压缩》① 一文，除了考察精简政策出台的背景及精简的经过之外，还着重分析了精简产生的影响，认为精简工作是渡过灾荒的必要之举，但同时影响农村和城市的发展，造成当时社会的混乱，因此在现实与意愿之间形成了巨大的差距。应该说，该文对精简产生的影响作了较为客观的评价。苏维民的《杨尚昆与三年困难时期精减城市人口》② 一文，通过对时任精简工作负责人之一的杨尚昆的考察，论述了精简政策出台及实施的过程。除了这些专题论述外，这一时期与精简城镇人口问题相关的论文还包括黎源的《建国后三次人口大迁徙的流动机制比较及启示》③、曹树基的《1959—1961 年中国的人口死亡及其成因》④、李庆刚的《十年来"大跃进"研究若干问题综述》⑤、张善余的《三年经济困难时期中国人口地区分布的变动》⑥、柳森的《1961—1965 年国民经济调整研究评述》⑦ 等，这些研究大多将精简问题放在国民经济调整的大范围内进行考察，或是与其他的迁移活动作横向比较，加强了对精简问题研究的深度。可见，这一时期对于精简城镇人口问题的研究，其结论已出现多元化的趋势。

此外，这一时期关于区域性的精简城镇人口问题的研究成果开始呈现，进一步表明关于这一问题的研究视角趋于多元化，其中有代表性的如柳森，他对江苏省的精简城镇人口问题作了考察。他在《1961—1963 年江苏省国民经济调整中的职工和城镇人口精减》⑧ 一文中，对江苏省精简城镇人口的过程、各地区与各部门被精简的人数以及精简产生的结果作了较为详细的论述。文章对江苏省从 1961 年 1 月到 1963 年 7 月底被精简的城镇人口数的估算约为 143 万，其中全民所有制职工大约为 77 万。认为

---

① 郑美霞：《试论困难时期的职工精简与城镇居民压缩》，《怀化学院学报》2007 年第 2 期。

② 苏维民：《杨尚昆与三年困难时期精减城市人口》，《百年潮》2008 年第 10 期。

③ 杨黎源：《建国后三次人口大迁徙的流动机制比较及启示》，《探索》2007 年第 3 期。

④ 曹树基：《1959—1961 年中国的人口死亡及其成因》，《中国人口科学》2005 年第 1 期。

⑤ 李庆刚：《十年来"大跃进"研究若干问题综述》，《当代中国史研究》2006 年第 2 期。

⑥ 张善余：《三年经济困难时期中国人口地区分布的变动》，《中国人口科学》2002 年第 3 期。

⑦ 柳森：《1961—1965 年国民经济调整研究评述》，《北京党史》2010 年第 1 期。

⑧ 柳森：《1961—1963 年江苏省国民经济调整中的职工和城镇人口精减》，《当代中国史研究》2009 年第 3 期。

精简工作既支援了农业生产，又减轻了国家负担，成为江苏省国民经济调整中的一个关键环节。关于浙江省精简城镇人口问题，王义跃发表了《20世纪 60 年代初浙江的精简工作》①一文，文中主要运用中共浙江省委的文件汇编资料对浙江省精简城镇人口的背景、基本过程作了系统的梳理，并在此基础上提出了自己对这一问题的思考。可以说该文为在浙江省范围内考察精简城镇人口问题的研究开启了一个窗口。

这一时期，一些研究生也将研究的目光向这一问题汇集，如南京师范大学 2008 级硕士研究生陈通的硕士论文《"文革"前知识青年上山下乡运动发展过程研究》②中有关于精简城镇人口时期的知识青年上山下乡运动的研究，研究的重点主要包括建立领导机构、编制计划、出台纲领性文件、对安置工作中的具体问题提出针对性较强的解决方案等。

除了上述成果外，还可以在一些通史类的论著中见到有关这一问题的论述。如苏星的《新中国经济史》③，中共浙江省委党史研究室编的《当代浙江简史》④，杨树标、梁敬明、杨菁的《当代中国史事略述》⑤ 等，尽管这些论著依然只是把精简城镇人口作为调整国民经济的一项措施论述，且往往较为简略，但是这些成果力图客观地记述这一事件的始末，并不多作主观性较强的定性评述，因此，其论述比起之前一个阶段的研究成果而言，客观性增强，也留给其他学者许多的研究空间。

综上所述，进入 21 世纪，关于精简城镇人口问题的论文与论著无论在数量上还是质量上都取得了很大的进展，形成了一定的研究氛围，主要凸显了以下几方面的特点：一是研究视角有所拓宽，如出现了地区性、横向比较等研究成果；二是思考的角度多元化，如对精简产生的结果问题，出现了不同以往的反思；三是对这一问题站在一个更为客观的角度进行研究，因此，可称作研究的进一步发展时期。

除了国内学者的研究成果之外，台湾也有一些学者关注到了大陆的人

---

① 王义跃：《20 世纪 60 年代初浙江的精简工作》，载《当代浙江研究》，中共党史出版社 2009 年版。

② 南京师范大学 2008 级硕士研究生陈通硕士论文：《"文革"前知识青年上山下乡运动发展过程研究》。

③ 苏星：《新中国经济史》，中共中央党校出版社 2007 年版。

④ 中共浙江省委党史研究室编：《当代浙江简史》，当代中国出版社 2000 年版。

⑤ 杨树标、梁敬明、杨菁：《当代中国史事略述》，浙江人民出版社 2003 年版。

口变动问题。在台湾的《人口学刊》《人口研究通讯》《现代化研究》等刊物上发表了一系列关于大陆人口迁移问题的研究。然而，这些研究大多关注的是改革开放以后中国大陆的人口迁移状况，尤其是农村人口迁移至城市对社会经济发展的影响。对于中国大陆在 20 世纪 50 年代末 60 年代初的人口变动情况，台湾学者虽有所涉及①，但无专门研究。

西方学者对于中国 20 世纪 60 年代初精简城镇人口问题也有所关注，可以在一些西方学者所著的有关中国通史类的编著中见到有关的论述，如美国学者 R. 麦克法夸尔和费正清编的《剑桥中华人民共和国史》（上卷）的第八章中，关于精简城镇人口，有"与减少投资同时，关闭了好几万建筑和工业企业事业单位，将近 3000 万城市居民被迫在农村重新定居……"这样的论述。② 其他如莫里斯·梅斯纳的《毛泽东的中国及其发展——中华人民共和国史》③ 等论著都涉及了 20 世纪 60 年代初的精简城镇人口问题。应该说，随着西方对中国了解的增强，越来越多的西方学者开始对中华人民共和国成立后的中国政治、经济、社会、文化等各方面进行专题的研究，出现了许多论文与论著，而在这些研究成果中，也都提到了 20 世纪 60 年代初中国的精简城镇人口问题。然而，综观这些著述，可以看到，一般西方学者都把 20 世纪 60 年代初的精简城镇人口问题作为这一时期中国国民经济调整的一项措施来进行简单的阐述，而其论述的依据也大多为中国一些学者的研究成果或是采用了中国政府的一些统计数据，并没有对这一问题进行专题性的、深入的研究。

前辈学者的研究成果为本课题的研究提供了很好的借鉴与参考。然而，综观现有的关于 20 世纪 60 年代初精简城镇人口问题的研究，依然存在着一些不足之处或需要深入探讨的问题，主要表现在以下几个方面。

首先，关于 20 世纪 60 年代初精简城镇人口问题的实证研究成果较少。将精简问题放入某一区域内进行实证研究，最大的优点就是可以真正做到以"史料说话"，可以避免做宏观研究时经常会产生的一种弊端——

---

① 台湾政治大学东亚研究所刘兆崑的《中国大饥荒时期"非正常人口死亡"研究之综述与解读》一文就对三年困难时期中国的死亡人口数进行了研究。

② ［美］R. 麦克法夸尔、费正清编：《剑桥中华人民共和国史》（上卷），中国社会科学出版社 2007 年版，第 355 页。

③ 莫里斯·梅斯纳：《毛泽东的中国及其发展——中华人民共和国史》，社会科学文献出版社 1992 年版。

"从结论到结论"，可以作为一种支撑，对历史进行有血有肉的描绘，可以真正还"历史以本来面目"。这样的实证研究成果积累到了一定的程度，就会为宏观研究提供强有力的支撑与印证，能更清晰地把握历史变迁的脉络，此所谓"以小见大，以微观处见之宏观气势"。① 而在现有的关于精简问题的研究成果中，只有柳森、王义跃等少数学者将精简问题放在某一区域内进行研究并基于政策层面的分析对这一事件进行了初步的梳理。在其他的成果尤其是论著成果中，大多数的研究是将这一问题放在全国范围内进行考察，而很少从某一个省或某一个地区出发进行剖析，即缺少实证研究。通过这种大范围的研究，虽然可以把握这一事件的宏观脉络，但要具体深入分析，难度很大，很容易忽略一些虽然是细节但又是十分关键的问题，因此不能真实地还原历史，同时也使研究缺乏生动性，难以接近历史的真实。

其次，在史料的发掘、整理与鉴别上存在一定的欠缺。正如上文所述，综观现有的关于精简城镇人口的研究，大多为宏观的、整体性的研究。这类研究成果较多的是侧重于整体上的梳理，因此，采用的史料基本上是已经整理成册的各类统计年鉴、文件汇编、各级领导的文集、文选等。虽然这一类史料可以作为研究的参考，但这一类史料已经经过整理，整理的过程中已经融入了资料整理者的一些观察与思考，因此可能在某些方面对资料经过了修改，或添加、或删除，如果基于这些资料进行研究与分析，难免有失偏颇，同时也会使我们通过对这类资料的分析得出的结论有失客观公正。在现有的成果中，基本上没有基于档案、口述等原始史料进行专题研究的成果，因此对于这一问题的研究，在史料的发掘、整理方面存在着很大的不足。

再次，对这一问题研究的深度不够。精简城镇人口问题，涉及三个主要的层面，即国家、社会与个体。而在现有的研究成果中，大多关注的是20 世纪 60 年代初精简城镇人口的背景、过程、结果等问题，即关注精简政策的实施与效果，也就是只关注到了精简所带来的国家层面的变化。在这一项工作中，全国被精简的人员有两千多万，而事实上牵涉进这一项工作的人员远不止这两千多万人。数量如此庞大的人员参与了这一项工作，引起了什么样的社会变迁，在现有的研究中是缺乏的。与此同时，关于这

---

① 朱珏：《近十年中国乡村社会史研究述论》，《浙江社会科学》2011 年第 2 期。

些被精简人员以及其他牵涉进这一项工作的人们，他们的生产、生活与思想变化状况的研究，也都是缺乏的。缺少了社会与个体这两个层面的研究，有关精简城镇人口问题的研究就会缺乏生动性，从而也限制了研究的深度。

最后，对于由精简城镇人口问题而引申出的其他问题关注不够。精简城镇人口，是在特定的历史条件下采用非常的手段进行的，尽管精简最终取得了成功，但这只是政策层面的成功，精简工作对于社会和个体、家庭造成的冲击是十分剧烈的。精简工作为何能够实施并取得成功，这就涉及社会动员问题，在社会动员下，个体、社会层面的变动完全被国家层面的结果所掩盖，国家、社会、个体之间的关系也变成了一种畸形的关系。除了社会动员，中国国家的体制、中国的城乡差异、民众的社会心理等因素也影响着精简工作的结果。而当历史发展到今天，随着社会的进步，这些因素是否还能推动国家、社会健康地向前发展，这是精简城镇人口所引申出的值得我们深思的一个重要问题。

综上所述，关于精简城镇人口问题的研究，一方面，对原始史料和口述资料的发掘、整理工作不足；另一方面，有关的实证研究缺乏。因此，对精简问题的整体性把握不够，即精简工作的真实情况尚不清晰。以往的研究只是勾勒出这一历史事件的大概轮廓，而缺少了许多鲜活、生动的内容，因而我们对于这一事件的认识是模糊的，还未能描绘出这一事件的清晰脉络，同时对于精简工作中的许多相关延伸问题缺乏深入的研究。

三　概念界定

在深入探讨 20 世纪 60 年代初浙江省精简城镇人口问题之前，有必要对本课题所涉及的概念及浙江省的行政区划作一个界定。

本书涉及的几个主要概念：

国民经济调整时期：本书的研究时段是 20 世纪 60 年代初，属于"国民经济调整时期"。1956 年，"三大改造"完成，社会主义制度在中国确立，中共开始了社会主义道路的探索历程。为加快社会主义建设的步伐，在全国范围内开展了"大跃进"运动和"人民公社化"运动。由于忽视了客观的经济规律，"大跃进"和"人民公社化"运动造成了中国社会主义道路探索过程中的严重失误，国民经济和人民生活出现严重困难，因此，从 1959 年至 1961 年被称为"三年困难时期"。面对社会主义建设中出现的严重困难，中共中央提出了"调整、巩固、充实、提高"的八字方针，制定了一系列政策和措施，并从 1961 年开始对国民经济进行调整。调整的措施包括调整农村生产关系，加强农业战线，恢复和发展农业生产；大力缩短基本建设战线，压缩重工业生产；对工业企业实行关停并转，精简职工，精简城镇人口；消灭财政赤字，稳定市场等。① 到 1965 年，调整任务基本完成，因此，从 1961 年到 1965 年，通常被称为"国民经济调整时期"。本课题主要探讨的是这一时期的精简城镇人口问题。

人口迁移："迁移"一词与其拉丁语词源"migratre"有关。在拉丁文中，"migrare"一词虽有改变住所的意思，但更明确的意义则是指改变某人的文化环境和所处社区。《中国大百科全书·地理学》对人口迁移解释为"一定时期内人口在地区之间永久或半永久的居住地变动，人口迁移的形式为移民"。② 除了大百科全书的解释，关于"人口迁移"的定义，学界可以说是众说纷纭。虽然学界对于"人口迁移"一词在概念和实际界定中可能存在着不尽一致之处，有些释义较为笼统，而有些释义较为细化，但大多数学者都同意"人口迁移"即"发生了空间位置上的变动"这一观点。本课题研究的"20 世纪 60 年代初的精简城镇人口"问题，就是有两千多万人的居住地从城镇迁移出去，其空间位置发生了变化，且这种变化具有长期性的特征，因此，可以认为这就是一种"人口迁移"现象。

精简城镇人口：这是本课题最主要的一个概念。这里所指的被精简的城镇人口，可具体化为三个概念，即"被精简的企业职工""被精简的城镇人口""被减少的吃商品粮人口"。

一是"被精简的企业职工"。1956 年"三大改造"完成以后，绝大多数的企业都转变为公有制企业，其中主要分为全民所有制企业与集体所有制企业两大类。而在这两类企业中，又以全民所有制企业占的比例居多。在 1961—1963 年从城镇被精简到农村的人员中，人数最多的就是全民所有制企业的职工。因此，这是我们关注的被精简人员中最主要的一个人群。

_____

① 有关国民经济调整的有关内容，参见《关于建国以来党的若干历史问题的决议》（注释本），人民出版社 1983 年版，第 336—342 页。

② 《中国大百科全书·地理学》，中国大百科全书出版社 1990 年版，第 358 页。

　　二是被精简的城镇人口。与第一类人群相比，被精简的城镇人口的范围要广泛得多，主要包含了三个群体：一是前面提到的被精简的企业职工，这部分人员占了被精简的城镇人口的大多数。二是职工家属。他们跟随已经是职工身份的丈夫（妻子）或是父母从农村来到城市，或被招入企业，或从事其他一些临时性的工作，或在家赋闲。当他们的丈夫（妻子）或是父母符合被精简的条件，从城镇重新回到农村的时候，他们中的绝大多数人员也随之迁出城镇。三是一部分城市当中的无业或是闲散人员。这部分人员当中的青壮年人群，具有一定的劳动能力，而在城市中又无所事事，为了减轻城市的各种压力，他们也成了被精简的对象。

　　三是被减少的吃商品粮人口。吃商品粮人口，简单地说就是非农业人口。在城市中，大部分人口都属于吃商品粮人口；而在农村，也有少数人员（指乡镇机关的工作人员以及农村文教卫系统的人员等）属于吃商品粮人口。在1961—1963年被减少的吃商品粮人口中，绝大多数人员是城市吃商品粮的人口，但也有少数农村吃商品粮的人口转变成农业人口。

　　应该说，这三大人群是本课题中涉及的最主要的三个人群，且包含的范围呈逐步扩展趋势。在现有的研究中，一般采取"精简城镇人口"来表述。但由于资料来源与统计口径的不同，本课题对这三大人群既有分开的考察，也有集中的论述，而考察的重点是被精简的全民所有制企业职工，兼述其他被精简人员。

　　另外，精简工作中，被精简人员的流向是十分复杂的，在浙江省主要涉及三种流向：一是浙江省内的精简城镇人口，二是外省精简到浙江省，三是浙江省精简到外省。而在这三种流向中，浙江省内的精简城镇人口是最为主要的方面，而且这一方面的资料也是最为集中、全面的。为了更清晰、更集中地梳理浙江精简工作的全过程，本课题主要考察的是浙江省内的城镇人口精简情况，同时兼顾其他两类精简流向。

　　有关浙江省行政区划的界定：

　　中华人民共和国建立以后，浙江省的行政区划在不断地变化之中，在本文中，由于涉及20世纪60年代浙江省行政区划的沿革，因此笔者大致采用了当时"专区"的划分。

　　1958年至1959年，浙江省有5个专区，包括嘉兴专区、宁波专区、温州专区、金华专区和舟山专区；三个地级市，包括杭州市、宁波市和温州市，共辖 51 个县。1960 年浙江省有 4 个专区，包括嘉兴专区、宁波专区、温州专区以及金华专区，舟山归入宁波专区；三个地级市，包括杭州市、宁波市和温州市，共辖 45 个县。1961 年仍为 4 个专区，三个地级市，共辖 54 个县。1962 年全省有 6 个专区，包括嘉兴专区、宁波专区、温州专区、金华专区、台州专区以及舟山专区；三个地级市，包括杭州市、宁波市以及温州市，共辖 63 个县。1963 年，浙江省又增加了丽水专区，地级市仍为 3 个，共辖 63 个县。1964 年至 1965 年又增加了绍兴专区，地级市依然为 3 个，共辖 63 个县。① 根据史料的收集情况，在本课题的研究中，根据当时的行政区划，将浙江省划分成建制较为稳定的杭州市以及金华、温州、嘉兴、宁波、台州五个专区作为考察区域。

在调查采访中，由于现在的行政区划与当时专区的划分有所区别，采用的是"地级市"的划分，因此，我们的调查采访主要在浙江省现有的杭州、湖州、温州、嘉兴、宁波、金华、衢州、丽水、绍兴、台州、舟山十一个地级市进行。

四　研究思路

关于 20 世纪 60 年代初浙江精简城镇人口问题，可以从多个层面进行研究。

第一，关于精简城镇人口的背景，即中共中央为什么要出台这一精简政策，中共浙江省委又是如何贯彻实施这一精简政策的？就全国而言，可以从中华人民共和国建立以后，中共中央对社会主义建设道路的探索以及 20 世纪 60 年代初国民经济和人民生活发生严重困难这两个层面考察全国精简城镇人口的缘起。具体到浙江省而言，浙江省贯彻实施中共中央精简政策的参考依据主要表现在两个方面：一是浙江省在建国后国民经济的发展概况，二是浙江省对全省国民经济进行调整的情况。这是本课题研究的第一个主要问题。

第二，关于精简城镇人口的过程，即如何精简的问题。这里涉及以下几个问题。一是精简政策本身，即在全国精简的大背景之下，浙江省如何根据全省的实际情况贯彻落实这一政策。二是浙江省精简政策落实的实际

---

① 浙江省民政厅编：《浙江省行政区划》，浙江人民出版社 1988 年版，第 37—49 页。

情况，即浙江省精简工作的推进情况。三是浙江省的精简城镇人口工作与其他地区的精简工作相比所呈现出的共同点以及区别于其他地区的区域性特征。此外，这一次精简城镇人口工作对浙江社会与经济发展的影响和启示也是值得我们思考的。因此，把这一段历史清晰地展现出来是本书所要解决的第二个主要问题。

第三，在精简过程中，如何安置被精简人员是一个重要的环节，也是本课题关注的第三个主要问题。在当时，为安置被精简人员，从中央到地方都对安置工作作了部署；同时，为更好地安置被精简人员，从中央到浙江省也都颁布了大量的安置政策与措施。此外，安置工作的实际效果与存在的问题也是我们所关注的。

第四，精简的结果，即精简产生了什么样的后果。这里包含了四个方面的内容，一是精简政策本身实施的效果。二是精简政策执行后整个社会实际产生的变动，包括城市与农村的变化。三是精简工作对于被精简者产生的影响，包括他们生产、生活的变迁以及思想状况的变化。四是精简工作的历史遗留问题。由于精简涉及的人员人数众多，范围很广，因此，产生了许多遗留问题没有解决，如被精简人员工作不落实、安置补偿不到位、养老问题突出等。这是本课题所要研究的第四个主要问题。

第五，对于精简城镇人口工作的评价。精简工作，其实质是一次人口的"逆迁移"。那么，为何这样一项特殊的规模宏大的精简工作能得以顺利实施呢？这与当时的社会动员有密切的联系。这次精简工作中，社会动员是如何发挥其作用的；国家、社会与个体三者之间具有一种什么样的关系，这对于当今中国社会的发展又有什么样的现实启示？除了社会动员之外，中国的国家体制、城乡差异以及民众的社会心理等又对精简工作产生了何等的影响？这是本课题研究的第五个主要问题。

根据以上五个主要问题，本书的写作思路大致分为以下几个部分：

第一章探讨浙江精简城镇人口的背景，分三部分。第一部分对精简城镇人口的缘起进行探讨，即1949年以后中国工业化道路的探索，并兼顾浙江省在1949年以后国民经济的发展情况。第二部分探讨的是精简城镇人口政策出台的原因。中华人民共和国成立后，工业化道路探索过程中"左"的错误在"大跃进""人民公社化"运动中达到极致，加上苏联债务等外部原因，导致国民经济出现严重困难，为了渡过难关，中共中央对国民经济进行调整，精简城镇人口政策作为国民经济调整过程中的一项重要政策被提了出来。第三部分对 1949 年以后中国城镇人口的变动进行探讨。随着中国工业化的发展，城镇人口逐渐增加，而到了"大跃进"运动以后城镇人口出现了非正常的膨胀，增加了国家财政与市场供应的压力，这一现状使得精简城镇人口成为必然之举。

第二章探讨精简城镇人口的过程，分四部分。首先，浙江省精简城镇人口工作是在全国精简工作的大背景下进行的，因此本章第一部分考察的是精简政策的出台以及精简工作在全国的开展情况。其次，本课题主要以浙江作为样本来研究精简城镇人口工作。因此，本章第二部分主要分析浙江精简城镇人口的总体进程。第三部分对浙江省被精简的人员数以及被精简人员的构成情况进行考证分析。第四部分主要探讨浙江省各地区和各部门的精简情况。

第三章专门探讨精简工作中一个很重要的环节：精简安置。本章分三部分。第一部分对中央以及浙江省安置工作的部署进行考察；第二部分对安置政策与措施进行分析；第三部分探讨安置工作的开展情况以及存在的问题。

第四章探讨精简城镇人口的结果，分四部分。第一部分考察精简政策本身实施的效果；第二部分考察精简工作实际产生的社会变动，包括城镇精简大量劳动力后的情况，农村吸纳了大量劳动力后的变动情况；第三部分考察被精简人员的实际生产、生活状况以及思想状况。第四部分探讨精简工作的历史遗留问题。精简工作结束后，各级政府出台了一系列的救助政策，这些救助政策实施的特点以及精简工作给被精简人员以及整个社会带来的影响。

第五章探讨对于精简工作的评价问题，分三部分。第一部分考察精简工作的实质；第二部分考察精简工作最终取得成功的一个重要因素：社会动员力问题；第三部分分析探讨中国国家体制、城乡差异、民众的社会心理等对精简工作产生影响的一系列因素。

与现有的关于 20 世纪 60 年代初精简城镇人口问题研究的成果相比，本书的研究具有以下几方面的特点：

首先，对于史料的发掘程度有所加深。以往关于精简城镇人口问题的研究，运用的史料大多为整理成册的资料，而本课题研究所依据的一项主要史料是档案资料，包括浙江省档案馆和浙江省部分地市档案馆所藏的大量关于精简城镇人口问题的档案资料，通过对这一类原始档案资料的收集与整理，对浙江省20世纪60年代初精简城镇人口问题进行全面的考察，力求把这一段历史说清楚。因此，可以说，希望通过本课题的研究，为这一问题的研究提供一些新的史料。在档案史料的运用之余，本课题还为精简城镇人口问题的研究提供另一类资料——口述资料。通过田野调查与实地访问当事人等方式，运用口述方面的资料，希望通过使用这些资料使本研究更加客观、鲜活、生动。

其次，本课题是一个个案研究，希望通过这样的一种个案研究为当代中国史研究贡献一点微薄的助力。以往关于当代中国史的研究，尤其是一些重大历史事件的研究，大都采用宏观的视野，在全国范围内对事件进行整体研究，且大多关注的是政策层面的问题。而本课题将精简城镇人口问题放在了浙江省这个区域里进行考察。浙江在精简城镇人口的过程中，有92.3万的城镇人口被精简，被精简人数在全国属中上水平，这就使将精简城镇人口问题放在浙江这个区域里进行考察具有其代表性。同时，把精简城镇人口问题放在某一区域内进行研究，资料相对比较集中，许多问题容易考察清楚。"大量深入细致的个案研究，是一门学科成熟与否的重要标志。"① 本课题的研究正是希望从浙江省的个案研究入手，通过实证研究，深入剖析国民经济调整时期非常态之人口逆向流动的历史真实，为20世纪60年代初精简城镇人口问题的研究提供典型的个案与翔实的数据，同时为当代中国史研究提供一种新的研究视角。

最后，本课题在研究精简城镇人口的发生、发展、结果等问题的基础上，还将探讨由精简问题引申出的社会动员、中国国家体制、城乡差异、民众的社会心理等问题。精简工作最终在政策层面取得成功，实际上是这些因素发挥作用的结果。那么，如何看待这些问题，这对我们当代的国家治理、社会发展又将带来什么样的现实启示，等等。通过对这一系列问题的探讨，力求将本课题的研究推向深入。

综上所述，本课题研究的主要特点在于，运用原始的档案资料，辅之以口述调查资料，为当代中国史研究提供更多的研究视角与史料，力求对精简城镇人口问题的研究更接近于历史真实，更为生动，同时通过一些深层次问题的剖析使本课题的研究更加深入。

---

① 雷颐：《国史研究：史学新亮点》，《光明日报》2004年12月30日。

五 研究资料

对于 20 世纪 60 年代初浙江省精简城镇人口问题的研究，本课题研究所运用的资料主要包括以下几大类：

首先是档案资料。关于浙江省精简城镇人口问题，之前没有学者对此做过深入的探讨，因此发掘新史料就显得十分重要。浙江省档案馆所藏资料是本课题依据的最为核心的资料，主要包括七部分的档案资料：第一部分：有关精简工作的政策法规，包括有关通知、意见、规定、办法等；第二部分：有关精简工作的相关简报，包括《粮油工作简报》等；第三部分：调查报告、经验总结、检查报告，包括反映整个浙江省精简情况的报告以及各地区、各部门的分类报告等；第四部分：各部门的精简资料，包括浙江省体育委员会、物资部门、贸易部门、商业部门、粮食部门、基本建设与工业等部门的精简资料；第五部分：中共浙江省委整编精简委员会和各地市整编精简委员会针对具体部门、地区与人员的有关通知、批复与函件等；第六部分，中共浙江省委整编精简委员会在 1961 年至 1963 年所编的《整编工作情况》与《精简工作简报》共 146 期；第七部分：未归入以上六类的其他有关精简工作的档案资料。此外，浙江省部分地市档案馆所藏的有关精简工作的档案资料也是本研究所依据的资料。

第二类资料是统计资料：包括浙江省有关人口统计资料与全国性的统计资料。浙江省的统计资料包括《浙江省人口统计资料汇编（1949—1985）》《中国人口·浙江分册》《浙江省国民经济统计资料（1949—1978）》《浙江 60 年统计资料汇编》《新浙江五十年统计资料汇编》等。全国性的统计资料包括《中国人口统计年鉴（1988）》《中国统计年鉴（1984）》《各省、自治区、直辖市历史统计资料汇编（1949—1989）》《中国历代人口统计资料研究》以及《当代人口丛书》编纂委员会所编各省《人口分册》等。这些统计资料中有关浙江城镇人口精简的数据为本课题的研究提供了数据参考。

第三类资料是文件集与文集：包括《建国以来重要文献选编》第七册至第十七册、《中共浙江省委文件选编（1961 年 1 月—1966 年 4 月）》《中共浙江省委文件选编（1957 年 1 月—1960 年 12 月）》等文件集以及《建国以来毛泽东文稿》《陈云文选》《周恩来选集》等当时中共中央及中共浙江省委部分领导的文集、选集、文稿、回忆录等。这些文件集与文集中关于精简城镇人口措施出台、实施、结果等方面的论述，可以为本课题的研究提供借鉴。

第四类资料是地方志：包括《浙江省人口志》《浙江省人事志》《浙江省中国共产党志》《浙江省土地志》《浙江省统计志》《浙江文史资料目录（1962—2002）》《浙江文史大典》《浙江省情：1949—1984》《浙江水利志》《浙江文史资料》《浙江文史资料选辑》《浙江省民政志》以及浙江省各地市新编的市县志。近年来，随着经济的高速发展，浙江省及许多市、县都投入了大量的人力、物力与财力修地方志。在这些地方志中都有关于精简城镇人口的记载，尽管这些记载较为简略，但由于其论述的角度与上述所涉及的几类资料不同，其更加注重地方的一些特征，因此，也是本研究关注的一类史料。

第五类资料是有关精简城镇人口问题研究的论文：如李若建的《大跃进与困难时期人口迁移初步探讨》《困难时期的精简职工与下放城镇居民》，陈理的《60年代初精减职工、动员城市人口下乡决策的研究》，陈建兰的《1961—1963年中国城镇人口精简浅析》，柳森的《1961—1963年江苏省国民经济调整中的职工和城镇人口精减》等。这些论文的史料、观点、数据等为本课题研究提供了十分宝贵的参考与借鉴。

此外，田野调查所获取的口述资料也是本课题的参考资料。2010年7月，笔者带领浙江中医药大学的十多名本科生，在浙江省十一个地市开展了一次寻访精简亲历者的调查访问活动，最终在笔者的指导下，这十多名学生完成了对10名精简工作的亲历者的调查访问，并形成了10篇口述访问稿。由于时间、精力以及资金上的困难，调查没能取得足够的样本，因此，在资料的客观性上有所欠缺。然而，需要指出的是，这10位精简工作的亲历者是经过调查组精心挑选的，其精简的经历、流向、生活轨迹的变化以及目前的生活状态都不同，具有一定的典型性，能从一个侧面反映出精简工作的复杂性。考虑到样本的单薄性，论文中在使用这些调查访问资料的同时，尽量地辅之以档案资料，在论证上力求做到尽可能的客观。但在考察被精简者的心路历程、目前的生活状况以及对精简工作的评价等若干问题时，由于档案资料缺失，在论述中较多地运用了有关口述访问的资料。通过这些口述资料，可以从一个侧面了解当时被精简人员的精简历程、其真实的想法与感受，因此，调查访谈对于本课题的研究提供了生动的个案资料（详见附录）。

第一章

精简城镇人口的背景

1956 年，随着中国社会主义改造的基本完成，中共中央开始将工作的重心转移到社会主义建设上来。1956 年 4 月，毛泽东发表了《论十大关系》的讲话，这是"中国共产党比较系统地探索中国自己的建设社会主义道路的开始"。① 之后，中国加快了社会主义工业化建设的步伐。加快工业化建设，不仅需要财政、物资等方面向工业倾斜，在人力方面也需要将农村人口转移到工业企业集中的城镇，支援工业建设。然而，当中国的工业化道路走到 20 世纪 60 年代初期之时，却开展了一次把原本已经居住在城镇的人口大量地迁移到农村的工作，即"精简城镇人口"。那么，这一次的精简工作是在什么样的背景之下发生的呢？

第一节　社会主义工业化道路的选择

精简城镇人口，主要是作为解决"三年困难时期"国民经济和人民生活严重困难的措施之一出台的。那么，从 1959 年到 1961 年，中国为什么会出现"三年困难"，国民经济和人民生活为什么会陷入困境？这就要追溯到 1949 年中华人民共和国成立后中国工业化道路的选择。

中华人民共和国成立之初，中国共产党所面临的经济状况可以说是穷困不堪。一方面，在原有的制度束缚下，农业生产极其落后；另一方面，工业基础非常薄弱，生产规模小，技术装备差，重工业基础尤其薄弱，大量的机器设备和原料都依赖进口。如此低下的生产力发展水平，加上战争的创伤，如何建设社会主义工业化，是我党面临的重大考验。因此，摆在

---

① 中共中央党史研究室：《中国共产党历史》（第二卷）（1949—1978），中共党史出版社 2011 年版，第 380 页。

中国共产党面前的首要问题就是要恢复国民经济。为此，我国用三年的时间恢复经济。在城市，通过打击不法私商，建立国营经济和新的经济秩序；在农村，通过土地改革，使广大农民实现了千百年来梦寐以求的"耕者有其田"的愿望。到 1952 年，全国的工农业生产水平都有了一定程度的恢复和发展。与此同时，在国内，进行了大规模的剿匪斗争，肃清了各地的匪患，实现了西藏、新疆的和平解放，建立了各级人民政权；在国际上，实施了新的外交方针，与苏联缔结《中苏友好同盟互助条约》，并取得了抗美援朝战争的胜利。这一系列的举措为国民经济的进一步发展创造了良好的国际国内环境。

从 1952 年底开始，中国共产党着手考虑在恢复经济的基础上如何发展经济的问题。早在中共七届二中全会上，毛泽东就指出："从我们接管城市的第一天起，我们的眼睛就要向着这个城市的生产事业的恢复和发展……只有将城市的生产恢复起来和发展起来了，将消费的城市变成生产的城市了，人民政权才能巩固起来。"①《共同纲领》也明确规定，要"发展新民主主义的人民经济，稳步地变农业国为工业国"。② 可见，中华人民共和国成立后，进行国家的工业化建设是实现社会主义的必然要求。

1952 年 9 月，毛泽东在中共中央书记处会议上提出"中国怎样从现在逐步过渡到社会主义"的大致设想，后来经过反复斟酌，中共中央于 1953 年 6 月提出了"过渡时期总路线"，即"从中华人民共和国成立，到社会主义改造基本完成，这是一个过渡时期。党在这个过渡时期的总路线和总任务，是要在一个相当长的时期内，逐步实现国家的社会主义工业化，并逐步实现国家对农业、对手工业和对资本主义工商业的社会主义改造"。③ 这条总路线的核心内容是"一化三改造"，一化即"工业化"，三改造即对农业、手工业和资本主义工商业的社会主义改造。到 1956 年底，三大改造基本完成，社会主义制度在中国确立。

过渡时期总路线中，"工业化"是其主体内容。而在当时，在工业化发展道路的选择过程中，出现了几种不同的模式。第一种是英、美模式，

① 《在中国共产党第七届中央委员会第二次全体会议上的报告》，《毛泽东选集》（第 4 卷），人民出版社 1991 年版，第 1428 页。

② 《共同纲领》，《建国以来重要文献选编》（第 1 册），中央文献出版社 1992 年版，第 2 页。

③ 《为动员一切力量把我国建设成为一个伟大的社会主义国家而斗争》，《建国以来重要文献选编》（第 4 册），中央文献出版社 1993 年版，第 700—701 页。

以发展轻工业起步，等到积累大量资本后，再发展重工业，这种模式充分考虑到了工业发展内部的平衡问题以及国民的生活需要，但这种模式会使国家的经济发展经历一个很长的过程；第二种是日、德模式，由政府投资发展重工业，由民间投资发展轻工业，这种政府与民间并重的方式，比起第一种模式大大缩短了发展时间，使日、德很快成为后起的工业化国家，但这种模式需要一个相对较为雄厚的经济基础，即需要较高的经济发展的起点；第三种是苏联模式，优先快速发展重工业，在短期内建立独立完整的工业体系，但这一模式会延缓轻工业和农业的发展速度，从而影响国民的生活。[①]

如何选择适合中国的工业化道路？鉴于苏联在社会主义建设过程中所取得的成就，加上中国建设工业化的起点低，缺乏大机器制造业和现代技术装备的状况与苏联有很大的相似，而且两国社会制度相同，因此，苏联的"工业化道路"就成了我们学习的榜样。

另一方面，中华人民共和国成立后，通过取消西方国家在中国的特权、土地改革以及没收官僚资本等方式，使得国营经济空前壮大，各项资源不断集中。经过三年的经济恢复，从 1953 年开始，随着生产资料社会主义改造的不断加强，"一大二公"的所有制结构逐步形成，国有经济、集体经济以及公私合营经济在国民收入中的比重不断增加，至"三大改造"完成，国有经济在国民经济中已占据十分明显的优势。[②]"一大二公"所有制的形成，使国家手中掌握的可支配的经济资源越来越多，这就为"优先发展重工业"的工业化道路的发展奠定了物质基础。因此，除了"苏联经验"外，1949 年后中国逐步形成的"一大二公"的所有制结构也促成中国最终走上了"优先发展重工业"的工业化道路。

在国民经济不断恢复的过程中，从 1951 年开始，中共中央着手编制旨在加快国民经济发展的"第一个五年计划"，并从 1953 年开始实施。这一计划的指导方针即：集中主要力量发展重工业，建立国家工业化和国防现代化的初步基础；相应地发展交通运输业、轻工业、农业和商业；相

---

　　① 有关各国"工业化发展模式"的论述，参见高伯文《一九五三年至一九七八年工业化战略的选择与城乡关系》，《中共党史研究》2010 年第 9 期。

　　② 关于 1949 年后中国所有制结构的变迁问题，可参见张兴茂《当代中国所有制结构变迁管窥》，《史学月刊》2002 年第 11 期；张兴茂：《马克思主义所有制理论中国化的基本问题》，《当代世界与社会主义》2009 年第 3 期。

应地培养建设人才；有步骤地促进农业、手工业的合作化；继续进行对资本主义工商业的改造；保证国民经济中社会主义成分的比重稳步增长，同时正确地发挥个体农业、手工业和资本主义工商业的作用；保证在发展生产的基础上逐步提高人民物质生活和文化生活的水平。按照这一方针，"一五"计划的基本任务是：五年中将新建一批规模巨大、技术先进的新兴工业部门，同时要用现代先进技术扩大和改造原有的工业部门；要合理利用和改建东北、上海和其他沿海地区城市已有的工业基础，同时开始在内地建设一批新的工业基地。①

1957年底，"一五"计划顺利完成。"一五"期间，重工业各项产品产量大幅度增长，以钢产量为例，1957年全国钢产量达到535万吨，比1952年增长近3倍。② 其他如原煤、发电量、机床等主要指标都成倍增长。与此同时，一些新兴的工业部门如飞机、汽车、重型机器、无线电、无缝钢管等相继建成，重工业发展取得了很大的成绩。除了重工业的发展外，其他如轻工业、农业、交通运输业等也有一定的发展。

中国工业化道路的选择，已经明确了国民经济发展的顺序，即优先发展重工业，而将与人民生活息息相关的轻工业、农业与商业的发展放在了次要发展的地位。据统计，为了优先发展重工业，"一五"期间，国家全部基本建设投资的57.5%用于工业基本建设，其中85%用于制造生产资料的重工业建设；轻、重工业的投资比例约为1：5.6，③ 轻、重工业的投入比例处于失调状态。

一方面，国家将大量资金投入重工业建设之中；另一方面，重工业建设不仅建设周期长，资金短期内不能回笼，也见不到效益，而且重工业产出的产品不能直接满足人民的消费需求。因此，除重工业以外，各个产业发展均滞后，人民生活水平不仅得不到明显提高，甚至出现全国人民节衣缩食以满足重工业发展需要的局面。

浙江省从1949年5月起也逐步进入国民经济的恢复与发展时期。1949年5月，中国人民解放军第二、三野战军挺进浙江，浙江的国民党

---

① 中共中央党史研究室：《中国共产党历史》（1949—1978）（第二卷），中共党史出版社2011年版，第204页。

② 国家统计局编：《中国统计年鉴》（1984），中国统计出版社1984年版，第225页。

③ 同上书，第306、308页。

正规军纷纷败退，但一些国民党的散兵游勇、地方上的土匪恶霸、流氓地痞等依然大量盘踞于浙江。在这一情势下，中共浙江省委首先将工作重心放在农村，除了在城市留少量干部外，大部分干部转入农村，同时驻浙野战军迅速组织 1 万人的工作队奔赴农村，发动群众，搞好农村工作。到 1949 年 12 月初，浙江农村的国民党残余部队及地方上的土匪恶霸基本被肃清。与此同时，在对全省的土地状况、阶级关系、租佃关系等内容做全面、细致的调查研究的基础上，在全省农村进行了土地改革。到 1952 年春季以后，浙江的土地改革工作基本结束。

剿匪与土改工作结束后，中共浙江省委又将工作重心转移至城市，在"过渡时期总路线"的指导下，浙江省一方面对农业、手工业和资本主义工商业进行社会主义改造，另一方面也进入"一五"计划的建设中。

"一五"计划之初，浙江省就提出了"一五"计划纲要，规定：要积极地改造和发展地方工业，有计划地发展手工业，以增加对农业生产资料及日用品生产，发展地方工业应为农业和人民生活服务。[1] 以这一计划纲要为指导，浙江省在"一五"期间取得了一些成就。1957 年与 1952 年相比，国内生产总值由 24.53 亿元增加到 37.27 亿元；[2] 工农业总产值由 26.07 亿元增加到 40.26 亿元，五年平均每年的增长速度达到了 10.89%。[3]

在浙江省的国民经济取得一些成绩的同时，也出现了一种发展趋势：在工农业生产部门，工业生产的发展大大超过了农业生产的发展；在工业生产部门内部，重工业的发展超过了轻工业生产部门，主要表现在以下几个方面：

首先，"一五"期间，工业生产超过了农业生产。由表 1-1 可见，工业生产总值在五年间增加 12.64 亿元，在整个国民生产总值中的比重增长了 16.6%；农业生产总值在 5 年间增加 1.75 亿元，但在国民生产总值中的比重下降了 18.8%。由此可见，无论从增加的数值还是从在国民生产总值的比重变化来看，5 年间工业生产的发展都超过了农业生产的发展。

---

① 中共浙江省委党史研究室编：《当代浙江简史》，当代中国出版社 2000 年版，第 144 页。

② 浙江省统计局编：《新浙江五十年统计资料汇编》，中国统计出版社 2000 年版，第 11 页。

③ 同上书，第 131、146 页。

表 1 - 1　　　　　"一五"期间浙江省工农业生产情况对比

项目＼年份	1952	1957
生产总值（亿元）	30.01	47.36
其中，农业生产总值（亿元）	17.93	19.38
农业生产总值所占比例（%）	59.7	40.9
其中，工业生产总值（亿元）	8.24	20.88
工业生产总值所占比例（%）	27.5	44.1

　　资料来源：浙江省统计局编：《新浙江五十年统计资料汇编》，中国统计出版社 2000 年版，第 131、146 页的有关数据资料编制。

　　其次，"一五"期间，浙江省对工业的投入远高于对于农业的投入。据统计，在五年间，全省基本建设投资总额约为 5.08 亿元，其中农业投入仅占 8%，而工业投入却占 41.3%，[①] 两者相比相距甚远。

　　再次，浙江省在 20 世纪 50 年代虽非国家重点建设的区域，工业发展尤其是重工业发展有限，但在"一五"期间，浙江省的重工业生产仍有较快的发展。一方面，大量大规模企业如新安江水电站、衢州化工厂、杭州钢铁厂、绍兴钢铁厂、杭州制氧机厂、江山水泥厂等都是在这一期间扩建或动工兴建；另一方面，重工业与轻工业在工业总产值中的比重有所变化。由表 1 - 2 可知，从 1949 年到 1952 年，轻工业产值占全省工业总产值的比重都在 90% 左右。至"一五"计划完成之时，即 1957 年，浙江轻工业产值约占全省工业生产总值的 82%，下降了 8 个百分点，而重工业产值在整个工业总产值中的比重却增加了。

表 1 - 2　　　　　1949—1957 年浙江省轻重工业总产值对比

年份	工业总产值（亿元）	轻工业产值（亿元）	重工业产值（亿元）	轻工业生产总值占工业生产总值的比重（%）
1949	4.05	3.66	0.39	90.4
1950	5.13	4.60	0.53	89.7
1951	7.46	6.71	0.75	90
1952	8.24	7.36	0.88	89.3
1957	20.88	17.10	3.78	81.9

　　资料来源：浙江省统计局编：《新浙江五十年统计资料汇编》，中国统计出版社 2000 年版，第 146 页的有关数据编制。

---

　　①　中共浙江省委党史研究室编：《当代浙江简史》，当代中国出版社 2000 年版，第 144 页。

由此可见，虽然浙江的"一五"计划纲要中强调在发展地方工业的同时，还要照顾到农业和人民生活用品的生产，但从整个发展趋势来看，改变了浙江原有的各产业之间的比重，重视工业尤其是重工业生产是经济发展的主流。

第二节　国民经济的严重困难

"三大改造"任务的完成，"第一个五年计划"的顺利实施，使得从中央到地方都弥漫着一股高涨的热情。短短几年所取得的成就使人们普遍相信，建设一个强大中国的目标可以在一个较短的时间内变成现实。随后，"大跃进"运动展开。

"大跃进"，从字面上理解，就是超常规的高速度，其目标即是争取在十年或者更短的时间内，在主要工业品产量方面，赶上和超过英国。后来对于实现这一目标的时间不断缩短，要求七年赶上英国，八年或十年赶上美国。

"大跃进"运动首先在农业生产领域展开，其具体体现在两个方面：一方面是高指标、高估产和浮夸风；[①] 二是为达到农业高产而进行的生产方式的变革，即实现生产关系的"一大二公"。[②] 农业"大跃进"的结果，高估产造成了农业大增产的假象，从中央到地方都误以为农产品产量有了很大的提高，粮食问题已经解决，对农业的关注减少，而把更多的注意力转向工业尤其是重工业生产。另一方面，盲目地改变生产方式，脱离了生产力发展的实际水平，挫伤了农民的生产积极性，最后反而导致生产关系不适应生产力的发展，从而束缚了生产力发展的后果。

"大跃进"运动在工业领域的表现主要是全国范围的全民大炼钢铁运动的迅速兴起。为了尽快实现"超英赶美"的目标，钢产量就是一个最为主要的指标，在 1958 年 9 月的北戴河会议上定下的钢产量指标为 1070

---

① 高指标、高估产、浮夸风：指的是"大跃进"运动期间，对农业生产领域中各种农产品产量提出过高的指标，对各种农产品产量作出过高的估计，并在此基础上虚报农产品产量，造成国家依照这些虚报的产量制定的征收粮食额度严重超出实际产量，导致"三年困难时期"的出现。

② 一大二公：指的是"人民公社化"运动期间，"人民公社"第一规模要大，第二公有化程度要高。这种一味强调生产关系、忽视生产力的做法，给国民经济的发展造成了严重阻碍。

万吨,而前 8 个月只完成了 400 万吨,因此,在 1958 年的最后 4 个月,为了完成这一指标,提出了由第一书记挂帅,大搞群众运动,全民办钢铁的工业方针。在各级领导的带领之下,投入炼钢的人数越来越多。据统计,8 月底,全国投入炼钢炼铁的劳动力达到几百万人,到 9 月底猛增到5000 万人,10 月底又增至 6000 万人,到 12 月份竟达到 9000 多万人,参加大炼钢铁的人力占到全国人口总数的 1/6 左右。同时,小高炉、土高炉的数量也在增加,8 月底为 17 万座,9 月底增至 60 多万座,10 月底增至几百万座。① 群众炼钢,原料缺乏,以低品位的原料代替高品位的原料,加上小高炉、土高炉原本在设计建造上就不符合要求,结果致使炼出来的都是废钢废铁;一些大中型钢铁企业在这一过程中,片面追求产量,忽视产品质量和安全生产,导致质量不合格,还引发了不少安全事故。此外,在"以钢为纲,全面跃进""一马当先,万马奔腾"口号的指引下,其他生产纷纷为钢铁生产让路,产业结构进一步畸形。

经过几个月的大干蛮干,再加上相当程度的虚报浮夸,到 1958 年底,宣布钢产量达到了预定的指标,但是这一场钢铁工业的"大跃进"运动给中国国民经济的发展造成了两个直接的后果:

一是造成了人力、物力和财力的巨大浪费。1958 年炼出的合格钢为800 万吨,占年产量 1108 万吨的 72.2%;合格铁为 900 万吨,占年产量1369 万吨的 65.7%,所炼的钢铁中相当一部分为废品。另外,当时如此众多的小高炉、土高炉也造成了炼钢炼铁成本的极度高昂。据测算,生产1 吨生铁的成本,大高炉为 100 元,而小高炉和土高炉则高达 300 元左右,超过 200%。为了达到既定的产量,从 1958 年 9 月开始,由国家财政补贴炼钢的亏损,仅这一项财政补贴,1958 年国家就支出了近 40 亿元。②

二是全国职工队伍的迅速膨胀。由表 1 - 3 可见,1957 年全国全民所有制企业职工数比 1952 年增加 871 万,增长率为 55%,而 1960 年全国全民所有制企业职工数比 1957 年增加 2593 万,增长率为 105.8%。1958—1960 年全国全民所有制企业职工人数的增长幅度更是远远超过了"一五"

---

① 中共中央党史研究室:《中国共产党历史》(1949—1978)(第二卷),中共党史出版社 2011 年版,第 490 页。

② 有关数据参见中共中央党史研究室《中国共产党历史》(1949—1978)(第二卷),中共党史出版社 2011 年版,第 491 页。

期间职工人数的增长。可见，为了完成工业生产的高指标，扩大建设规模，导致职工人数的急剧增加。这种状况，不仅加重了国家财政负担，也使国家商品粮和生活必需品的供应压力加大。

表 1 - 3　　　　　1953—1960 年全国全民所有制企业职工人数变化情况

年份（年）	1952	1953	1954	1955	1956	1957	1958	1959	1960
职工人数 （万人）	1580	1826	1881	1908	2423	2451	4532	4561	5044

资料来源：国家统计局编：《中国统计年鉴》（1984），中国统计出版社 1984 年版，第 110 页的有关数据资料编制。

　　"大跃进"运动将中国"优先发展重工业"的工业化道路发挥到了极致，中国国民经济发展过程中"左"的错误进一步发展，导致的一个严重后果，即是工农业以及工业内部各生产部门比例的严重失调。从工农业生产而言，农业的基础地位遭到很大程度的削弱。1958 年与 1957 年相比，工业总产值增长 54.8%，农业总产值仅增长 1.7%；[1] 1960 年工业总产值比 1957 年增长了 1.3 倍，而农业总产值却下降了 22.7%，[2] 两者之间相距甚远。与此同时，轻工业生产也受到严重限制。1958 年工业总产值比 1957 年增长 54.8%，其中重工业增长 78.8%，同比轻工业的增长幅度只有 30.8%，[3] 远远低于重工业的增长幅度。由于"优先发展重工业"思想的指引，资金、人力、原材料都向重工业生产部门倾斜，而轻工业部门得不到生产所需的各项支持，生产受到影响。农业与轻工业生产不足，而城市企业职工又不断增加，导致社会购买力与商品可供应量的比例失调。据统计，1960 年在挖了大量商品库存的情况下，商品货源仍比社会购买力少 74.8 亿元，特别是一些人民生活的必需品已不能保证基本的供应。[4]

　　可见，"大跃进"运动使得国民经济进一步畸形发展，人民生活进一步困难，导致社会主义建设过程中"左"的错误进一步加剧。

---

　　① 国家统计局编：《中国统计年鉴》（1984），中国统计出版社 1984 年版，第 132、195 页。

　　② 同上。

　　③ 同上书，第 196 页。

　　④ 参见中共中央文献研究室《关于建国以来党的若干历史问题的决议》（注释本），人民出版社 1983 年版，第 322 页。

从 1957 年底开始，随着"一五"计划的完成，同时在全国"大跃进"的形势下，浙江省的"大跃进"运动也轰轰烈烈地开展起来。

1957 年 12 月 9—13 日，中共浙江省第二届代表大会第二次会议召开。这是一次为贯彻中共八届三中全会精神而召开的大会，因此，在指导思想上有着明显的"左"的错误。会上过于拔高工农业的生产指标，农业方面提出"可能在第二个五年计划期间或者稍多一点的时间内，使全省 3150 万亩耕地都达到 800 斤（亩产量）"；同时提出"贯彻执行在优先发展重工业的基础上发展工业和发展农业同时并举的方针"。① 可见，此次会议为浙江的"大跃进"运动定下了基调。1958 年 1 月 1 日，《浙江日报》头版头条作了"鼓足革命干劲跨进新的一年，全省农民力争农业大跃进"的报道，提出"争取丰收再丰收，跃进再跃进，争取第二个五年计划的第一年就来一个农业大跃进，为全面实现第二个五年计划奠定良好的基础"② 的口号，为 1958 年的"大跃进"作了充分的动员工作。

浙江省"大跃进"运动的重点，在农业上主要表现为生产的高指标；在工业上主要表现为钢铁工业与基础建设的大规模发展；以工农业生产实现"大跃进"为主要目标，扩展到各条战线、各个部门、各个领域。

在 1958 年 6 月召开的全省省、地（市）、县三级干部大会上，提出"今年（指 1958 年）使全省粮食的平均亩产量达到八百斤以上，争取达到一千斤以上"，③ 同月，中共浙江省委发出《关于创造万斤水稻丰产典型经验的通知》也提出："农业大跃进中，各种作物高额丰产纪录不断涌现……各级领导应该大胆进行试验，努力创造晚稻亩产一万斤以上的新纪录。"④ 从 7 月开始，《浙江日报》不断报道各地丰产的消息，在这样的形

---

① 《中国共产党浙江省委员会向中国共产党浙江省第二届代表大会第二次会议的工作报告》，《中共浙江省委文件选编》（1957.1—1960.12），中共浙江省委办公厅印刷厂 1991 年版，第 232 页。

② 《鼓足干劲跨进新的一年——全省农民力争农业大跃进》，《浙江日报》1958 年 1 月 1 日。

③ 《省委关于全省三级干部大会的报告》，《中共浙江省委文件选编》（1957.1—1960.12），中共浙江省委办公厅印刷厂 1991 年版，第 319 页。

④ 《关于创造万斤水稻丰产典型经验的通知》，《中共浙江省委文件选编》（1957.1—1960.12），中共浙江省委办公厅印刷厂 1991 年版，第 317 页。

势下，8 月的全省农业工作会议上，甚至提出了"破除迷信无边，解放思想无底，增产潜力无穷，生产指标无顶"[①] 的口号。会上提出了 1959 年浙江农业生产的各项指标，经过对比可以发现，这一指标比起 1958 年的各项指标，又有了大幅度的提高（表 1－4）。

表 1－4　　　　　1958 年与 1959 年浙江省农业生产各项指标对比

指标	粮食总产量 （亿斤）	人均粮食产量 （斤）	棉花总产量 （亿斤）	蚕茧总产量 （亿斤）	生猪饲养量 （万头）
1958 年	214—232	803.2	1.2—1.34	0.7—0.92	1049—1131
1959 年	500—600	2000	3—4	1—1.5	2500—3000
增长（倍）	2.16—2.8	2.49	2.24—3.32	1.09—2.14	2.21—2.86

　　资料来源：浙江农业厅编：《浙江农业 40 年》，浙江科学出版社 1990 年版，第 112 页的有关数据资料编制。

　　为确保完成这一系列的高指标，在农业生产上掀起了一个又一个的"生产高潮"。

　　随着农业领域"大跃进"的逐步深入，各地通过大量人力、物力、财力的投入，再加上一定程度的虚报，"农业丰收、高产"的报道不断充斥于各地、各部门的工作报告与各种报纸杂志中，人们普遍认为"粮食问题"已经基本解决。因此，从 1958 年开始，尤其是中共八大二次会议以后，"大跃进"运动的重点逐渐从农业领域转移到工业领域。

　　中共浙江省委在部署全面"大跃进"的过程中，认为全省已经出现了全面跃进的新形势，因此，要加强对即将到来的工业生产高潮的领导，提出 1958 年工业总产值要比 1957 年增长 202.2%，基本建设投资增长539%。[②] 同时，在统计 1958 年 1—6 月工业生产总值提高幅度的基础上，提出了比年初更高的工业生产总值目标（见表 1－5），希望通过高指标来实现"全党办工业、全民办工业、县县办工业、乡镇办工业、大家都来办工业"。而工业生产的"高潮"，实际上主要表现在钢铁生产和基本建设方面，尤其是钢铁产量上，随着"以钢为纲"思想的逐步深入，对钢铁产量高速增长的追求也愈来愈急切。

_____

　　① 浙江农业厅编：《浙江农业 40 年》，浙江科学出版社 1990 年版，第 107 页。

　　② 中共浙江省委党史研究室编：《"大跃进"运动》（浙江卷），中共党史出版社 2006 年版，第 82 页。

表1-5　　　　　　　1958年1—6月浙江省工业生产总值情况

月份	完成量（千元）	各月为1月的比重（%）
1	10269	100
2	9225	90
3	13235	129
4	15511	151
5	19429	189
6	33501	229
总计	91170	888

备注：（1）6月实际数系预计数。

（2）2月份由于春节和实际日数少，只有9225千元，但实际上比1月份大。

（3）1958年提出的工业生产总值的目标，第一本账为220600千元，第二本账为264700千元，而按照1958年1月至6月的实际情况，其趋势是每月平均增加21.5%。如此推算全年可完成产值2.8亿元，比原第二本账2.64亿元超过6%以上。

资料来源：《"五年等于二千年"》。浙江省档案馆，档案号：J109-002-005。

中共浙江省委也把钢铁生产提到了全省工业建设的首要地位来抓。1958年6月的全省工业会议上，提出了"以钢铁为统帅带动工业全面大跃进"的口号。为实现全国1070万吨钢铁的生产目标，在1958年的最后4个月，国家分配给浙江的钢铁生产任务为：生铁30万吨，钢10万吨，钢材7.5万吨。而中共浙江省委决定要超额完成国家计划，制定的生产目标是：生铁40万吨，比国家分派的任务增加33%；钢12万吨，比国家分派的任务增加20%。为了实现这一目标，中共浙江省委进行了全民动员，并实行"包干制"，将钢铁生产任务分派到各地各部门（见表1-6），而且要求各地应当力争提前半个月到20天完成所分派的生产任务。

表1-6　　　　　　1958年浙江省各地区各部门钢铁生产任务

地区、部门	生铁生产任务（吨）	钢生产任务（吨）
嘉兴地区	55000	5600
宁波地区	56000	5600
金华专区	60000	5600
温州专区	57000	5600
建德专区	47000	4000

续表

地区、部门	生铁生产任务（吨）	钢生产任务（吨）
台州专区	23500	4000
舟山专区	5000	4000
杭州市	10000	7200
半山钢铁厂	45500	66000
绍兴钢铁厂	31000	14000
公安厅	10000	
总计	400000	121600

资料来源：《省委关于一九五八年钢铁生产的决定》，《中共浙江省委文件选编》（1957 年 1 月—1960 年 12 月），第 345 页。

但是，在大干了 4 个月后，据 1958 年年底的统计，全省仅生产出生铁 21 万多吨，为既定指标的 70% 左右；钢 2.4 万吨，仅为既定指标的 24%。[1]

除了没有完成钢铁生产指标，"大跃进"运动给浙江还带来了其他方面的负面影响。

首先，为完成不切实际的高指标以及蛮干造成了大量的浪费。

"大跃进"运动是主观臆测代替了客观实际，主观上是想让钢铁工业"一马当先"，进而带动整个工业实现"万马奔腾"，但实际上在客观条件不具备的情况下盲目生产的结果只能是造成生产上的混乱和资源的浪费。浙江是一个资源小省，尤其是矿藏资源较为贫乏，缺煤少矿（铁）是一个客观事实，因而钢铁生产所需的原料本身就是一个问题。另外浙江在 1957 年还不能生产钢和钢材，生铁年产量只有 0.47 万吨，可见生产技术与设备都不具备。[2] 在生产原料、生产设备和生产技术都相对缺乏的情况下，通过对矿藏的大范围开采、大量人力物力的投入来完成如此高的生产指标，结果就是大量浪费的产生。浪费的第一个表现是在人力物力上。据不完全统计，在 1958 年的大炼钢铁运动中，全省用来建造小高炉的费用

[1] 数据参见《浙江工业发展五十年》编委会编《浙江工业发展五十年》，中国计划出版社 2000 年版，第 4 页。

[2] 同上书，第 460 页（附录）。

和钢铁企业亏损补贴高达 2 亿多元,[①] 而最终生产出来的生铁、钢等成品中,有相当部分都是毫无使用价值的。另外,浙江有超过 100 万的青壮劳动力投入了这场运动,结果钢铁产量没有完成预期目标,其他各部门的生产与运作由于抽调了大量青壮劳动力支援钢铁生产,其自身的生产也受到了极大的影响。

浪费的第二个表现是在资源与环境上。在这场运动中,为满足钢铁生产的需求,各种矿藏资源遭到了过度的开发。与此同时,大量的树木被砍伐,用来充当小高炉、土高炉的燃料,因而大量的山林被破坏,造成严重的生态后遗症。又如积肥造肥运动原本最好的季节在冬季,而在 1958 年为了实现农业生产的高指标,违背了这个规律,夏季开展此项运动,虽然积肥的数量增加,但质量却有所下降。又如农具的改良,将农具统一装上滚珠轴承,使一切运转工具轴承化,而浙江的地形十分复杂,这类农具或许在某些地区适用,但在另一些地区却未必适用,因此,统一农具改良反而造成了一些不必要的浪费。再如教育、科研的"大跃进"运动,学校与科研机构在短时间内以几十倍甚至几百倍的速度增长,除了分散了有限的文化资源外,并不能实现提高教育质量的目的。

其次,"大跃进"运动中浮夸风的盛行反而使浙江整个国民经济出现倒退。

浙江的重工业生产并不发达,1957 年以前并不具备现代钢铁工业。而 1958 年的"大跃进"运动中,在浮夸风的影响下,提出的"二五"时期完成的几项重工业生产指标的计划几乎是以几十、几百甚至是几千倍地增长(见表 1 - 7)。

表 1 - 7　　　　"二五"期间浙江省各类工业生产指标一览

品类	1957 年产量	1962 年产量
钢(万吨)	—	640
铁(万吨)	0.04	900
化肥(万吨)	—	307
电力(亿度)	1.88	133

① 中共浙江省委党史研究室编:《"大跃进"运动》(浙江卷),中共党史出版社 2006 年版,第 84 页。

续表

品类	1957 年产量	1962 年产量
水泥（万吨）	3.82	337
煤（万吨）	0.14	1100
机械		
动力机械（匹马力）	16724	726000
水输机（瓦）	125	400000
电动机（瓦）	3743	850000
发电机（瓦）	1753	800000
金属切削机床（台）	2250	25000

资料来源：《"五年等于二千年"》。浙江省档案馆，档案号：J109 - 002 - 005。

在"一切以重工业生产尤其是钢铁工业生产为先"思想的指导下，把大部分的人力物力财力与精力都投放到了重工业的生产，而作为浙江基础产业的农业和作为优势生产部门的轻工业生产都受到了严重的影响。如轻工业生产中，许多地区的食品工业与轻纺工业都遭到冲击。"一五"期间，全省工业总产值的平均增幅为 15.1%，其中轻工业产值平均增幅为 13.2%，而到了"二五"期间，工业总产值的平均增幅只有 8.3%，其中轻工业产值的平均增幅为 6%。此外，"一五"期间全省的重工业产值平均增幅为 28%，而到了"二五"期间，重工业产值的平均增幅也只有 18.3%。[①] 可见，在"大跃进"期间，浙江工业各个领域的生产都呈下滑趋势。农业生产也受到很大打击。"一五"期间，全省农业总产值的平均增幅为 5%，粮食亩产平均增幅为 2.6%，棉花亩产平均增幅为 54%，而从 1959 年至 1961 年，全省农业总产值增幅却为 - 11.1%，粮食亩产增幅为 - 8.9%，棉花亩产增幅为 7.9%。[②] 农业基础地位的不稳固，直接影响着人民生活必需的粮食与其他副食品的市场供应，同时也使轻工业生产所需的原材料出现短缺的状况。

---

① 数据参见《浙江工业发展五十年》编委会编《浙江工业发展五十年》，中国计划出版社 2000 年版，第 459 页（附录）。

② 有关原始数据参见浙江省农业厅编《浙江农业 40 年》，浙江科学出版社 1990 年版，附录。

可见，由于浙江重工业生产实现"大跃进"的生产基础、技术等客观条件不具备，因此，"大跃进"运动不仅没有真正形成较大规模的重工业生产能力，反而使浙江农业等部门的生产受到了不同程度的影响，给浙江省的经济发展带来了不利的影响。

最后，"大跃进"运动改变了浙江城乡人口的结构。

正如前文所述，在生产原料缺乏、生产技术不到位、生产设备不足的情况下，要完成钢铁工业的各项指标，最直接的办法就是增加人力的投入。在这场运动中，从各条战线抽调了超过100万的人员投入生产，其中相当一部分人员来自农业生产第一线，还有一部分来自其他工矿企业。而在当时，城镇与农村人口是严格区分的，因此，城镇人口与农村人口的数量是相对稳定的，这么做的目的主要是为保证城镇各项供应能够满足城镇人口的生活需要。而在"大跃进"运动中，大量的农村人口以招工等形式成为城镇人口，这就在很大程度上改变了浙江城乡人口的结构。由于本书主要探讨"大跃进"运动后浙江城乡人口的迁移情况，这部分内容将在后面的章节中重点阐述，这里不再赘述。

综上所述，浙江的"大跃进"运动，是以各种生产的高指标为先导，以大干蛮干、"高投入低产出"为主要表现，以人力物力财力的巨大浪费、生态环境的巨大破坏为代价的，可见这场运动给浙江带来了严重不良的后果。

"大跃进"运动没能实现中国经济的大发展，相反，由于过度强调发展的速度以及生产的"一大二公"，忽视了生产力发展的客观规律，使得中国从1959年开始，国民经济出现了严重困难。

国民经济的困难首先表现在工农业生产的大幅度滑坡上。1959年和1960年，全国粮食、棉花、油料等主要农业生产指标出现了大幅度的下降。由表1-8可见，1959年全国粮食和棉花的实际产量分别为1958年产量的85%和87%，而1960年产量又分别仅为1959年产量的84.5%和62.2%。另据统计，1960年全国的粮棉产量已经降到了1951年的水平，而1960年油料产量下降为194.1万吨，比1949年的256.4万吨要低得多。①

---

① 国家统计局编：《中国统计年鉴》（1984），中国统计出版社1984年版，第141—142页。

表 1 - 8   1958—1960 年全国粮食、棉花产量统计

年　　份	粮食（亿斤）	棉花（万吨）
1958	4000	196.9
1959	3400	170.9
1960	2875	106.3

资料来源：国家统计局编：《中国统计年鉴》（1984），中国统计出版社 1984 年版，第 141—
142 页的有关数据资料编制。

轻工业生产领域的情况同样不容乐观。1960 年，全国轻工业总产值
只有 547 亿元，与 1959 年相比，降低了 9.8%。[1] 其他如棉纱，1959 年产
量为 153.1 万吨，而 1960 年的产量为 109.3 万吨，下降 28%；布的产量
1959 年为 75.7 亿米，1960 年为 54.5 亿米，下降 28%；食糖产量 1959 年
为 110 万吨，1960 年仅为 44 万吨，下降 60%。[2]

除了农业和轻工业主要产品产量的大幅度下降，全国的积累和消费也
出现了严重的比例失调。"第一个五年计划"期间，全国年平均积累率为
24.2%，而 1958 年到 1960 年这三年间，积累率则分别达到了 33.9%、
43.8% 和 39.6%，大大高出了"一五"期间的积累率。在如此高积累率
下，每百元积累增加的国民收入却在不断降低，1959 年，每百元积累增
加的国民收入为 19 元，仅为"一五"期间平均 32 元的 59.4%，1960 年
更是降至 -0.4 元，出现了有积累而无增长的情况，[3] 高积累与低效益形
成了巨大的反差。同时，高积累也导致了低消费，积累与消费两者的比例
严重失调。

在全国的国民经济出现严重困难的形势下，浙江省的情况同样十分
严峻。

农业生产领域，1959 年全省农业产值比 1958 年下降了 3.7%；到
1960 年，全国农业总产值为 415 亿元，比 1959 年的 475 亿元下降
12.6%，[4] 而浙江省 1960 年的农业产值为 40.61 亿元，与 1959 年的
47.16 亿元相比，下降了 13.9%，下降的比例甚至高于全国的平均水平；

---

① 国家统计局编：《中国统计年鉴》（1984），中国统计出版社 1984 年版，第 196 页。

② 同上书，第 220—223 页。

③ 同上书，第 32—34 页。

④ 同上书，第 132 页。

同时 1960 年全省的耕地面积为 2831 万亩，比 1958 年的 2977 万亩减少了 146 万亩。① 据统计，到 1961 年，浙江各种农产品的产量都出现了不同程度的下降（见表 1-9），且下降的幅度较大。

表 1-9　　　　　　1957 年与 1961 年浙江省各种农产品产量对比

农产品	1961 年产量	1957 年产量	1961 年为 1957 年的百分比
粮食及大豆总产量（万吨）	653.70	765.25	85.4
棉花（万吨）	3.86	4.14	93.2
油菜籽（万吨）	3.19	6.69	47.7
蚕茧（万吨）	0.11	0.24	45.8
茶叶（万吨）	0.13	0.23	56.5
生猪（万头）	342	596	57.4

资料来源：浙江省农业厅编：《浙江农业 40 年》，浙江科学出版社 1990 年版，第 409—419 页的有关数据资料编制。

轻工业生产领域，1960 年浙江全省的轻工业产值比 1959 年下降 0.3%。浙江地处东南沿海，中华人民共和国成立后，基于国家安全等因素的考虑，中共中央没有把浙江作为经济发展的重点地区，因此，浙江的工农业生产并没有得到大力的扶持。而从近代整个浙江经济发展情况来看，浙江的工业部门中，轻工业的发展要快于重工业的发展，属于浙江的优势产业。1949 年以后，浙江省的轻工业各项指标历年都呈上升的发展趋势。而到了 1960 年，这一上升趋势遭到了破坏，浙江的轻工业产值不升反降，虽然只是下降了 0.3%，比起全国 9.8% 的下降比例而言要小得多，但这无疑是一个危险的信号，因为轻工业生产与广大群众的生活息息相关，其产值下降会给人民的生活带来严重的影响。②

与此同时，浙江省国民收入中积累与消费比例也出现失调。根据浙江省历年的统计，"一五"期间，积累在国民收入中所占的比重平均为 18.3%。但是在 1958 年至 1960 年这三年中，浙江国民收入中的积累率分别达到了 31.8%、36.3% 和 30.8%，大大高于"一五"期间的平均积累率。③ 积累过高，必然导致

① 浙江省农业厅编：《浙江农业 40 年》，浙江科学出版社 1990 年版，第 394—396 页。
② 《浙江工业发展五十年》编委会编：《浙江工业发展五十年》，中国计划出版社 2000 年版，第 5 页。
③ 金延锋主编：《历史新篇——中国共产党在浙江（1949—1978）》（下），浙江人民出版社 2011 年版，第 525 页。

消费不足，两者处于不协调的状态，超过了浙江省的经济承受能力。

农业生产大幅度滑坡、轻工业产品产量下降、积累与消费比例失调，浙江省的经济形势十分严峻。

在工农业生产下降的同时，中苏关系恶化，中国为偿还苏联大量债务，加剧了国民经济的困难局势。以 1956 年苏共二十大为转折点，中苏关系从原来良好的互助关系演变为在意识形态领域发生了分歧。至 1958 年夏天意识形态领域的分歧最终发展为国家利益的冲突。苏联撤走了在华的专家，并且带走了援建中国的各大型项目的图纸，更是要求中国偿还自抗战以来所欠苏联之债，这对于中国已经困顿不堪的国民经济无疑是雪上加霜。[①] 据统计，中国欠苏联的各项借款和应付利息共计 14.606 亿新卢布，折合人民币 52 亿余元。这些外债应于 1965 年前全部还清。[②]

国内国际两方面因素的共同作用使得人民生活陷入困境。

正如前文所述，从 1959 年开始，全国的粮食、棉花、油料等农产品以及棉纱、布、食糖等轻工业产品产量呈下降趋势；同时又不得不将相当一部分粮食、副食品以及轻工业产品用来偿还债务，导致与人民生活息息相关的各种产品的供应呈现紧张状态。

在粮食产量减少的情况下，为了满足城市居民最低基本生活的需要，就不得不提高粮食的征购比例。由表 1.-10 可见，从 1958 年开始，国家每年的粮食征购量都在 1000 亿斤以上，1959 年和 1960 年两年粮食征购的比例占到了粮食总产量的近四成。然而，即使国家提高了粮食的征购量来满足城市居民的商品粮与副食品供应，由于城镇人口的大量增加以及粮食产量的减少，城市居民的生活依然呈下降趋势。1960 年与 1957 年相比，城市居民平均粮食消耗量降低了 15.3%，[③] 其他如食用植物油、猪肉等的消耗量也不同程度下降，蔬菜供应严重不足，禽、蛋等副食品在市场上几乎已经没有供应。与此同时，由于供应的锐减，各地库存的粮食也相

---

① 有关中苏关系恶化对中国经济产生的影响参见孙其明《中苏关系的演变与中国经济——二论中苏关系恶化对中国的影响》，《同济大学学报》（社会科学版）2003 年第 3 期。

② 《政府工作报告》（1964 年），《建国以来重要文献选编》（第十九册），中央文献出版社 1998 年版，第 468 页。

③ 据统计，1960 年同 1957 年相比，城乡居民人均粮食消费量减少 19.5%，其中农村人均消费量减少 23.7%，城市居民人均消费量减少 15.3%。参见国家统计局编《中国统计年鉴》（1984），中国统计出版社 1984 年版，第 477 页。

继告急。到 1960 年 6 月，北京的库存粮只够销售 7 天，天津只够销售 10 天，辽宁省的 10 个城市只够销售 8—9 天，而上海已几乎没有库存的大米。据统计，1960 年 9 月底全国 82 个大中城市的库存粮食比 1959 年 9 月减少了将近一半，还不到正常库存的 1/3。[①]

表 1 - 10　　　　　　　　1958—1960 年全国粮食征购情况

项目　　　年份	1958	1959	1960
粮食产量（万吨）	20000	17000	18750
粮食征购量（万吨）	5876	6740	5105
占粮食总产量的比例（%）	29.4	39.7	35.6

　　资料来源：国家统计局编：《中国统计年鉴》（1984），中国统计出版社 1984 年版，第 370 页的有关数据资料编制。

　　国家粮食征购量提高，意味着农村留下的粮食数量就要降低，农民的口粮就要减少。1957 年，全国农村人口的平均口粮为 409 斤，1959 年减至 366 斤，1960 年又减至 264 斤。[②] 农民口粮降低，再加上当时的"人民公社化"运动强调生产关系的"一大二公"使得农民不能通过耕种自留地或从事其他家庭副业来弥补粮食数量的不足，因此，导致农村出现大面积的饥荒，农民的生活困难与城市相比较而言更加严重。

　　在这一时期，中共中央采取了多种应急措施。首先，针对一部分大中城市粮食和其他生活必需品供应短缺的情况，在全国范围内突击调运粮、油、棉等。其次，紧急从国外大量进口粮食。再次，一再压低农村和城市的口粮标准，提倡"瓜菜代"，[③] 推广"增饭法"，[④] 并对粮食和其他主要

---

　　① 有关数据可参见罗平汉《大迁徙——1961—1963 年的城镇人口精简》，广西人民出版社 2003 年版，第 96 页；中共中央党史研究室：《中国共产党历史》（1949—1978）（第二卷），中共党史出版社 2011 年版，第 562 页。

　　② 参见罗平汉《大迁徙——1961—1963 年的城镇人口精简》，广西人民出版社 2003 年版，第 95 页。

　　③ "瓜菜代"指的是三年困难时期在粮食短缺的情况下，用一部分粮食和野菜一起煮饭吃，用青菜和南瓜等代替粮食以维持生活。

　　④ "增饭法"指的是三年困难时期在粮食短缺的情况下，全国各地都在寻求用有限的粮食做出更多饭的方法。主要的方法有所谓的双蒸法：办法之一是将米放进罐内干蒸 20 分钟，然后加水，每斤米加水 3 斤 3 两，用猛火蒸 40 分钟即可。办法之二是将米干蒸半小时后分装入罐，加上凉水，1 斤米加 4 斤水，用猛火蒸 1 小时即可。双蒸法能使每斤米出米饭 5 斤，比原来增加 40% 以上。

生活必需品实行凭票供应制度。最后，在全社会范围内开展"节约粮食"运动。如浙江省嘉兴、金华地区的机关干部带头响应地委提出的节约口粮10%的号召，纷纷订出节约计划，上交节约的粮票。金华专员公署和公安处节约上交粮票9865斤。① 然而，这些临时的应急举措并不能从根本上解决国民经济与人民生活出现的困难。

粮食与副食品的严重匮乏，最终危害到了广大群众的健康与生命。由于食物摄入量过低，有些人为了撑饱肚子，只得不停地喝水充饥，而大量水的摄入并不能维持一个人生活、劳动的消耗，反而会造成水肿，导致浮肿病的发生。

浮肿病首先在农村发生，而后蔓延到城市，不仅群众的健康受到了影响，更为严重的是导致了大量人员的非正常死亡，较为典型的是河南信阳地区，据统计，1960年整个地区有9个县的死亡率超过100‰，② 超出正常年份数倍。

关于三年困难时期全国非正常死亡人数究竟有多少，目前学界还有争议，人数从1000多万到4000万不等。③ 但是无论采信哪一种数据，以"千万"来计算的非正常死亡人数都是触目惊心的。

浙江省人民的生活情况同样十分严峻。从1958年开始，浙江省粮食总产量和亩产量都呈下降趋势，其他副食品和日用品的供应也严重不足。为了满足城市粮食供应的需要，浙江也采取了"高征购"的办法，从1959年到1961年的三年间，征购的粮食数量占粮食总产量的比例大致与全国持平，分别为37%、38%和35%。④ "虚报浮夸—高估产—高征购"的一系列连锁反应，最终造成了农村留存的粮食包括口粮、种子、饲料等

---

① 《坚决压缩粮食销量　大抓节约粮食工作》。资料来源：浙江省档案馆，档案号：J132 - 12 - 3。

② 《当代中国》丛书编辑部：《当代中国的人口》，中国社会科学出版社1988年版，第74页。

③ 关于困难时期中国非正常死亡人数的估算，学界提出了不同的数据。中山大学李若建估算人数在1530万至2470万之间，参见李若建《大跃进后人口损失的若干问题》，《中国人口科学》1998年第4期；美国人口学家科尔的估算在2700万左右，西安交通大学蒋正华的估算在1700万左右，而中共中央党校李成瑞对前面两位学者的数字进行比较研究后得出的估算数为2200万左右，参见李成瑞《"大跃进"引起的人口变动》，《中共党史研究》1997年第2期。

④ 有关数据参见浙江省农业厅编《浙江农业40年》，浙江科学出版社1990年版，第119页。

严重不足，造成这一期间农村人均粮食占有量与消费量都低于历年水平，广大农民不得不实行"低标准，瓜菜代"，并出现口粮接不上早稻登场的现象。由于缺粮，不少农村地区出现了"人瘦、地瘦、牛瘦"和饿（口粮不足）、病（浮肿病）、逃（外流）、荒（土地荒芜）的现象。1962 年入春后，金华、嘉兴、温州、宁波等地区的部分县出现春荒，有 2.5 万人断粮，患浮肿病 3422 人，外流农民 3308 人，入夏后，全省浮肿病者增至 2.73 万人，外流农民达 1.4 万余人，饿病死亡 35 人。[1]

农村的情况十分严重，而浙江城镇居民的生活情况也同样不容乐观。随着城市人口尤其是企业职工的大幅度增长，一方面使得工资总额快速上升，造成政府的财政困难，从而出现财政赤字。1960 年上半年浙江省财政已出现支大于收、收支不平衡的情况。全省有 22 个县（市）资金周转发生困难，不仅动用了全部周转金，而且有些县市还不得不向省财政借款，省财政亦动用了周转金 2780 万元，[2] 而到了 1960 年下半年财政状况进一步恶化，中共浙江省委不得不用冻结银行存款的方式来防止财政赤字的扩大。另一方面，社会购买力迅速增长，不仅加重了城市粮食、副食品和日用品的供应负担，也加重了市政建设的压力，导致商品供应量与需求量之间的比例失调。从表 1－11 中可见，商品供应与需求之间形成了供不应求的局面，城镇人民的生活得不到保障，由于食品摄入不足而造成营养不良、患浮肿病的人员不断上升，社会不稳定因素增加。

表 1－11　　1957 年与 1961 年浙江省城镇人口人均基本消费品比较

项目	1957 年生活指数	1961 年生活指数	下降幅度（%）
平均口粮	500 斤	360—400 斤	20—28
猪肉	11 斤	2 斤 2 两	80
鱼	26 斤	20 斤	23
食油	2.5 斤	1 斤	60
针织品	0.26 尺	0.15 尺	42.3

资料来源：《江华在浙文集》，浙江人民出版社 1992 年版，第 314 页的有关数据资料编制。

---

[1]　浙江省民政志编纂委员会编：《浙江省民政志》，中国社会出版社 1994 年版，第 196 页。

[2]　《省委转发省财政厅、人民银行党组关于积极组织收入，节约不必要的支出，支持国民经济继续跃进的报告》。资料来源：浙江省档案馆，档案号：J002－60 年 20 卷－013。

生产力受到破坏，政府财政出现赤字，食品与日用品的供应不能满足群众日常的生活需求，尤其是城镇居民的粮食供应，1961 年与 1957 年相比，下降的比例大大高于全国平均水平，① 大量人口因为饥饿而患病甚至死亡。人民生活的严重困难直接影响了群众对于执政的中国共产党的信心，有些群众甚至发出了"十年翻身一场空"的感叹。

能否解决困难，渡过危机？这是摆在执政的中国共产党面前的一大考验，严峻的形势迫使中共不得不探求摆脱国民经济困境的出路。

1960 年 6 月，中共中央在上海召开政治局扩大会议，中心议题为讨论第二个五年计划后三年的补充计划问题。会议期间，毛泽东写了《十年总结》一文，对于前十年的社会主义建设作了总结，认为社会主义建设的第一个十年取得了很大的成就，但也犯了不少错误，许多同志在思想上并不懂得马列主义的立场、观点和方法，提出"我们要以第二个十年时间去调整它，去研究它，从其中找出它的固有规律，以便利用这些规律为社会主义的革命和建设服务"。②

1960 年 8 月，时任国务院副总理兼国家计划委员会主任的李富春在讨论研究冶金工业、交通运输、农业和经济计划问题时，多次提出应当对国民经济进行调整、巩固、提高。8 月底，国家计划委员会在向国务院汇报 1961 年经济计划时，提出了这一方针，周恩来表示赞成，并加上了"充实"二字，从而形成了"调整、巩固、充实、提高"的八字方针。③ 9 月 30 日，中共中央在批转国家计划委员会党组《关于 1961 年国民经济控制数字的报告》中指出："1961 年，我们要使各项生产、建设事业在发展中得到调整、巩固、充实和提高。"④ 1961 年 1 月中旬，中共八届九中全会召开，会议指出："适当地缩小基本建设的规模，调

① 1961 年与 1957 年相比，全国城镇人口的平均口粮供应下降 15.3%，而浙江省下降的比例为 20%—28%，超过全国平均水平。

② 《十年总结》，《建国以来重要文献选编》（第十三册），中央文献出版社 1996 年版，第 421 页。

③ 关于八字方针的提出，参见《关于建国以来党的若干历史问题的决议》（注释本），人民出版社 1983 年版，第 336—337 页。

④ 《关于 1961 年国民经济控制数字的报告》，《建国以来重要文献选编》（第十三册），中央文献出版社 1996 年版，第 609 页。

整发展速度，在已有胜利的基础上，采取巩固、充实、提高的方针。"①
中共八届九中全会正式通过八字方针，标志着中国国民经济发展的指导
方针由"跃进"向"调整"转变。在八届九中全会通过的八字方针中，
核心点是"调整"二字，其主要含义即为"搞好综合平衡，包括农轻重
之间、生产资料和消费资料之间、积累与消费之间的平衡，最后达到整
个国民经济的平衡"。②

　　在八字方针的指导下，全国范围内农业、工业、文教等各个领域的调
整工作全面展开。从1960年下半年开始，中共中央先后制定并公布了一
系列重要的政策文件，包括《农业六十条》《工业七十条》《科研十四条》
《手工业三十五条》《财经六条》《文艺八条》《高教六十条》《商业四十
条》等，以恢复经济，改善群众生活。

　　在全国的调整背景下，浙江省各个领域的调整工作也全面铺开。

　　农业生产领域，主要对生产关系和经济政策进行全面调整。

　　生产关系上的调整主要分为三个方面。一是对公社及生产队的规模
进行调整，并下放基本核算单位。根据中共中央的指示与浙江省的实际
情况，中共浙江省委于1960年底和1961年3、4月间，先后下发《关
于农村人民公社管理体制的若干规定》（草案）《关于贯彻执行中央
〈关于农村人民公社当前政策问题的紧急指示信〉的若干补充规定》以
及《关于调整人民公社编制的通知》等多个文件以调整社队规模。到
1961年底，全省公社数为2979个，比1959年增加2348个；生产大队
为44093个，比1959年增加14877个；生产小队为343976个，比
1959年增加142203个。调整后的公社规模平均884户，相当于原来的
乡；生产大队平均为130户，相当于原来的高级农业生产合作社；生产
小队平均为17户，相当于原来的初级农业生产合作社。③ 经过调整，农
村各级单位规模有了大幅度的缩小，而数量大幅度增加，从而增加了农
村生产的灵活性。与此同时，从1962年春开始，全省大多数公社实现
了以生产小队为基本核算单位，给生产小队自主权，增强农民的生产积
极性。

---

① 杨树标、梁敬明、杨菁：《当代中国史事略述》，浙江人民出版社2003年版，第296页。

② 同上书，第297页。

③ 浙江省农业厅编：《浙江农业40年》，浙江科学出版社1990年版，第122页。

二是调整所有制结构，坚持按劳分配。为了解决"大跃进"过程中一味强调生产关系的"一大二公三纯"而使农村所有制日趋单一的问题，中共浙江省委根据中共中央有关精神，采取允许社员经营自留地、发展养殖与家庭副业等措施，缓解市场副食品供应紧张的局面。此外，将农民的生产定质、定量、定时间、定工分，采取按劳分配的原则分配粮食和其他生活用品，很大程度上增加了农民的生产积极性。

三是纠正"一平二调"。所谓"一平二调"，就是"平均主义和无偿调拨物资"的简称。"人民公社化"运动否认公社之间、公社内部的合作社之间、社员之间存在着既有的经济差别，贫富拉平，大搞平均主义，不仅把原合作社集体所有的土地、农具等生产资料随意无偿调拨和分配，同时把农民的房屋、农具、家禽牲畜等都收归集体所有，否认农民的私有财产权；同时，对农民的个人生活物资，比如粮食等，实行平均主义的分配方式，极大地挫伤了农民的生产积极性。1960 年，中共浙江省委开始纠正这一错误做法，积极对农民进行退赔，退赔的种类包括土地、房屋、家具、车辆、家畜、农副产品等。据浙江省农业厅 6 个直属单位的检查，至 1961 年 7 月底，已退赔土地 64.7 亩，房屋 13 间，工具 68 件，粮食 1200 公斤，其余不能退还实物的，均已作价赔偿。① 通过纠正"一平二调"和退赔，很大程度上缓解了农民的不满情绪。

经济政策上的调整主要表现为三个方面。一是降低农业生产指标和征购任务。1961 年到 1964 年，也就是整个国民经济调整时期，无论是粮食的生产指标还是粮食的征购任务，都比 1958 年到 1960 年"大跃进"时期有了大幅度的降低。

表 1-12   1959—1963 年浙江省农业生产指标对比

生产指标	1959 年	1961 年	1962 年	1963 年
粮食（万吨）	1716—2223	780	600	650
实际完成（万吨）	—	—	684.3	806.7
棉花（万吨）	10—15	5	3.75	4.5
实际完成（万吨）	—	—	4.82	6.39

① 中共浙江省委党史研究室编：《当代浙江简史》，当代中国出版社 2000 年版，第 192 页。

表 1 – 13   1958—1964 年浙江省粮食征购任务对比

项目	1958—1960 年平均	1961—1964 年平均
粮食征购量（亿公斤）	27.295	22.23
粮食征购量占粮食总产量的比重（%）	38.33	30.62

资料来源：表 1 – 12、表 1 – 13 根据浙江省农业厅编《浙江农业 40 年》，浙江科学出版社 1990 年版，第 126—127 页的有关数据资料编制。

二是开展农村集市贸易，活跃农村经济。中共浙江省委于 1960 年底先后下发了《关于开展农村集市贸易的通知》《关于开展农村集市贸易的布告》《市场管理若干问题的规定》等文件，以活跃农村经济，恢复农村集市贸易。通过一系列的努力，使农村的手工业、商业等得以恢复并有所发展。1961 年，浙江省农村集市贸易恢复到 1348 个，成交额 6.5 亿元。1962 年又有一定发展，成交额比 1961 年又增加 7.6%。随着农村集市贸易的开展，全省有基层供销社 2000 多个，手工业社、组 6000 多个。[1]

三是调整各条战线的人员参加农业劳动。由于"大跃进"运动中各项农业辅助运动的大规模开展以及支援工业建设的需要，大量人员调离了农业生产一线。从 1960 年冬天开始，中共浙江省委调集了大量机关干部以及工业、商业职工和大专院校师生、解放军等各条战线的人员充实农业生产。如驻浙人民解放军仅在 1961 年就无偿支农 100 多万个劳动日。[2] 此外，在 1961 年上半年，全省有"3.6 万余干部充实农业生产第一线"。[3] 通过抽调各条战线的人员充实农业生产一线，使得农业生产一线劳动力数量大为增加。

浙江工业战线的调整工作从 1960 年 10 月下旬开始。按照国家计委关于 1961 年国民经济控制数字的要求，中共浙江省委下发了《今冬明春工作纲要》，提出"工业今后要着重进行调整、巩固、充实、提高的工作"。[4] 从 1961 年到 1963 年，工业战线的调整在浙江全面铺开。

在工业战线的调整中，主要的调整举措表现为以下几个方面。

---

[1] 中共浙江省委党史研究室编：《当代浙江简史》，当代中国出版社 2000 年版，第 194 页。

[2] 同上书，第 195 页。

[3] 《三万余下放干部战斗在农业第一线》，《浙江日报》1961 年 1 月 4 日。

[4] 《今冬明春工作纲要》，《中共浙江省委文件选编》（1957.1—1960.12），中共浙江省委办公厅印刷厂 1991 年版，第 977 页。

　　一是调整工矿企业的结构、规模。1962 年 2 月，浙江省计划经济委员会发出《关于厂矿企业整编定点的通知》，开始对城市中的工业企业进行整顿，采取的主要措施就是留、并、撤、转。之后，省计经委又下达了《工业企业调整规划》（草案），规定企业要由原来的 2427 个减少到 1910 个。① 随后，针对部分地区随意对企业进行转制（主要是全民所有制转为集体所有制）的做法，中共浙江省委作了专门通报与整改。② 此外，对于全省的存留企业进行了生产转向的调整。把一些为大工业和基本建设服务的企业，转向为农业生产服务和为市场服务；把以制造为主的部分企业，转向为以修配为主；把主要依靠国家供应原材料的部分企业，转向为主要依靠就地取材。③ 通过不断地调整与检查整顿，工矿企业数量大量减少，规模有所缩减。

　　二是大力缩小基本建设的规模，停建缓建大批基础建设项目。从 1960 年底开始，中共浙江省委对于基本建设也采取了大力压缩其规模和停建缓建大批基建项目的措施。1960 年 12 月，浙江省计划经济委员会下发《关于调整 1961 年基本建设计划安排的决定》，将基本建设的投资由原来的 6.7 亿元调整为 6.1 亿元，减少了 0.6 亿元，同时缓建基建项目 143 个。④ 1962 年 1 月，中共浙江省委、浙江省人民委员会又作出紧急指示，规定"所有大、中、小型的基本建设项目，都必须纳入国家计划，不准有计划外的建设项目；大、中型建设项目，按照国家规定，需要分别上报中央或中央局批准后才能施工"。同时对于基本建设项目的资金运用、审批程序等都作出了具体的规定。⑤ 2 月，为贯彻中央有关 1962 年基本建设的初步安排，中共浙江省委又下发通知，规定"凡

---

　　① 中共浙江省委党史研究室编：《当代浙江简史》，当代中国出版社 2000 年版，第 204 页。

　　② 有关内容可参见《关于某些地区将全民所有制企业不恰当地转为集体所有制问题的报告》，《中共浙江省委文件选编》（1961.1—1966.4），中共浙江省委办公厅印刷厂 1991 年版，第 213—216 页。

　　③ 金延锋主编：《历史新篇——中国共产党在浙江》（1949—1978），浙江人民出版社 2011 年版，第 547 页。

　　④ 中共浙江省委党史研究室编：《当代浙江简史》，当代中国出版社 2000 年版，第 205—206 页。

　　⑤ 参见《中共浙江省委、浙江省人民委员会关于当前基本建设几个问题的紧急通知》，《中共浙江省委文件选编》（1961.1—1966.4），中共浙江省委办公厅印刷厂 1991 年版，第 172—173 页。

是不属于国家计委初步安排一九六二年基建投资范围以内的项目，不论属于中央、地方、大中项目或小项目，都应当一律立即停止施工"，同时强调要认真进行排查，完善审批手续，务求将基本建设项目的规模压下来。①　与此同时，中共浙江省委也十分重视对于已经停建、下马的基建单位的物资管理，为杜绝财物混乱，偷盗变卖和私分现象，提出清查资产、加强保卫工作等措施保护国有资产不受损失。②　压缩基建项目到1963年初见成效。据统计，从1961年到1963年的三年中，基本建设项目合计停建、缓建296个。③　基建战线规模的大力压缩，解决了政府财政压力与物资调拨的困难。

三是改革管理制度，提高企业的劳动生产率。1961年9月，中共浙江省委下发的《关于解决工矿企业若干问题的意见》（草稿），确立了解决当时厂矿企业所存在问题的工作要求，其中的一点就是"按照国民经济有计划按比例发展的规律，在合理布局的基础上，对企业实行'五定'……使企业有明确的奋斗目标，为进一步改进管理，搞好生产创造条件"。④　在1962年1月通过的《省委一、二月份工作纲要》中又重申了这一精神。同月出台的另一份文件《国营工业企业工作条例》（草案）中依然强调对工矿企业的人员、物资进行核定的重要性。在核定工矿企业人员、物资、企业规模等问题的基础上，还确定了"五包"⑤的方针，以加强对企业的管理。在实行"定包"的同时，还对企业的工资与奖金分配

① 参见《省委关于坚决贯彻执行中央〈关于一九六二年基本建设初步安排的紧急通知〉的通知》，《中共浙江省委文件选编》（1961.1—1966.4），中共浙江省委办公厅印刷厂1991年版，第197—198页。

② 参见《中共浙江省委、浙江省人民委员会关于切实执行中共中央、国务院〈关于妥善保管、处理停建、下马基建单位和关闭、停产企业的物资的紧急指示〉的补充指示》，中共浙江省委文件选编》（1961.1—1966.4），中共浙江省委办公厅印刷厂1991年版，第242—243页。

③ 中共浙江省委党史研究室编：《当代浙江简史》，当代中国出版社2000年版，第206页。

④ 《关于解决工矿企业若干问题的意见》（草稿），《中共浙江省委文件选编》（1961.1—1966.4），中共浙江省委办公厅印刷厂1991年版，第99页。五定：即定基本建设规模和产品方向，定生产任务，定人员机构，定固定资产和流动资金，定原料、材料、燃料的供应。

⑤ 五包：即包产品的品种、数量和质量，包工资总额，包成本，包上缴利润，包设备的维护检修和主要设备的使用期限。

方式进行改革，采取计时、计件工资以及超额奖、单项奖、职务奖等多种分配方式，同时还通过劳动竞赛等方式倡导增产节约。

其他各个领域的调整。

除了工农业领域外，浙江省其他各个领域也开始采取不同的方式进行全面调整。

财贸、商业领域的调整，主要以改革有关体制为主要内容。财政管理体制方面，中共浙江省委作出指示，要求各级财政单位安排财政收支预算，要求收支要平衡，不打赤字。商业管理体制方面，规定统一由省政府管理的一、二类主要物资，必须统筹兼顾，全面安排，统一调度，对省外协作也要统一管理。各级商业行政管理部门，要加强对商业企业的物资管理、财务会计以及二级站和人民公社代销部门的领导，同时恢复农村信用合作社，为农业生产的恢复与发展创造条件。物资管理体制方面，决定充实物资部门的人员，对部管物资分期分批实行集中统一管理，对三类物资的管理要统一领导，分级负责且集中管理中转仓库，改变了以往物资流通中转环节过多、物资分散、调度不灵，浪费严重的情况。在进行体制改革的同时，中共浙江省委还大力整顿市场供应，规定必须保证粮、棉、布等的定量供应。

科学、教育、文艺领域的调整。这几大领域的调整主要做了以下几方面的工作：一是撤、并科研单位和各类学校。经过 1960 年至 1962 年这三年的调整，浙江省的大专院校和中等技术学校共撤、并 370 所，9747 所小学由政府包办转向民办。调整后全省有高等学校 20 所，中等技术学校 55 所，中等师范学校 51 所，普通中学 775 所，小学 28913 所，比调整前减少了约 25%。① 二是整顿全日制中小学，除维持县级以上中小学和农村中的高中为全日制学校外，尤其是对于"大跃进"运动中办起来的条件较差、质量较低的农村初级中学改为半农半读。教育领域经过调整之后，全省各级各类学校的办学规模有了大幅度的缩减，在校师生人数大幅度减少，由此国家商品粮的供应也相应减少。文艺领域的调整主要针对农村地区文艺战线的混乱局面展开，划清正当与不正当文艺活动的界限，尤其在农村业余剧团中开展宣传教育活动，同时加强对农村各类文化部门的人员配备与管理，使文艺工作真正适应农村需要，为农民服务。

---

① 中共浙江省委党史研究室编：《当代浙江简史》，当代中国出版社 2000 年版，第 209 页。

卫生领域调整的重点依然在农村。由于当时农村地区缺医少药问题十分突出，因此，浙江省卫生厅采取多项措施为农村提供医疗服务。一是组织城市医药卫生人员赴农村开展工作，具体的做法包括巡回医疗队下乡、挑选医疗骨干充实农村医疗机构、高等医学院校毕业的学生充当志愿者分配到农村医疗机构工作等。二是在派遣城市医疗人员的同时，在农村直接培养医疗人员，以充实农村医疗机构。三是改革不合理的规章制度，合理调整医疗机构的布局，发展区卫生院。

第三节　激进的"工业化"与城镇人口的膨胀

从1953年底开始的"一五"计划，确定了中国"优先发展重工业"战略下的工业化模式，到"大跃进"运动期间有了进一步的发展，这一工业化模式直接导致了各种资源向城市集中。

这里所讲的各种资源，主要是两大部分，一是财与物的资源，另一种是人力资源。财与物的资源，指的是国家对于城市工业在财政上的扶持以及物资配置上的倾斜，例如积累率的提高、对工业生产部门投资比例的加大等；而人力资源，指的是为发展工业，大量招工，农村劳动力向城市转移，城镇人口增加。

在1958年"大跃进"运动之前，城镇人口的增加基本与中国工业化进程相一致。随着工业企业数的增加，企业职工数也不断增加，两者之间相对平衡。在中华人民共和国成立之初，鉴于国家收支不平衡的情况，中央于1950年3月决定统一国家的财政经济工作，将财政、金融、国营企业的管理等收归中央政府统一管理。在国营企业人员招收方面，规定："各部门各企业如需增添人员，在经过一定机关批准之后，必先向全国编制委员请示，只有调配不足又经一定机关批准时，才能另外招收。"[①]可见，"大跃进"运动之前，招收职工的审批权在中央，国家对于招工是有着严格的规定的。

然而，1958年以后，随着超常规的"大跃进"运动的开展，中国的城镇人口也出现了非正常的膨胀。随着"大炼钢铁"运动和基础建设的

---

① 《统一财政经济工作》，《建国以来重要文献选编》（第一册），中央文献出版社1992年版，第131页。

大规模开展，工业战线劳动力短缺的现象日益严重。为了完成各项工业生产指标尤其是钢铁产量的生产指标，1958 年 4 月，中共中央作出决定："除开一些特殊的、主要的以及'试验田'性质的企业仍归中央继续管理以外，其余企业原则上一律下放，归地方管理"，管理的权限包括"管理的部署和协作方面，在材料调度方面，在劳动力调配方面，进行调剂和平衡"。① 可见，在"大跃进"运动中，为了适应工业发展尤其是钢铁工业发展的需要，企业招工权力由中央下放到了地方。

招工权力的下放，加上"大跃进"运动的白热化，各地私招乱招工之风也越来越严重，导致的一个直接后果就是企业职工数激增。

表 1 – 14 1953—1960 年全国人口变化

项目 年份	总人口		市镇人口		企业职工	
	人数（万人）	人口自然增长（%）	人数（万人）	比上年增长（%）	人数（万人）	比上年增长率（%）
1952	57482		7163		1603	
1953	58796	2.3	7826	9.26	1856	15.78
1954	60266	2.479	8249	5.41	2002	7.87
1955	61465	2.032	8285	0.44	2162	7.99
1956	62828	2.050	9185	10.86	2977	37.7
1957	64653	2.323	9949	8.32	3101	4.17
1958	65994	1.724	10721	7.76	5194	67.49
1959	67207	1.019	12371	15.39	5275	1.6
1960	66207	- 0.457	13073	5.67	5969	13.16

注：市镇总人口是指辖区内全部人口；乡村总人口是指县人口，但不包括镇人口。

资料来源：国家统计局：《中国统计年鉴》（1984），中国统计出版社 1984 年版；国家统计局编：《中国人口统计年鉴》（1988），中国展望出版社 1988 年版的有关数据资料编制。

由表 1 – 14 可知，从 1953 年到 1960 年，全国总人口的增长是较为平稳的，除了 1960 年出现负增长外，其余各年的增长幅度在 1%—2.5% 之间。而市镇人口的增长幅度明显高于总人口的增长速度，除了 1955 年之外，增长幅度都在 5% 以上，其中 1956 年和 1959 年增长超过了 10%，尤其是 1959 年增长在 15% 以上。同期，企业职工的增长速度则更快，不仅

---

① 《中共中央、国务院关于工业企业下放的几项规定》，《建国以来重要文献选编》（第十一册），中央文献出版社 1995 年版，第 264—265 页。

远远快于人口的自然增长，而且比起市镇人口的增长速度而言，也快得多，尤其是 1958 年的增长幅度甚至达到近 70%。而与此同时，1957 年全国工业企业的数量为 16.95 万个，到 1958 年为 26.3 万个，1959 年是 31.81 万个，1960 年减少到 25.1 万个。三年间，企业职工数增加 2868 万人，增长 92.5%；而企业数增加 8.15 万个，增长 48.1%。[①] 由此，一方面，"大跃进" 运动之后的 1958 年至国民经济调整之前的 1960 年，企业职工数的增长大于人口自然增长与市镇人口的增长速度；另一方面，同期企业职工人数的增长又远远快于企业数量的增长。因此，"大跃进" 运动中，企业职工数的增长具有一定的盲目性。

再来看看浙江的情况。

表 1 - 15　　　　　　　1952—1960 年浙江省人口增长情况

年份	全省总人口（万人）	市镇人口			自然增长	
		人口数（万人）	比上年增加（%）	占总人口比重（%）	人数（万人）	增长率（%）
1952	2212.8	281.7		12.73	52.8	
1953	2268.5	294.6	4.58	12.30	56.3	2.514
1954	2325.5	308.1	4.58	12.56	59.6	2.596
1955	2386.5	314.2	1.98	12.49	60.1	2.551
1956	2442.9	330.2	5.09	12.79	57.8	2.394
1957	2503.3	358.5	8.57	11.59	63.4	2.562
1958	2563.5	540.9	50.88	15.17	63.2	2.495
1959	2598.3	567.6	4.95	15.83	39.9	1.547
1960	2619.9	587.9	3.58	16.47	30.4	1.164

资料来源：王嗣均：《中国人口·浙江分册》，中国财政经济出版社 1988 年版，第 79、192 页的有关数据资料编制。

由表 1 - 15 可见，浙江省在中华人民共和国成立后城乡人口的变化与全国的变化趋势基本相同。从 1950 年到 1960 年的 11 年间，浙江省的总人口呈逐年上升趋势，人口的自然增长率保持在 1%—2.6% 之间，分为两个增长阶段。第一阶段为 1950 年至 1954 年，人口自然增长略微呈正增长；第二阶段为 1955 年至 1960 年，人口自然增长速度较为缓慢，但从总

[①] 国家统计局编：《中国统计年鉴》（1984），中国统计出版社 1984 年版，第 193 页。

体上来说，增长的比例相对比较稳定，没有太大的起伏。再来看看市镇人口①的增长。11 年间，市镇人口中总人口的比重基本呈逐年上升趋势（除 1955 年略有下降外），在这一总体上升的趋势中，也可将其分为两个阶段，1950 年至 1957 年为第一阶段，市镇人口稳步增长；1958 年是一个转折点，市镇人口一年间增加 180 多万人，增长率为 1957 年的近 51%，因此，使得市镇人口在总人口中的比重不断增加。由两者的比较可知，浙江省市镇人口的增长呈现两个特点：一是在总人口中的比重逐年增加；二是市镇人口的增长超过了人口的自然增长，尤其是 1958 年之后，人口的自然增长十分缓慢甚至出现了负增长，而市镇人口的增长远远大于人口的自然增长速度。因此，由表中数据可知，浙江省的市镇人口不断增加，而到了 1958 年以后这一趋势加剧，浙江的城乡人口结构发生明显的变化。

此外，浙江在"大跃进"运动中增加的职工人数也是十分巨大的，其转折点也在 1958 年。据统计，1957 年浙江省的职工数为 144.76 万人，而到了 1958 年职工数猛增到 205.26 万人，增加了近 71%。② 这个比例甚至高于全国平均水平（由表 1－14 可知，1958 年全国职工人数比 1957 年增长 67.49%），同时也大大高于同期浙江省市镇人口的增长速度。一年的时间职工人数增加了 60 万，且绝大部分都是从农村进入城市以充实工业战线的劳动力。

1958 年的"大跃进"运动给了许多农村人口尤其是农村的青壮年人口进入城市的机会。很多企业由于扩大生产，劳动力短缺，因而就大量招收农村的青壮劳动力，农村人口成为企业职工的同时也就成为城镇人口，其粮食和其他生活必需品也就由自给自足改为由国家供给。而当时大量招工给国家和城市所带来的压力是巨大的。1959 年 5 月中央下发的一份"紧急指示"中就谈到了当时全国食油的供应情况，指出"城镇居民食油供应每月七千万斤，货源没有保证，现在京、津、沪和其他若干大、中城

---

① 　这里"市镇人口"的概念是沿用了王嗣均主编的《中国人口·浙江分册》第八章"人口城镇化"中所采用的概念，与城镇人口有所区别。这里的"市镇人口"是按市与镇的行政管辖范围（不含市辖县）的总人口统计的，城镇人口是按市区与镇区范围的非农业人口统计的。两个概念有一定区别，但从市镇非农业人口的变化情况也可以从一个侧面推断出城镇人口的增长、变动情况。

② 　浙江省统计局编：《新浙江五十年统计资料汇编》，中国统计出版社 2000 年版，第 18 页。

市都是随调随销，不少城镇食油时有脱销"。① 另据统计，1958 年全国职工的工资总额为 180 亿元，比 1957 年增加了 24 亿元，但 1958 年全国职工的年平均工资却比 1957 年少了 87 元（1957 年为 637 元，1958 年为 550 元），降低 13.7%。② 浙江省的情况也不容乐观。据统计，"（1959年）一至五月份猪肉、家禽、鲜蛋的供应量比去年同期减少 60% 至 85%；水产品的收购量虽比去年同期有所增加，但大部分供应了出口和外调，省内市场供应反而比去年同期减少"。③ 虽然在两份文件中都将副食品供应紧张的原因归结为商品流通渠道、商业体制等方面出现了问题，但城镇人口的大量增加无疑是造成这一现象的主要原因之一。试想一下，在当时城市各项生活必需品供应普遍不充足、供应量相对稳定的情况下，短时间内大量农村人口进入城市，使粮食的产销关系出现矛盾，势必会造成生活用品供应紧张，城市人口生活水平下降的情况。

另一方面，在"大跃进"运动中，招收大量职工是为了满足"跃进"的需要，扩大生产，而当 1958 年底开始对国民经济各个领域进行局部调整后，又出现了新的问题。在调整中，许多企业、许多部门面临着关、停、并、转等命运，原来大量招收工人以扩充生产，现在一些企业被关了、停业了或是几个企业、部门合并了，生产规模紧缩，就造成部分职工无工可开、无事可做的情况，大大降低了企业的生产效率，同时也浪费了大量的人力资源。此外，企业招收大量农村人口进入企业成为企业职工，国家就需要支付这些职工的工资，在当时国家财政不富裕的情况下，大量的农村人口转变为企业职工无疑大大增加了国家财政的压力，而当一部分职工在企业赋闲后，国家财政依然要支付这些职工的工资，给国家造成了财政上的压力。

1958 年秋冬之际，中共中央发现"大跃进"和"人民公社化"运动中出现了不少问题，因此，开始着手解决运动中出现的问题。其中为了解

---

① 《中共中央关于采取非常措施解决当前食油供应问题的紧急指示》，《建国以来重要文献选编》（第十二册），中央文献出版社 1996 年版，第 354 页。

② 有关数据来源：《国家计划委员会党组、劳动部党组关于一九五八年劳动工资的基本情况和一九五九年劳动工资的基本情况和一九五九年劳动工资的安排意见的报告》，《建国以来重要文献选编》（第十二册），中央文献出版社 1996 年版，第 361 页。

③ 《省委关于当前市场问题的报告》，《中共浙江省委文件选编》（1961.1—1966.4），中共浙江省委办公厅印刷厂 1991 年版，第 621 页。

决大量农村人口迁入城市所带来的一系列负面影响，在 1959 年上半年的国民经济局部调整中，对于人员方面所采取的调整措施就是动员部分企业职工回乡。

在 1959 年上半年的局部调整中，各部门都着手动员企业富余人员回乡。在中共浙江省委批转的基本建设委员会《关于整顿基本建设单位筹建机构和减少多余生产设备人员的报告》中，对 1.4 万多名人员分别不同情况进行了安排处理，动员企业中来自农村的临时工、合同工回乡支援农业生产。之后中共浙江省委又将全省 461 家机械工厂定点为 248 家，职工人数也由 11.6 万余人减少为 7.8 万余人。① 在焦炭工业领域，经过整顿，由原来 84 个点集中到 16 个点，劳动力从 1959 年 1 月的 3.7 万人减少到 3 月的 1.3 万人，② 减少人员近 2/3。据统计，到 1959 年末，浙江省全民所有制工业企业职工人数为 139.52 万余人，比 1958 年末的 176.48 万人减少 36.96 万人。③

浙江在"大跃进"运动中所增加的职工数，高于全国的平均水平（全国平均增长 55%，浙江增长 71%）。而综观 1959 年上半年浙江省减少部分城镇人口的工作，这一时期主要以减少企业职工为主。1959 年全国计划精简职工数为 800 万人，如果平均分摊到各省，大约每省精简的人数在 30 万至 31 万之间，而浙江在一年中减少的全民所有制工业企业职工数就达到了 36.96 万，高于全国平均水平，这也说明了浙江省这一次短暂的精简工作还是取得了一定的成绩。但是，由于这次调整本身在指导思想上有束缚，即依然坚持"大跃进"和"人民公社化"运动的正确性，因此这次调整措施执行的范围与力度均有限，因此，将部分企业富余人员动员回乡的举措也不能从根本上解决当时城镇吃粮难、城镇人口生活水平与职工工资水平下降等问题。

1959 年 7 月，中共中央在庐山召开的政治局扩大会议与中共八届八中全会（即庐山会议）打断了对国民经济进行局部调整的进程，全国范

---

① 参见中共浙江省委党史研究室编《"大跃进"运动》（浙江卷），中共党史出版社 2006 年版，第 25—26 页。

② 参见《省委二届十三次全会讨论中央八届七中全会指示精神的报告》，《中共浙江省委文件选编》（1961.1—1966.4），中共浙江省委办公厅印刷厂 1991 年版，第 590 页。

③ 参见中共浙江省委党史研究室编《"大跃进"运动》（浙江卷），中共党史出版社 2006 年版，第 26 页。

围的"大跃进"运动掀起了又一轮的高潮。

在 1959 年至 1960 年继续"大跃进"运动中，"以钢为纲"口号下的钢铁和基本建设领域依然是"大跃进"运动中一个最为主要的组成部分，生产指标的再一次提高、工业企业的大量新建扩建导致了企业职工与城镇人口再一次急剧膨胀。

为了完成各项生产指标，许多企业大量招工。当时的城镇人口相对稳定，在城市中招收劳动力的数量有限，因此，许多企业在城镇招不到劳动力的情况下，大多采用招收农村劳动力的方式来填补企业劳动力的不足，而当时国家为工业"大跃进"的顺利进行，也曾一度放宽对企业招收工人的限制，给予地方和企业相对较大的自主权，这就使得许多企业为完成生产指标，盲目扩大企业职工人数，滥招成风。除了想办法招收城市人员外，许多企业，采取各种手段到处乱招工，导致了不少农村劳动力盲目外流，同时一些单位为了多招工，还采取发动本单位职工写信或通过亲友、老乡关系串联的方式招工，甚至采取公开、半公开的方式招收盲目流入城市的农民。

据国家统计局的统计，截至 1960 年 6 月底，全国职工人数达到了 4796.6 万，比 1959 年增加了 235.7 万，比国家计划规定的全年增加职工 200 万的指标多了 35.7 万。截至 1960 年 7 月底，全国职工数达到 4889.4 万，比 1959 年年底增加 328 万，其中 7 月份就增加了 92.9 万。8 月，全国职工人数更是达到 5100 万。[①]

浙江的情况也同样严峻。在持续"大跃进"的大气候之下，浙江省的城镇人口在 1959 年上半年被减少了一部分后，又出现了巨大的增加。据统计，1958 年浙江省的总人口为 2563.5 万，至 1960 年，全省总人口增加到 2619.9 万，增长了 2.2%；1958 年浙江的市镇非农业人口数为 388.9 万，至 1960 年增加到 431.6 万，增长了近 11%。另外，1958 年浙江的市镇人口数为 540.9 万，至 1960 年增加到 587.9 万，增长近 9%。另据统计，1959 年与 1960 年这两年中全省人口的平均出生率为 2.5% 左右。[②] 由此可见，1959 年与 1960 年这两年，浙江总人口的增长率与出生

---

① 转引自罗平汉《大迁徙——1961—1963 年的城镇人口精简》，广西人民出版社 2003 年版，第 81 页。

② 有关数据参见王嗣均主编《中国人口·浙江分册》，中国财政经济出版社 1988 年版，第 88、192 页。

率大致相当，在 2.2%—2.55% 左右，而这一时期市镇人口与非农业人口的增长率也相当，在 10% 上下，可见，这一时期市镇人口与非农业人口的增长远高于总人口的增长，两者相差近 8 个百分点。城镇人口的增长，除了新出生的城镇人口数外，大多由农村人口转化而来。与此同时，就浙江省全民所有制企业职工数而言，1960 年的职工数虽然比 1958 年有所减少（减少近 26.5 万人），但仍比 1959 年有所增加（增加 10.5 万人），与 1957 年相比，增加人数十分庞大（增加近 74 万人）（见表 1 - 16）。

表 1 - 16　　　　1957—1960 年浙江省全民所有制企业职工人数

年份	人数（万人）
1957	76
1958	176.48
1959	139.52
1960	150

资料来源：本表根据《霍士廉同志在省委整编精简工作会议上的总结》。浙江省档案馆，档案号：J002 - 62 年 1 卷 - 001；中共浙江省委党史研究室编：《"大跃进"运动》（浙江卷），中共党史出版社 2006 年版，第 26 页的有关数据资料编制。

由此可见，虽然经历了 1959 年上半年的短暂精简，在继续"大跃进"思想的指导下，城镇人口数持续增长。无论是从全国来看还是就浙江省的情况来看，"大跃进"运动中城镇人口的增长速度已远远超过了人口的自然增长，其中企业职工人数的增长速度更快，且其增长带有一定的盲目性。此外，当大量的企业招收农村职工使其成为城镇人口之后，其中有相当一部分职工并非一人来到城镇，其妻子或是丈夫，还有其父母子女也随之来到城镇，可以说是举家迁往城镇，因此，企业在招收一名工人的同时，可能让更多的人也成为城镇人口，如此计算，城镇人口日益膨胀，国家的负担日益沉重。

企业职工人数的激增与城镇人口的膨胀，产生了一系列的影响。

影响之一，城镇人口的增长与工业建设对劳动力的需求之间并不对等。城镇人口尤其是企业职工的大量增加，是否真的满足了企业生产的需要呢？

"大跃进"以后，尤其是 1958 年以后的几年中，全国的全民所有制企业的数量逐年减少，而同期企业职工数却在大幅度增长。据统计，1952 年全民所有制企业全员劳动生产率为 4184 元/人·年，1957 年的劳动生产率为 6362 元/人·年，因此，"一五"期间的劳动生产率是呈上升态势，而 1962 年的劳动生产率却降为 4817 元/人·年。[①] 可见，"大跃进"运动以后，劳动力增加了，但事实上劳动力是供大于求，这就造成了一个低效率的问题。

浙江省在"大跃进"运动期间，工业企业全员劳动生产率没有因为职工的增长而增长，反而是下降了。由表 1 - 17 可见，"一五"期间，劳动生产率每年递增 9.3%，但已经呈现生产率逐年下降的趋势；至"二五"期间，劳动生产率以每年 0.42% 的速度递减。城镇人口尤其是企业职工大量增加，国家的负担日益加重，但劳动生产率不增反降，可见，城镇人口的增长与工业生产对劳动力的需求之间并不对等，出现了失衡。

表 1 - 17　　　　1952—1962 年浙江省国有工业企业劳动生产率情况

(单位：元/人·年)

年份	全员劳动生产率	比上年增长（%）
1952	4512	14.1
1953	5398	19.6
1954	6337	17.4
1955	6606	4.2
1956	6660	0.8
1957	6645	- 0.2
1958	5646	- 15
1959	6364	12.7
1960	6996	9.9
1961	5925	- 15.3
1962	6258	5.6

资料来源：王国益主编：《浙江省劳动保障志》，中华书局 2004 年版，第 209 页的有关数据资料编制。

影响之二，城镇人口的大量增加对城镇居民所享受的各种国家供给产生了冲击。

城镇人口逐年增长，那么城镇人口在工资水平、商品粮及日用品的供给以及其他各项保障方面又呈现怎样的一种发展趋势，随着城镇人口的不

---

① 国家统计局编：《中国统计年鉴》(1984)，中国统计出版社 1984 年版，第 270 页。

断增多，城镇人口的生活水平和一系列社会保障是增加了还是减弱了？

先来看看粮食以及其他生活必需品的供应情况。由表 1 – 18 可知，就全国而言，"一五"期间，各类消费品平均每人的消费量有一定程度的提高，至"大跃进"运动期间，几乎所有的主要消费品的消费量都减少了。而浙江省的情况也大致与全国相当，主要的消费品如粮食、食油、猪肉、布、鱼等在此期间的人均消费量远低于"一五"时期。

表 1 – 18　　　　1953—1960 年全国各类消费品平均每人消费量

年份	粮食（斤）	食油（斤）	猪肉（斤）	食糖（斤）
1953	394.14	4.03	12.12	2.31
1954	392.75	3.60	12.01	2.42
1955	396.53	4.40	9.88	2.58
1956	408.58	5.13	9.32	2.98
1957	406.12	4.84	10.15	3.02
1958	396.46	4.72	10.45	3.24
1959	3.02	4.50	6.16	3.06
1960	3.24	3.74	3.06	1.94

资料来源：国家统计局编：《中国统计年鉴》（1984），中国统计出版社 1984 年版，第 477 页的有关数据资料编制。

再来看看工资增长的情况。

表 1 – 19　　　　1952—1962 年全国全民所有制单位职工平均工资

年份	国有经济单位	
	平均工资（元）	增幅（%）
1952	446	
1953	496	11.2
1954	519	4.6
1955	534	2.9
1956	610	14.2
1957	637	4.4
1958	550	– 13.66
1959	524	– 4.7
1960	528	0.8

资料来源：国家统计局编：《中国统计年鉴》（1984），中国统计出版社 1984 年版，第 460 页的有关数据资料编制。

由表 1－19 可知，"一五"期间，全民所有制单位的职工工资呈逐年递增趋势，至"大跃进"运动期间，职工工资水平反而呈递减趋势，尤其是 1958 年职工工资水平下降幅度很大。

浙江省的情况也大致一样。以国有经济单位为例（见表 1－20），"一五"期间，国有经济单位职工工资平均每年递增 7.55％，至"二五"期间，职工工资平均水平明显下降。

表 1－20　　　　　1952—1962 年浙江省国有经济单位职工平均工资

年份	国有经济单位	
	平均工资（元）	增幅（％）
1952	355	4.4
1953	398	12.1
1954	433	8.8
1955	442	2.1
1956	510	15.4
1957	523	2.5
1958	451	－ 13.8
1959	460	2
1960	473	2.8

资料来源：王国益主编：《浙江省劳动保障志》，中华书局 2004 年版，第 204 页的有关数据资料编制。

主要消费品的消费量逐年下降，工资水平也呈逐年下降趋势，表明城镇居民的生活水平在下降，对国家给予城镇居民的各项保障形成了巨大的挑战。造成这一情况的原因是多方面的："二五"期间，工农业产品的产量本身出现下滑，国家将大量的物力、财力投入工业建设中去，从而忽视了人民生活水平的提高固然是主要的原因，但不可否认，城镇人口的急剧增长，国家需要供给的人口大量增加，因而造成对城镇居民生活保障的减弱、生活水平的降低也是一个极其重要的原因。

正如前文所述，由于粮食产量的逐年下降，即使牺牲了农民的口粮，依然满足不了对庞大的城镇居民的商品粮供应。与此同时，在城镇却出现了大量的闲置劳动力。出现闲置劳动力的原因主要有两方面：一是在国民经济调整过程中，由于部分企业的关、停、并、转以及部分基建项目的停建缓建，生产规模缩小，而企业职工数却有增无减。如 1960 年全国的全民所有制企业数为 9.60 万个，比 1959 年的 9.88 万个少了 0.28 万个，而 1960 年全民所有制企业的职工数为 2144 万，比 1959 年的 1993 万人增加 151 万人。[①] 一方面企业数量减少，而另一方面职工数却在增加，就会造成部分职工无工可开的情况。

二是由于管理制度的改革、生产效率提高，使得部分企业在生产任务不变的情况下，有一部分职工成为无事可做的闲置劳动力。如浙江省粮食厅在 1960 年开展了机械化、连续化、自动化的革新运动后，劳动效率提高，能节约出 20% 左右的劳动力。[②] 在没有进行革新运动之前，这 20% 的职工和其他职工一起从事劳动，而经过革新运动之后，如果企业的生产任务不增加，那么这 20% 的职工继续留在企业，实际上就成为闲置的劳动力。

如何处理这部分闲置职工？解决的办法有两个：一是将这部分职工下到农村，从事农业劳动，将其工资及其他生活必需品由国家供应变为自给自足。二是让这部分闲置职工继续留在城镇，而这部分人员继续留在城镇的结果，一是国家的财政支出压力巨大。1958 年至 1960 年，国家财政收入中的企业收入分别为 189.2 亿元、279.1 亿元和 365.8 亿元，1960 年比 1958 年增长了 93.3%；[③] 而同期国家增拨企业的流动资金分别为 25.7 亿元、54.3 亿元和 67.5 亿元，增长 162.6%。[④] 可见国家拨给企业的流动资金在这三年中的增长幅度远远超过了国家收入中企业收入的增长幅度，国家的财政压力加大。二是职工平均工资水平降低。1957 年全国全民所有制各部门职工的平均工资为 637 元，到 1958 年下降到 550 元，1959 年又下降到 524 元，1960 年的工资水平为 528 元。可见，1958 年至 1960 年全国职工平均工资水平呈明显下降趋势。因此，大量的闲置劳动力如果不精简，就只能靠企业内部消化，即进行"调剂"，从一个部门调剂到另一个部门。但是这种"调剂"的结果，一是会增加国家的财政压力，二是在国家投资有限的情况下，会使职工的工资水平整体下降。

---

① 国家统计局编：《中国统计年鉴》（1984），中国统计出版社 1984 年版，第 114、193 页。

② 《省粮食厅党组关于粮食系统技术革新和技术革命后多余劳动力调配处理意见的报告》。资料来源：浙江省档案馆，档案号：J002-60 年 17 卷-045。

③ 国家统计局编：《中国统计年鉴》（1984），中国统计出版社 1984 年版，第 418 页。

④ 同上书，第 420 页。

为了减轻国家财政压力、减少国家的粮食与副食品供应量，就需要将大量享受国家粮食与副食品供应的城镇人口尤其是已闲置的企业职工精简到农村，以减轻国家的财政与市场供应的压力，这就促使了精简城镇人口政策作为国民经济调整的重要措施之一被提了出来。

第二章

精简城镇人口的过程

"大跃进"运动后,浙江与全国其他地区一样,市场供应紧张、人民生活水平不断下降。在对国民经济进行调整的过程中,大规模精简城镇人口工作也随之展开。

第一节 精简工作在全国的推进

一 精简城镇人口的启动阶段

从 1960 年 5、6 月间到 1960 年年底,是精简城镇人口的启动阶段。

1958 年到 1960 年的三年间,全国新增企业职工达到 2500 万人。1960 年 5、6 月间,中共中央已经发现城镇人口激增带来的不利影响,下发了一系列文件,着手解决这一问题。

1960 年 5 月 15 日,中共中央下发《关于农村劳动力安排的指示》,指出"由于基本建设工程浩大,需用劳动力逐步增多,农村劳动力,特别是青壮年过多地投入了基本建设前线,以致后方有些空虚",并提出"今后基本建设,不是要增加人,而要减少人"。① 这是一份中共中央明确提出精简基本建设战线劳动力的文件。8 月 10 日,中共中央发出指示,要求"坚决从各方面挤出一切可能挤出的劳动力,充实农业战线,首先是粮食生产战线"。② 8 月 19 日,中共中央又决定压缩基本建设,

① 《中共中央关于农村劳动力安排的指示》,《建国以来重要文献选编》(第十三册),中央文献出版社 1997 年版,第 384—387 页。

② 《中共中央关于全党动手,大办农业,大办粮食的指示》,《建国以来重要文献选编》(第十三册),中央文献出版社 1997 年版,第 517 页。

提出"坚决缩短基本建设战线，减少基本建设方面的劳动力"。① 8 月
20 日，中共中央又作出紧急指示，强调："清出一切可能的劳动力去加
强农业生产，是目前一件很迫切的事情，务必迅速动手，抓紧进行。"②
从这些文件所强调的立场而言，中共中央将精简城镇人口的目的归结为
"支援农业生产"。

在考虑到将基本建设战线的劳动力调回农村的同时，中共中央还觉
察到了一个问题："大跃进"运动以来，各事业单位的人员尤其是行政
勤杂人员激增，机构庞杂，导致工作效率不增反降。以中央各部门为
例，据 1960 年 9 月初的统计，中央各部门的职工达到 41.1 万人，其中
行政勤杂人员有 6.1 万人，占了总人数的 15%；还有相当一部分部门设
立了一些不必要或是过多过大的机构。例如，许多部门都成立了专业文
工团和体育队，人数达到 3000 多人。此外，各个部门都设有自己的印
刷厂，共计有 110 多个，人员有 1.6 万人之多。由于印刷厂太多，生产
任务不足，其中有 1/3 以上甚至是半数的职工处于无事可做，处于窝工
状态。③ 针对这一情况，1960 年 7 月，成立了以时任国务院秘书长习仲
勋为组长的"中央国家机关精简领导小组"，在中央机关率先开始了精
简人员的工作。与此同时，中共中央下发指示，对机关事业单位开展精
简人员的工作。

1960 年 8 月 14 日，中共中央指出："企业、事业单位中的非生产人
员、臃肿庞大的行政机关和企业管理机构，必须在增产节约运动中坚决加
以精简。"④ 9 月 14 日，中共中央批转了国务院秘书长习仲勋拟的《关于
中央各部门机构编制情况和精简意见的报告》，指出应当将多余的机构和
人员进行精简，具体的指标为行政部门精简 20%—30%，事业单位精简
30%—50%，并且精简下来的人员应大部分下放到基层，加强工农业生产

① 《中共中央批准国家计委党组、国家建委党组〈关于缩短基本建设战线保证生产的措
施〉》，《建国以来重要文献选编》（第十三册），中央文献出版社 1997 年版，第 539 页。

② 《关于坚决地认真地清理劳动力加强农业生产第一线的紧急指示》，《建国以来重要文
献选编》（第十三册），中央文献出版社 1997 年版，第 547 页。

③ 参见罗平汉《大迁徙——1961—1963 年的城镇人口精简》，广西人民出版社 2003 年
版，第 134 页。

④ 《关于开展以保粮、保钢为中心的增产节约运动的指示》，《建国以来重要文献选编》（第
十三册），中央文献出版社 1997 年版，第 533 页。

一线，家属也必须随同下放人员一同下去。①

1960 年 9 月 26 日，中共中央转发了国家计委党组、劳动部党组于 9 月 1 日报送的《关于当前劳动力安排和职工工资问题的报告》，指出农业生产第一线劳动力减少，城市企业中管理与服务人员过多、生产工人使用中存在浪费等现象，认为城市必须停止从农村招工，紧缩基本建设队伍，在企事业单位和机关中大力进行精简，并提出了精简人员的十项具体措施，三至五年内一切企业、事业、机关单位都停止从农村招工，并在现有基础上进行不同程度的人员精简；1961—1962 年新增加的职工只限于安排大中专和技校毕业生及少数复员军人和学徒；切实控制农村人口进城等。②

根据中共中央的指示，从 1960 年下半年开始，精简工作首先从中央和地方各机关与事业单位行政与勤杂人员开始启动，下放了相当数量的干部担任农村各级领导。截至 1960 年 11 月，全国共有 101.8 万干部下放农村，占干部总数的 14.8%。③ 与此同时，精简企业职工的工作也已开始。据统计，1960 年下半年，全国从各方面抽调到农业生产第一线的劳动力大约 2900 万，其中企业职工大约有 325 万，这个数字大约占当时全国职工总数（约 5000 万）的 6.5%，占 1958 年到 1960 年新增的 2500 万企业职工的 13% 左右。④

由于 1960 年下半年的精简工作和精简对象的指向性十分明确，主要是机关干部以及企事业单位的行政与勤杂等非生产第一线的人员，因此 1960 年下半年的精简工作进展较为迅速。

二　精简城镇人口的初步开展阶段

从 1961 年 1 月起至 12 月底止，为精简城镇人口的初步开展阶段。

---

① 参见《中共中央批转习仲勋〈关于中央各部门机构编制情况和精简意见的报告〉》，《建国以来重要文献选编》（第十三册），中央文献出版社 1997 年版，第 571—580 页。

② 参见《中共中央转发国家计委党组、劳动部党组〈关于当前劳动力安排和职工工资问题的报告〉的指示》，《建国以来重要文献选编》（第十三册），中央文献出版社 1997 年版，第 589—607 页。

③ 罗平汉：《大迁徙——1961—1963 年的城镇人口精简》，广西人民出版社 2003 年版，第 139 页。

④ 同上书，第 138 页。

　　1961 年 1 月中共八届九中全会正式通过了以"调整"为核心的"八字"方针，国民经济的大规模调整正式拉开序幕。

　　1961 年 1 月，在 1961 年国民经济计划的安排中，中共中央就提出"要有计划地精简和下放国营企业、事业和行政机关的职工，一九六一年计划下放五百零二万人"；[①] 4 月，国务院总理周恩来在讲话中也提到"我们从去年到今年已经压缩了一部分职工，打算今年到明年再压缩一些"。[②] 同月，在中共中央转发的一份"中央精简五人小组"[③] 关于精简下放职工的报告中，对于农村劳动力的现状、目前已经精简下放职工的情况以及今后精简下放的计划都作了十分详细的阐述。报告同时指出："为了尽可能地使农村增加一些劳动力和压缩城市中的消费量，除了精简下放职工外，还必须疏散一部分城镇其他人口下乡。"[④] 这份报告为下一步的精简工作确定了方向，精简的对象从企业职工扩展到其他的城镇人口。5 月，时任国家副主席刘少奇、国务院总理周恩来、国务院副总理兼中共中央经济工作 5 人小组组长陈云的讲话，都从当时的工农业生产形势谈到了精简职工的重要性与必要性。刘少奇在讲话中明确地指出，粮食供应困难是当时各种矛盾和困难的集中点，并提出："各级党委、各部门的负责人要亲自去动员一下，组织一下，切实把这项工作做好。"[⑤] 5 月，陈云在中央工作会议上的讲话中对精简工作的必要性作了详细的阐述，指出"面前摆着两条路要我们选择：一个是继续挖农民的口粮；一个是城市人口下乡。两条路必须选一条，没有什么别的路可走。我认为只能走压缩城市人口这条路"。[⑥] 这些讲话为精简工作作了政

　　① 《关于安排一九六一年国民经济计划的意见》，《建国以来重要文献选编》（第十四册），中央文献出版社 1997 年版，第 40 页。

　　② 《当前建设中的几项任务》，《建国以来重要文献选编》（第十四册），中央文献出版社 1997 年版，第 250 页。

　　③ "中央精简五人小组"指的是"中央精简干部和安排劳动力五人小组"，由安子文、习仲勋、马文瑞、钱瑛、刘仁组成，安子文任组长，习仲勋任副组长，统一领导精简工作，以下统称"中央精简五人小组"。

　　④ 参见《中共中央转发五人小组〈关于调整农村劳动力和精简下放职工问题的报告〉》，《建国以来重要文献选编》（第十四册），中央文献出版社 1997 年版，第 274—287 页。

　　⑤ 《当前经济困难的原因及其克服的办法》，《刘少奇选集》（下），人民出版社 1981 年版，第 339 页。

　　⑥ 《动员城市人口下乡》，《陈云文选》（第三册），人民出版社 1995 年版，第 114 页。

策层面的解释。6 月，中共中央连续出台文件，指出"全国城镇只许减人，不许加人……减少城镇人口，必须同压缩粮食销量结合进行"，"在 1960 年底 1.29 亿城镇人口的基数上，三年内减少城镇人口两千万以上"。① 6 月 28 日，中共中央发出通知，对精简工作中的具体政策作了规定，明确了精简的对象、被精简人员的待遇，精简人员回乡后的安置等方面的内容。② 这些文件制定的精简政策及具体举措推动了精简工作的开展。从 1961 年上半年开始，随着国民经济调整步伐的逐步加快，全国范围内的精简工作全面展开。

　　然而，1961 年上半年国民经济情况仍不理想。一方面，重工业非但没有增长，甚至连 1960 年的水平也达不到，其他许多工业产品的产量更是大幅度下降；另一方面，粮食产量逐年下降。据统计，1958 年的实际粮食产量为 4000 亿斤，1959 年实际产量为 3400 亿斤，1960 年的实际产量 2870 亿斤，而 1961 年上半年的产量比 1960 年同期又减少了 160 亿斤，③ 经济形势十分严峻。至此，中共中央下决心再一次大幅度降低各项生产指标。

　　1961 年 8 月 23—26 日召开的中央工作会议提出："该退就坚决退下来，切实地进行调整工作"，④ 集中体现了中共中央"工业要退够"的决心。按照"退够"的要求，10 月，中共中央对年初确定的计划指标作了重大调整，大幅度降低了各项生产指标，⑤ 由此，"大跃进"以来一直高速发展的重工业才有了真正意义上的调整。到 1961 年底，工业滑坡现象基本停止，农村形势也有了一定的好转，调整工作可以说初见成效。在调整国民经济的同时，精简工作也不断推进。至 1961 年底，全国职工人数

　　① 参见《中央工作会议关于减少城镇人口和压缩城镇粮食销量的九条办法》、《中共中央关于核实城市人口和粮食供应的紧急指示》等，《建国以来重要文献选编》（第十四册），中央文献出版社 1997 年版，第 412—415、416—418 页。

　　② 参见《中共中央关于精减职工工作若干问题的通知》，《建国以来重要文献选编》（第十四册），中央文献出版社 1997 年版，第 505—510 页。

　　③ 国家统计局编：《中国统计年鉴》（1984），中国统计出版社 1984 年版，第 141 页。

　　④ 《中共中央关于当前工业问题的指示》，《建国以来重要文献选编》（第十四册），中央文献出版社 1997 年版，第 617 页。

　　⑤ 参见《关于第二个五年计划后两年补充计划（控制数字）的报告》，《建国以来重要文献选编》（第十四册），中央文献出版社 1997 年版，第 714—737 页。

减少 872 万，城镇人口减少了 1000 万左右，[①] 除去 1960 年下半年已经精简的约 325 万职工，1961 年全年共精简企业职工约 547 万。

这一阶段精简工作的特点：一是从中共中央的指示看，对于精简的主要目的的看法发生了一定的变化：即从主要为了支援农业生产第一线转向主要为了解决市场供应紧张和缓解国家财政困难的局面而采取的非常措施。二是从被精简的人员构成看，1961 年全国的精简工作已经从上一阶段的精简机关干部和非生产人员真正转到了精简一线企业职工上来，且精简工作推进的力度和强度不断加强。

三　精简城镇人口的全面铺开阶段

从 1962 年 1 月起至 1963 年 6 月为精简城镇人口的全面铺开阶段。

尽管 1961 年的精简工作初见成效，然而，要彻底清除"大跃进"给国民经济尤其是工业生产带来的负面影响并非短期内能完成。为了进一步统一思想，1962 年 1 月，中共中央召开有县级以上主要负责人以及一些重要厂矿、部队负责干部参加的扩大的中央工作会议，即"七千人大会"，毛泽东、刘少奇、周恩来、邓小平、陈云等中央领导分别在会上讲了话。会议谈到了国民经济的形势、出现的困难以及克服困难的举措等问题。刘少奇在讲话中指出："当前的困难主要表现在：人民吃的粮食不够，副食品不够，肉、油等东西不够；穿的也不够，布太少了；用的也不那么够。就是说，人民的吃、穿、用都不足。"[②] 在谈到克服困难的主要办法时，周恩来首先讲的就是坚决压缩城镇人口，精简职工人数，减少粮食供应。因此，中共中央计划 1962 年上半年压缩 700 万城市人口，其中精简 500 万职工。2 月下旬，中共中央政治局常委扩大会议在北京召开（又称"西楼会议"），会议通报的有关全国的通货膨胀以及国家财政赤字的有关情况，认为"七千人大会"上对于当时形势的估计过于乐观，最困难的时期并没有过去。陈云在会议上作了发言，中心内容就是精简职工和减少城镇人口的重要性，指出克服财政经济困难的办法就是必须减少城市人口，让一部分城市人口回乡务农。会后，陈云又作了题为《目前财政

---

① 参见罗平汉《大迁徙——1961—1963 年的城镇人口精简》，广西人民出版社 2003 年版，第 154 页。

② 同上书，第 160 页。

经济的情况和克服困难的若干办法》的报告，把"减少城市人口，精兵简政"作为克服困难的六条具体举措之一，认为"对于减人，大家一定要下定决心"。①

"七千人大会"和"西楼会议"后，全国范围内的精简职工和减少城镇人口的工作全面展开，力度与强度不断加大。2月，中共中央印发了《关于 1962 年上半年继续减少城镇人口 700 万人的决定》，要求 1962 年上半年全国再减少城镇人口 700 万，其中职工 500 万以上，下半年再继续减少城镇人口 600 万。

随着中央对于经济形势判断的日益明朗，精简工作也取得了很大的进展。为了进一步统一认识，5月，中共中央在北京召开工作会议（又称"五月会议"），重点就是落实调整国民经济计划的部署。会上，李富春就进一步压缩城镇人口、精简职工和缩短工业生产战线的问题作了发言，指出在原来已经精简的基础上，今后三年还要精简 900 万人以上。刘少奇、周恩来、邓小平等都对精简工作提出了自己的看法，思路基本一致：必须进行大规模的精简工作，对国民经济进行"伤筋动骨"的调整，才能使整个经济形势彻底好转。"五月会议"可以说是中央下大决心进行精简工作的一次标志性会议，此后全国的精简工作进入高潮。5 月 27 日，中共中央、国务院作出了《关于进一步精简职工和减少城镇人口的决定》（以下简称《决定》），指出"为了保证国民经济调整工作的顺利进行，继续加强农业战线，争取财政经济状况的根本好转，必须坚决缩短工业战线，调整商业体制，缩小文教的规模，精简行政机构，进一步地精简职工和减少城镇人口"。②《决定》对今后两年的精简任务、精简对象等问题作了具体的规定。6 月 1 日，国务院全体会议通过《关于精简职工安置办法的若干规定》，明确了被精简职工的待遇问题。为保证精简工作的顺利进行，随后中共中央、国务院就工商业者、高校毕业生等特殊人群的精简工作作了规定。

1962 年 5 月以后，随着一系列关于精简工作政策的集中出台，全国范围内的精简城镇人口工作进入最高潮。据统计，从 1962 年 1 月至 1963

---

① 《目前财政经济的情况和克服困难的若干办法》，《建国以来重要文献选编》（第十五册），中央文献出版社 1997 年版，第 216 页。

② 《关于进一步精简职工和减少城镇人口的决定》，《建国以来重要文献选编》（第十五册），中央文献出版社 1997 年版，第 462 页。

年6月，全国共减少职工1034万，加上之前精简的800多万，总共减少1887万；同一时期减少城镇人口1600万，加上之前精简的1000多万，总共减少2600万城镇人口。[①]

四　精简城镇人口的收尾阶段

从1963年7月开始，精简城镇人口工作进入收尾阶段，到1964年6月，精简工作基本结束。

到1963年上半年为止，全国范围内大规模的精简工作基本结束。从1963年下半年开始，进入收尾阶段。1963年7月，中央精简小组对三年多来的精简工作作了总结：从1961年1月至1963年6月，全国职工人数共减少1887万；全国城镇人口共减少2600万；全国吃商品粮人口共减少2800万。总结报告指出："鉴于目前精简任务完成的情况，同时考虑到各地区、各部门和各单位急需集中力量开展社会主义教育，8月份又要调整职工工资，因此这一次全国性的精简城镇人口工作，可以宣布基本结束，但没有完成减少职工任务的地区、部门和单位，仍须坚决完成任务，并且最好争取在8月份内完成。各地区、各部门的精简小组和它的办事机构，一律暂不撤销，继续督促未完成减人任务的单位完成减人任务，继续督促有关方面做好被减人员的安置和巩固工作，以及处理精简工作中其他的遗留问题。"[②]

第二节　浙江省精简工作的开展

浙江省精简城镇人口工作是在全国精简城镇人口的大背景下进行的，因此其精简工作基本是在贯彻、执行中央精简政策的基础上开展起来的。

我们把全国范围内的精简工作分为四个阶段，浙江省精简城镇人口的整体进程总体上与全国同步，略有区别，或者说浙江省整个精简工作较之全国的精简工作而言，持续时间较长，一直到1964年上半年。浙江省精

---

① 参见罗平汉《大迁徙——1961—1963年的城镇人口精简》，广西人民出版社2003年版，第255—256页。

② 参见《中央精简小组关于精简任务完成情况和结束精简工作的意见的报告》，《建国以来重要文献选编》（第十六册），中央文献出版社1997年版，第550—555页。

简城镇人口工作主要经历了以下几个阶段：

一　酝酿启动阶段：从 1960 年 8—9 月至 1960 年年底

1960 年 8 月中旬，根据中共中央精简工作的要求，中共浙江省委召开专员、市长座谈会议，会上就"关于整顿城镇人口、压缩粮食统销等问题"作出了安排，会后"各地均在地委召开的第一书记会议上结合进行贯彻，同时召开了粮食局长、计划股长等会议进行具体部署"，① 嘉兴、宁波、金华、绍兴等地在会后开始贯彻落实，将压缩城镇人口、节约粮食两项工作结合进行。9 月，各地从查人口、查工种定量、查漏洞开始，一方面将盲目流入城镇的农业人口动员回乡，另一方面制订计划，将部分城镇人口精简回农村。至此，浙江省精简城镇人口工作拉开序幕。10 月，中共浙江省委下发《省委关于粮食工作的指示》指出：从 1960 年第四季度开始，"通过整顿，将国家供应粮食的人口，（由第三季度的 548.65 万人）降为 478 万人"。并对回到农村的各类人员的粮食供应作出了明确的规定："回到生产队去参加农业生产的，由生产队按照本队的口粮定量，分给他们一份口粮；统一组织去开荒办农场的，仍然按城镇调整以后的标准，由国家供应；下放到基层单位参加工作的干部，按当地干部的标准，由国家供应。"② 12 月，中共浙江省委批转的一份报告中再一次明确指出："从农村来的民工和临时工，必须动员回农村参加农业生产……今后不许再招收农村流入的临时工。对动员回农村的人员，必须进行细致的思想教育工作，配合农村人民公社，妥善安排他们的工作和生活，不要让他在社会上流来流去。"③ 从一系列文件的出台可见，在 1960 年的最后四个月中，浙江的精简工作已经启动。

1960 年的精简工作，基本是作为一项临时的任务，由中共浙江省委直接领导，并没有专门的机构负责此项工作，此外，这一阶段负责全省精简工作的多为当时中共浙江省委的有关领导兼任，并不设专门负责此项工

---

① 《贯彻专员、市长会议精神　各地开始整顿城镇人口》。资料来源：浙江省档案馆，档案号：J132-12-3。

② 《省委关于粮食工作的指示》，《中共浙江省委文件选编》（1957.1—1960.12），中共浙江省委办公厅印刷厂 1991 年版，第 992 页。

③ 《省委批转省委办公厅〈关于半山钢铁厂劳动力使用情况的调查报告〉》，《中共浙江省委文件选编》（1957.1—1960.12），中共浙江省委办公厅印刷厂 1991 年版，第 1011—1012 页。

作的人员，因此，我们所见到的这一时期的有关精简工作的文件、指示都是以"中共浙江省委"的名义直接下发。

总体而言，1960年浙江省的精简工作还处于检查编制定员阶段。劳动部于1960年11月下发《关于检查和总结编制定员工作的通知》（以下简称《通知》），要求各地对编制定员工作进行检查并形成总结，后浙江省各市、县人民委员会及各厅按照《通知》要求，在其所辖地区和部门内进行了大规模检查编制定员的工作，并对这一工作进行了总结，表彰先进、通报后进，在全省范围内形成了很大的声势。[①] 在检查编制定员的基础上，一些地区和部门开始制订精简计划，为下一步的精简工作奠定基础。因此，这一时期浙江的精简工作总体还是处于酝酿启动阶段。

1960年浙江省的精简工作，既是执行中共中央精简工作要求的结果，也兼顾了浙江省的实际情况。

首先，从被精简的人员构成方面：浙江省最先开展精简工作的是财贸、商业和基本建设三大部门，在这三大部门1960年被精简的人员中，绝大多数都是非生产一线的人员，即勤杂人员，因此，1960年下半年的精简工作中，精简对象主要集中在非生产人员，涉及的生产一线职工人数较少，这一点与中共中央1960年的精简工作要求是一致的。

根据中共中央的精简工作要求，1960年下半年全省的精简工作与调整行业结构和纯洁、清理行业队伍相结合，且以精简非生产人员为主。在1960年商业部门所制定的精简计划中提到了"调整和合并分工过细、设置重复的商业网点……紧缩一部分生产方向不对头，生产能力有余、原材料不足，与大工厂争材料的工业企业……"[②] 的原则，财贸系统也提出了"裁并、压缩、停办、调剂"有关企业与机构，以达到合理调整布局的思路，可见1960年的精简工作与调整行业结构紧密结合在了一起。此外，在1960年的精简对象中，商业部门的精简计划中明确指出"除确实丧失工作能力以外的所有五类分子、[③] 贪污分子和品质恶劣，屡教不改的分子，应当坚决加以清洗……以改变商业队伍的政治面貌，有利于改造阶

---

① 有关各地、各部门检查编制定员的详细情况可参见浙江省档案馆藏的有关档案资料，档案号：J106 - 003 - 243。

② 《商业部门精简机构、节约劳动力支援生产战线的初步意见》（讨论稿）。资料来源：浙江省档案馆，档案号：J125 - 002 - 175。

③ 五类分子：指的是地主、富农、反革命分子、右派分子以及其他坏分子。

级、整顿组织，纯洁队伍"。① 财贸系统的精简对象中也包括了"所有地、富、坏分子、世仇分子、品质恶劣屡教不改的分子和已经定案的贪污分子，其他不适宜于做财贸工作的人员和一部分小商小贩"。② 在这一阶段少数已经开始减人的部门中，"政治上有问题的人员"在被精简的人员中占了相当比重，不问其工作年限、家庭情况及是否适合回农村生活等，只因其政治上有某些污点就被精简。可见，1960 年的精简工作又与纯洁、清理行业队伍、净化行业政治面貌有相当大的关系。

另一方面，在商业部门 1960 年计划精简的 7 万人中，商业流通部门（非直接参加生产）人员为 6 万人，占总数的 86% 左右，而商业系统所属的工业企业中的职工只精简 1 万人，占精简总数的 14%。③ 而在财贸系统 1960 年计划精简的 8 万人中，其他五类人员具体是否直接参加生产的情况尚不清楚，但是在精简人员中，小商小贩、小业主这些非直接参加生产而从事商品流通行业的人员占了 4.7 万人，占总数的六成左右。④ 在基建部门的精简过程中，国家计划委员会、国家基本建设委员会、劳动部、建筑工程部四部委下发的联合通知中也明确规定："缩减计划主要分两方面：一方面是从现有 580 万建筑施工队伍中，缩减 120 余万人（减 20%）；一方面是从筹建机构及生产准备人员中缩减 30 万人（减 60%），而浙江省有关部门也按照中央要求，在短短两个月内（1960 年 12 月及 1961 年 1 月）计划精简筹建机构及生产准备人员近 1.2 万人。⑤ 可见，1960 年被精简的人员中，非直接参与生产的人员占了大多数。

其次，关于精简城镇人口的目的，浙江省没有过多强调支援农业生产

① 《商业部门精简机构、节约劳动力支援生产战线的初步意见》（讨论稿）。资料来源：浙江省档案馆，档案号：J125-002-175。

② 《关于全省财贸系统精简机构抽调劳动力支援生产第一线的意见和情况报告》。资料来源：浙江省档案馆，档案号：J009-6-024。

③ 《商业部门精简机构、节约劳动力支援生产战线的初步意见》（讨论稿）。资料来源：浙江省档案馆，档案号：J125-002-175。

④ 《关于全省财贸系统精简机构抽调劳动力支援生产第一线的意见和情况报告》。资料来源：浙江省档案馆，档案号：J009-6-024。

⑤ 《中华人民共和国国家计划委员会、中华人民共和国国家基本建设委员会、中华人民共和国劳动部、中华人民共和国建筑工程部关于缩减基本建设队伍支援农业生产的联合通知》，《浙江省人民委员会关于整顿基本建设单位筹建机构和生产准备人员的通知》。资料来源：浙江省档案馆，档案号：J105-020-141。

第一线的原因，全省的精简工作一开始就与粮食供应紧张、政府财政压力巨大的现状紧密联系在一起。我们可以用 20 世纪 50 年代中后期的两个指标——人均耕地面积与人均粮田面积作一个大致的比较（见表 2 – 1）。由表可见，虽然 1958 年与 1959 年，全省的农村人口减少了 100 多万，但与此同时，耕地面积与粮田面积也在不断减少，因此，1958 年与 1959 年人均耕地面积与人均粮田面积基本与 1957 年是持平的，甚至比 1955 年与 1956 年还有所减少，因此，浙江省农业生产一线劳动力在这一时期没有产生明显的不足。但同时由于城市人口增加，城镇人口平均口粮逐年减少是一个客观事实。因此，浙江省精简工作一开始就基于粮食供应紧张的考虑。

表 2 – 1　　　　　1955—1959 年浙江省人均耕地与粮田面积占有情况

年份 \ 项目	农村人口（万人）	耕地面积		粮田面积	
		总面积（万亩）	人均面积（亩）	总面积（万亩）	人均面积（亩）
1955	2072.3	3411.56	约 1.65	2896.36	约 1.4
1956	2112.7	3379.39	约 1.6	2868.19	约 1.36
1957	2144.3	3272.01	约 1.53	2878.12	约 1.34
1958	2022.6	3150.34	约 1.56	2714.98	约 1.34
1959	2030.7	2913.50	约 1.43	2619.08	约 1.29

资料来源：《历年粮食产量统计表》。浙江省档案馆，档案号：J132 – 12 – 19。

王嗣均：《中国人口·浙江分册》，中国财政经济出版社 1988 年版，第 192 页的有关数据资料编制。

最后，从精简工作的进度而言，这一阶段浙江省的精简工作在精简的力度与精简的范围上都是有限的，主要表现在三个方面：一是在 1960 年下半年已经真正开展精简工作的部门不多。除了商业、基本建设部门以及财贸部门在 1960 年下半年着手精简人员之外，其他大多数部门还在制订计划、整编定员阶段，真正的精简工作还没有开始。

二是即使已经开始精简工作的几个部门，对于职工大多也只是作了内部的调配，真正精简到农村的职工并不多。在已经开始精简工作的部门中，被精简的人员一部分在部门内部作了调配，一部分由全民所有制企业转到了集体所有制企业，还有一部分则作了其他的安排。如商业部门在 1960 年的精简计划是 7 万人，但在其有关精简工作的报告中提道："可以采取以女代男，以弱代壮的办法，调剂一部分劳动力。安排一批成分好、政治历史清楚，适宜做商业工作的女劳动力和年龄稍大的人员参加商业工作，从商业队伍中调换一批青壮年去充实生产岗位。但调剂的来源，应当是从这次其他国营企业和国家机关中精简出来的人员。"[1] 粮食部门也提出："多余的劳动力，原则上仍在粮食系统内部加以合理调整，一般不调出粮食系统。"[2] 由此可见，这些部门以"调剂"代替了"精简"，实际减下去的人数远没有达到计划精简的人数，因此，表面上人是减了，但实际上并没有从根本上减轻国家和企业的负担。这样的现象在各部门中都有发生。如中共瓯江发电工程委员会关于职工队伍整编方案中就提到"抽调了较精干的 1470 名职工支援了长广煤矿，并将 154 名非生人员和 397 名辅助工人放到开掘工程第一线，直接参加生产劳动"[3] 的情况，而像这样将一些辅助人员调剂到生产第一线的做法当时在许多部门是普遍存在的。将生产辅助人员调剂到生产第一线，只能属于企业内部的人员调剂，其工作性质发生了变化，但这些人员依然领工资，吃商品粮，因此，并不是真正的精简。

三是有些部门在精简过程中，甚至出现了人员不减反增的情况。如省体育委员会的整编计划中就提到"省专业运动队原编制数为 500 人，远未配齐足额……精简出来人员后，加原运动队人数未配齐而按 415 人编制数的要求，还缺运动员 99 人，需要继续选调"。[4] 因此，该部门在精简后的人数反而比原来规定的编制还要多 14 人，可见有些部门虽然制订了精简计划，但这些计划的实质是增加人员而非减人。

因此，1960 年的精简工作，无论是其范围还是其力度，都是十分有限的，也并不能从根本上缓解当时的困难局面。

1960 年下半年浙江省精简的主要还是企业职工，精简的人数大致为：

---

① 《商业部门精简机构、节约劳动力支援生产战线的初步意见》（讨论稿）。资料来源：浙江省档案馆，档案号：J125－002－175。

② 《省粮食厅党组关于粮食系统技术革新和技术革命后多余劳动力调配处理意见的报告》。资料来源：浙江省档案馆，档案号：J002－60 年 17 卷－045。

③ 《中共瓯江水力发电工程委员会关于职工队伍整编方案》。资料来源：浙江省档案馆，档案号：J121－9－112。

④ 《中共浙江省体育运动委员会党组关于精简机构和今后编制人员处理意见的请示报告》。资料来源：浙江省档案馆，档案号：J175－8－11。

浙江省第一步的精简职工数计划为 40 万，从 1960 年精简工作开始到 1961 年 10 月，全省全民所有制企业事业单位的职工共精简了 33 万人，而 1961 年 1 月至 10 月精简的职工数为 27.9 万，两者相减，1960 年精简的人数约为 5.1 万。另外，浙江省 1961 年计划精简企业职工数为 35 万左右，而根据第一步精简 40 万人的计划（第一步精简计划的时间为 1960 年精简工作开始到 1961 年年底，下同），两者相减，1960 年的精简职工数约为 5 万左右。因此，从这两方面推算，1960 年大约精简职工数 5 万的数字是可信的，[①] 相当于浙江省精简企业职工总数 67.4 万的 7.4%。虽然这一精简数字与 1961 年至 1963 年精简的人数相比较少，但由于 1960 年全国的精简工作都处于刚刚启动阶段，各省精简的人数都不多，例如江苏省在 1960 年下半年抽调下放了 170 万个劳动力加强农业第一线，但当时主要是压缩农村社队企业所占用的农村劳动力，基本没有精简城镇人口和全民所有制职工。[②] 可见，浙江省在这一时期精简工作的整体进展与全国基本一致。

二　全面开展阶段：从 1961 年 1 月至 1961 年年底

1961 年是全省精简工作全面铺开的一年，在贯彻执行中共中央精简工作要求的同时，中共浙江省委也出台了一系列精简政策，这一时期精简的主要对象已转到生产一线的企业职工，全省的精简工作全面展开。

1961 年 2 月 7 日，中共浙江省委发出《关于继续压缩工业劳动力支援农业的决定》，对工业企业抽调农村的民工、农村公社工业企业占用的劳动力、手工业工人、公社与生产队的干部等人员在"进一步挖掘工矿企业的劳动潜力，支援农业生产"的总原则下作了具体安排，大部分人员被安排回了农村。[③] 3 月，中共浙江省委又进一步强调"所有企事业单位应该对全体职工，特别是精简出来的人员进行教育，解决以农业为基础，大

[①]　有关数据可参见《关于今年一至十月份全省精简职工工作总结和继续精简职工工作的意见》。资料来源：浙江省档案馆，档案号：J106 - 003 - 278。

[②]　柳森：《1961—1963 年江苏省国民经济调整中的职工和城镇人口精减》，《当代中国史研究》2009 年第 3 期。

[③]　《中共浙江省委关于继续压缩工业劳动力支援农业的决定》。资料来源：浙江省档案馆，档案号：J002 - 61 年 15 卷 - 006。

办农业、大办粮食的思想，使他们都能认识到以农为荣，安心农业生产"。①

　　除了一系列指导精简工作的文件陆续出台，这一时期浙江省的精简工作向前推进的另一个主要表现即是中共浙江省委成立了两个与精简工作有关的机构：一个是中共浙江省委整编小组，另一个是中共浙江省委核实城市人口和粮食供应小组。虽然从名称上看，精简工作只是这两个机构工作的一部分，但与前一阶段相比，这两个机构的成立表明浙江省的精简工作已经有了专门的领导机构，由时任中共浙江省委副书记的霍士廉专门负责领导全省的精简工作。4 月，中共浙江省委整编小组对精简工作中产生的一系列问题作了详细解答，对精简人数的统计标准、被精简人员的粮油关系、生活补助等具体问题作了详细的规定和说明。②

　　8 月，中共浙江省委转发了"中央精简五人小组"下发的《减少城镇人口工作中发生的几个问题的简报》（以下简称《简报》），针对《简报》中提到的"减人对象不准、工作方法简单粗糙、安置工作没有做好、减人单位管理不善"等问题，要求全省"加强检查，对工作中发生的问题，及时予以纠正和处理"。③ 9 月，经中共浙江省委批转的一份纪要中，明确提出："必须抓紧时机，下定决心，继续压缩城镇人口。城镇中凡是可以回到农村去的人，都要尽可能动员回农村，主要对象是：（1）已回农村的职工和干部的家属；（2）家住农村没有升学的学生；（3）流入城市的'黑人黑户'，并要求妥善安排精简人员的出路，做到各得其所。"④

　　1961 年的精简工作，中共浙江省委明确提出了精简职工人数的指标，并对有关政策做了具体的规定，将 1961 年精简工作的重点放在了工业、基本建设、交通运输以及商业等部门，这就为精简工作定下了政策上的导向。另一方面，各部门紧密配合，建立办事机构，实行统一集中领导，分

---

　　① 《关于整编精简劳动力中的若干问题的规定》。资料来源：浙江省档案馆，档案号：J002 - 61 年 15 卷 - 001。

　　② 参见《中共浙江省委整编小组办公室关于整编精简劳动力中几个具体问题的解答》（二）。资料来源：浙江省档案馆，档案号：J187 - 7 - 78。

　　③ 《关于减少城镇人口工作中发生的几个问题的通报》。资料来源：浙江省档案馆，档案号：J106 - 003 - 278。

　　④ 《省委批转〈市委书访座谈会议纪要〉》，《中共浙江省委文件选编》（1961.1—1966.4），中共浙江省委办公厅印刷厂 1991 年版，第 123—124 页。

级管理的原则，确定精简指标，采取边制定整编精简方案边精简职工的办法，在精简的同时不断调整。

根据各地各部门的汇总数据统计，1961年全省被精简的职工总人数在37.5万左右，加上未统计在内的城市公用与机关人员在内，大约38万人左右。[①]

1961年浙江省的精简工作，从中共浙江省委有关精简工作的指导性文件看，已经从宏观的指导意见转向对具体精简工作的布置，同时这一年精简的企业职工人数达30万以上，约为精简总人数67.4万的44.5%。另一方面，从被精简的对象而言，已经从原来主要精简非生产一线的行政人员和辅助人员转向了生产一线的企业职工。

三　稳步开展阶段：从1962年1月至1962年年底

为了加强对精简职工和压缩城市人口工作的领导，1962年1月10日，中共浙江省委决定：由时任中共浙江省委组织部部长的郑平、中共浙江省委秘书长赖可可、中共浙江省委常委兼财贸部部长李维新以及方琦德、沈策、卜明、盛华、戴盟、丁聪等九人组成"中共浙江省委精简职工和压缩城市人口领导小组"，郑平为组长，赖可可、李维新为副组长。领导小组下设一个办公室和五个小组：办公室即"精简职工和压缩城市人口领导小组办公室"，由方琦德兼办公室主任，丁聪、傅定祥为副主任；五个小组分别为：党、政法系统精简小组，刘阳生为组长；财政系统精简小组，李维新兼组长；农林系统精简小组，戴盟兼组长；文教系统精简小组，盛华兼组长；公交系统精简及压缩劳动力小组，沈括兼任组长。[②] 同年3月12日，经中共浙江省委讨论决定：将原"中共浙江省委精简职工和压缩城市人口领导小组"改为"中共浙江省委整编精简委员会"，由霍士廉、郑平、赖可可、李维新、方琦德、沈策、卜明、盛华、戴盟、丁聪组成，霍

① 这一数据是根据上述各大部门1961年精简数相加的约等于数。另外，虽然各大部门制订本部门第一步精简计划的时间不同，但从现有档案资料来看，大多集中在1961年的下半年，因此，这些数据中一部分是1961年上半年已经实际精简的人数，另一部分是1961年下半年计划精简的人数。笔者一般根据两部分数据相加从而得出部门1961年精简的总人数，由于下半年的精简数大多为计划精简数，因此，这个精简总数也应该称之为计划精简数。

② 《关于成立省委精简职工和压缩城市人口领导小组的通知》。资料来源：浙江省档案馆，档案号：J002-62年3卷-027。

士廉任主任，郑平、赖可可、李维新三人任副主任，下设"中共浙江省委整编精简委员会办公室"，由方琦德兼主任，丛丹露、丁聪、傅定祥三人任副主任，同时"中共浙江省委精简职工和压缩城市人口领导小组"所属的五个系统的精简小组改属"中共浙江省委整编精简委员会"领导，并设"压缩城镇人口小组"，由丛丹露、傅定祥、牛玉印、丁友灿、何泽洲五人组成，丛丹露任组长。① 6 月，根据中共中央精简小组、中共中央统战部《关于成立工商界的精简小组的通知》及中共浙江省委副书记霍士廉的批示，决定成立浙江省工商界方面的精简小组。精简小组由八人组成，其主要任务就是在各地精简小组领导下，协助党委和政府对精简工作中有关资产阶级工商业者的政策执行情况，进行了解检查，反映问题，提出处理意见，并推动中国民主建国会工商联合会做好对工商界的宣传教育工作。② 9 月，中共浙江省委同意成立省文教界方面的精简小组，由时任中共浙江省委统战部部长的余纪一任组长，教育厅厅长盛华任副组长。③

对于精简工作设立专门的领导机构，且机构级别不断提高，有利于传达中共中央的精简工作要求、制定全省精简政策、检查各部门精简工作的进度以及对各系统的精简工作进行调查总结，同时各系统设置的专门负责精简工作的机构，可以做到上情下达，将全省的精简工作推向深入。

在成立专门领导机构的同时，中共浙江省委还对 1962 年全省的精简工作进行宏观的指导。1 月，中共浙江省委在一、二月份的工作纲要中指出"精简工作的主要要求：一是减少职工，减少城镇人口；二是精简机关，改进领导……各级党委对精简的决心要大，要把这个任务列为当前的一项重要工作，组织专门小组，一个部门、一个部门，一个企业、一个企业，一个学校、一个学校地进行排队和整顿"。④ 4 月，中共浙江省委决定在 1961 年精简职工 30 余万人的基础上，1962 年再压缩城镇人口 30 万，

---

① 《关于将原省委精简职工和压缩城市人口领导小组改为省委整编精简委员会的通知》。资料来源：浙江省档案馆，档案号：J002 - 62 年 3 卷 - 026。

② 《省委同意省委统战部"关于成立工商界方面的精简小组的报告"》。资料来源：浙江省档案馆，档案号：J002 - 62 年 3 卷 - 028。

③ 《"关于成立文教界方面的精简小组的报告"的批复》。资料来源：浙江省档案馆，档案号：J002 - 62 年 3 卷 - 029。

④ 《省委一、二月份工作纲要》，《中共浙江省委文件选编》（1961.1—1966.4），中共浙江省委办公厅印刷厂 1991 年版，第 169—170 页。

使得 1962 年浙江省的城镇人口数略低于 1957 年的水平。在被精简的 30
万人中，要求绝大多数都回农村参加农业生产，并对安置这些人员的费用
大致作了计算。① 同月，中共浙江省委整编精简委员发出通知，要求凡
1961 年以来未经批准而招收的职工，于 4 月底以前应一律精简回去。精
简单位如果精简以后确实需要增加员工的，可在核定编制内由其他单位从
多余的老职工中调剂解决，不得借口拖延精简，但在处理这些人员中，精
简单位必须要做好细致的思想工作和安置工作，不得草率从事。② 8 月，
霍士廉在中共浙江省委工作会议上对上一阶段的精简工作作了总结，指出
"精简职工和压缩城镇人口，调整了城乡人口的比例，减轻了粮食供应和
副食品供应的压力，缩短了基本建设战线，工业生产战线和文教战线，初
步调整了工业和农业、工业内部，以及国民经济各部门的比例关系。这证
明，党中央关于精减职工和压缩城镇人口的决定，是在目前情况下，克服
困难，调整国民经济的一项最积极的措施"。③ 11 月，中共浙江省委要求
在减人的同时，对各部门的精简工作进行调查总结，同时核实减人数字，
解决精简工作中的遗留问题，安置好所有的被精简人员，以巩固精简工作
的成果。④

1962 年浙江省各部门精简的总人数大约为 27.4 万人，⑤ 原定精简目
标为 30 万人。从各部门汇总的情况来看，实际精简的总人数与中共浙江
省委第二步的精简计划大致相当，这一数字相当于浙江省精简总数
的 41%。

1962 年的精简工作与 1961 年相比，在精简的人数上大致相当，但从
精简的难度而言，却有所增加。1961 年的精简工作较为简单直接，主要

① 《关于安置城镇人口参加农业生产的报告》。资料来源：浙江省档案馆，档案号：J002 -
62 年 16 卷 -003。

② 《中共浙江省委整编精简委员会文件》。资料来源：浙江省档案馆，档案号：J105 -009 -
089。

③ 《霍士廉同志在省委工作会议上的总结报告》（记录稿），《中共浙江省委文件选编》
(1961.1—1966.4)，中共浙江省委办公厅印刷厂 1991 年版，第 258 页。

④ 《转发"中央精简小组关于贯彻执行'中共中央、国务院关于当前城市工作若干问题的
指示'中有关精简工作的几点通知"》。资料来源：浙江省档案馆，档案号：J114 -16 -032。

⑤ 这一数据是在综合各部门 1962 年精简的档案资料基础上计算得出的，由于下文将对各部
门的精简情况作详细的介绍，在此不再赘述。

是由于当时精简工作刚刚开始，大部分明确应该回农村的人员首先被精简，因此精简对象容易把握，思想工作也相对比较好做，精简工作进展比较顺利。而从 1962 年开始，精简工作的难度有所增加，在 1962 年被精简的人员中，有相当一部分被精简人员从有关政策规定上来说是可减可不减的，但从缓和国民经济困难局面角度而言又是非精简不可的，因此对这部分人的思想工作较为难做，精简工作的推进也较为困难。此外，1961 年减人工作中遗留下来的一系列问题也需要妥善解决。因此，虽然 1962 年的精简工作，在精简的人数上比 1961 年略为减少，但在推进的力度上有所增加，而且 1962 年的精简工作呈现出更为稳妥、细致的特点，成为浙江精简工作的稳步前进阶段。

四 收尾阶段：从 1963 年 1 月至 1964 年 6 月

进入 1963 年以后，浙江省大刀阔斧的减人工作就已逐渐放慢了脚步。从中共浙江省委出台的一系列文件中可以明显看出，精简工作已逐步进入尾声。

1963 年 2 月，为了完成全省的整编精简任务，中共浙江省委决定调整、充实中共浙江省委整编精简委员会和其所辖各个整编精简委员会，中共浙江省委整编精简委员会由 10 人组成，其中主任 1 名，副主任 4 名，此外还充实了工业、农业、财贸、文教、党建、政治等省直各个整编精简小组。① 4 月，中共浙江省委向中共浙江省第四届代表大会提交的报告中，进一步重申"全省要把控制城镇人口、职工人数和吃商品粮人口的增长，作为一项长期的任务。每年动员和组织一批城镇人口，自觉地下乡、上山，参加劳动……还要从工农业生产水平、积累与消费的关系等方面，使工农关系、城乡关系保持协调"。② 5 月，中共浙江省委整编精简委员会为贯彻执行《中共中央、国务院关于进一步精简职工和减少城镇人口的决定》（以下简称《决定》），将下一步动员干部和职工回乡工作分为三种情况：

---

① 《省委关于调整充实省委整编精简委员会的通知》。资料来源：浙江省档案馆，档案号：J002 - 63 年 7 卷 -016。

② 《中国共产党浙江省委员会向全省第四届代表大会的工作报告》，《中共浙江省委文件选编》（1961.1—1966.4），中共浙江省委办公厅印刷厂 1991 年版，第 334 页。

　　第一种情况是应予动员回乡的十种精简对象，包括：

　　一是来自浙江省农村的干部和职工的家属。二是来自外省农村的干部和职工的家属，如果是1958年以后进城的，应予动员回乡；如果是1958年以前进城的，有劳动能力的，也应动员回乡。三是干部和职工的非直系亲属，来自农村的，一律动员回乡。来自农村的直系亲属有劳动能力的，也要动员回乡。四是家在农村的干部和职工家属虽有职业，但属于私人安插或临时安置性质的，应予精简，并应动员回乡。五是家在农村的干部和职工的成年子女，现已停学，没有固定职业，而农村有家可归的，应动员回乡参加农业生产。六是精简下来的干部和职工，有条件到农村去的，应连同其家属一并动员到农村去安家落户。七是干部和职工已经精简回乡，其家属应当与职工一起回乡，其妻或夫是生长在城里的，也应当动员下乡。家住城镇的干部和职工，被精简后已经动员下乡插队的，其家属有条件下乡的，也可以动员下乡。八是干部和职工从城镇调至小集镇或农村工作（不包括编制在单位，下放加强农村工作的干部，以及临时抽调到基层帮助工作的职工），其家属一般应动员到干部和职工所在地去。九是来自农村的保姆除了无家可归的以外，应当动员回乡。必须雇请保姆的家庭和托儿所，可以雇请精简下来的城里人充当。十是干部和职工的女儿、姊妹，已经嫁与农村干部和社员的，应动员她们到农村的夫家去。

　　第二种情况是八种属于可以不动员回乡的对象，包括：

　　一是列为县级和县级以上统战对象的民主人士，高级知识分子，资产阶级分子，少数民族和宗教界上层分子，以及归国华侨的直系亲属，依靠外汇维持生活的侨眷。二是革命烈士、二等和二等以上的残废干部和职工的直系亲属。三是干部和职工供养的直系或非直系亲属，虽然来自农村，但在农村确实无依无靠，本人又没有劳动能力的，回到农村生活无法维持的。四是抗日战争胜利前（1945年8月底以前）参加革命工作的干部的直系亲属。五是干部和职工的爱人，新中国成立前参加革命工作，现已退职、退休的。六是来自农村的矿山井下工、森林采伐工的爱人和小孩，已报入户粮关系的一般可以不动员回乡；但有家可归，又有劳动能力的也可以动员回乡。七是外省农村来的干部职工同本省农村妇女结婚的，一般不强调回外省农村去。八是原籍城镇的干部和职工同农村妇女结婚，户粮关系已报入的，一般不强调动员回娘家去。

　　第三种情况是四种属于可暂缓动员的对象，包括：

一是夫妇两人均有固定职业，但子女多，经济困难，无力雇请保姆或送托儿所，确需老人（如小孩的祖母或外婆）照管家庭的；二是应动员回乡的干部和职工家属，因怀孕待产或生重病正在治疗的；三是干部、职工因重病正在治疗，需其家属照料的；四是雇用的农村奶妈，如果动员回乡，无人顶替，影响对婴儿哺乳的。①

《决定》还特别指出从 1963 年 5 月起，"不准任何职工家属（包括军官和干部家属）搬进城来。今后干部和职工家属擅自从农村搬进城来的，一律不准报户口和粮食供应关系，公家不解决住房和家具"。② 7 月，中共浙江省委的精简工作报告通报了 1962—1963 年上半年全省精简职工与吃商品粮人口的情况，指出浙江省的精简工作"虽然成绩很大，但是也还存在不少问题……这些问题如果不抓紧解决，前段精简工作的成绩是不巩固的。为了善始善终地做好精简工作，为了真正把已经回乡、下乡的几十万职工安置好，发挥他们在建设社会主义新农村中的积极作用，还必须做艰苦细致的工作"。③ 11 月，中共浙江省委整编精简委员会向中共浙江省委递交的报告中，指出了在整编精简工作中存在的若干问题：如有些部门、地区和单位精简任务还没有完成；已经减下去的人员中还有一部分没有安置落实；在执行精简政策方面还有若干遗留问题需要继续研究处理；现在的机构设置及人员编制上还有不够合理之处，④ 指出必须妥善调整和解决上述问题以巩固前一段时期工作的成果。

1963 年精简的企业职工在 5 万至 8 万人左右。⑤ 翻查浙江省档案馆保存的有关 1963 年精简工作的资料，各部门精简计划方面的资料已经不多见，大量的是关于解决精简工作中的一系列问题及总结精简工作情况的资

---

① 《关于动员干部和职工回乡的若干规定》。资料来源：浙江省档案馆，档案号：J110 - 8 - 58。

② 同上。

③ 《省委关于超额完成精简职工和继续完成减少城镇人口、吃商品粮人口的报告》。资料来源：浙江省档案馆，档案号：J002 - 63 年第 38 卷 - 006。

④ 《关于整编精简工作几个问题的报告》，《中共浙江省委文件选编》（1961.1—1966.4），中共浙江省委办公厅印刷厂 1991 年版，第 434 页。

⑤ 这一数字为大约的估计数，主要依据的是《省委关于超额完成精减职工和继续完成减少城镇人口、吃商品粮人口的报告》《关于整编精简工作几个问题的报告》《省委整编精简委员会关于三年来精简工作的总结报告》中的数据以及根据省档案馆各部门精简资料中的数据计算而得出的大致数据。

料。因此，大规模、全方位的发现、解决精简工作中出现的各类问题以及总结精简工作的成效代替了实际的精简工作，成为 1963 年精简工作的中心议题，这也标志着从 1963 年开始，浙江省的精简工作已进入了收尾阶段。

　　1964 年上半年，浙江的精简工作基本结束。全省 1964 年共安置 47156 人（多为除企业职工以外的其他城镇人口），其中下乡 34718 人（包括 1963 年转过来插队的 4270 人），回乡 12438 人（下乡人员具体去向见表 2 – 2）。

表 2 – 2　　　　　　　1964 年浙江省下乡人员具体去向统计

按城市和县镇分列		按下乡对象分列		安置方式分列		
城市下乡	11544	学生	23426	人民公社生产队安置	30448	单独建队	2238
						单身插队	26340
		退伍军人	32			成户插队	1870
县镇下乡	23174	闲散劳动力	9364	国营农业企业安置	4270		
		家属	1896				

　　资料来源：《本省安置工作情况》（1965 年 1 月 14 日）。浙江省档案馆，档案号：J116 – 001 – 272 – 078 的有关数据资料编制。

　　由于从 1963 年开始的精简工作的重心已经发生转移，因此，可以把 1963 年尤其是 1963 年下半年至 1964 年上半年的精简工作放在一起进行考察，称之为浙江精简工作的总结收尾阶段。

第三节　浙江省被精简人口数及构成分析

　　在历时三年多的精简工作中，浙江究竟被精简了多少人？这个数字在全国范围内处于什么样的水平？这些被精简人员的构成情况如何？

一　浙江省被精简人数考实

　　我们把被精简人员分为三个主要的人群，分别为：全民所有制企业职工、城镇人口、吃商品粮人口。这三个人群呈逐步扩大趋势，即精简的城镇人口中的主体为企业职工，同时也包括了职工家属与其他城镇闲散人员；而吃商品粮人口中则包括了企业职工与城镇人口，还有一部分为农村吃商品粮人口。

根据统计时段与统计口径的不同，我们看到不同的统计数据。

表 2 – 3   1961 年 1—10 月浙江省精简数据统计

项目	精简的企业事业 单位职工人数	转为集体 所有制人数	参加农业 生产人数
人数（万人）	33	8	17.5

资料来源：《关于今年一至十月份全省精简职工工作总结和继续精简职工工作的意见》。浙江省档案馆，档案号：J106 – 003 – 278 的有关数据资料编制。

表 2 – 4   1961 年全年浙江省精简数据统计

精简项目	企业职工	城镇人口	回乡人数
人数（万人）	31.4	25.5	13

资料来源：《关于一九六一年本省精简职工的情况和继续精简职工的意见（稿）》。浙江省档案馆，档案号：J106 – 2 – 132 的有关数据资料编制。

从这两个表的数据来看，显然存在着疑问，表 2 – 3 中 1961 年 1 月至 10 月的精简数据高于表 2 – 4 中 1961 年全年的精简数据。另外，1962 年 8 月的另一份总结报告中也采用了"前一阶段精简职工 31 万人，其中回到农村的只有 16 万人，（全民所有制单位转为集体所有制单位后，又从集体所有制单位转回农村的数字未统计在内）只占 56%，比全国水平低 10%"[1] 这样的提法，从这三个数据来看，表 2 – 4 中的数据是相对可信度较高的。至于表 2 – 3 中为何会出现这样的情况，主要还是因为对"被精简职工"的含义把握上的问题。1961 年 4 月，中共浙江省委整编小组专门下发了"关于整编精简劳动力中几个具体问题的解答"，对不能算作精简职工数的几种情况作了规定，包括：一是调去本单位自办或国家举办的农牧场生产劳动的；二是干部下放当工人的；三是送去培训，仍由本单位支付工资（或津贴）的。[2] 但是在具体的执行过程中，仍然有许多单位、部门将职工内部的调配等情况算作精简职工数，因此，就可能造成数据上的不准确。

1962 年至 1963 年的精简数据可以从几份材料中做一个推算。

---

① 《在省委整编精简工作会议上的总结报告》。资料来源：浙江省档案馆，档案号：J002 – 62 年 1 卷 – 001。

② 《中共浙江省委整编小组办公室关于整编精简劳动力中几个具体问题的解答》（二），资料来源：浙江省档案馆，档案号：J187 – 7 – 78。

表2-5　　　　1962年1月至1963年5、6月间浙江省精简数据统计

精简项目	企业职工	城镇人口	吃商品粮人口
人数（万人）	38	52	92.6

资料来源：《关于超额完成精简职工和继续完成减少城镇人口、吃商品粮人口的报告》。浙江省档案馆，档案号：J002-63年38卷-006的有关数据资料编制。

表2-6　　　　1962年1月至1963年9月浙江省精简数据统计

精简项目	企业职工	城镇人口	吃商品粮人口
人数（万人）	37.4	64	102

资料来源：《关于整编精简工作几个问题的报告》。浙江省档案馆，档案号：J002-63年38卷-002的有关数据资料编制。

表2-7　　　　1961年1月至1963年6月浙江省精简数据统计

精简项目	企业职工	城镇人口	吃商品粮人口
人数（万人）	71.4	77	123.6

资料来源：《关于超额完成精简职工和继续完成减少城镇人口、吃商品粮人口的报告》。浙江省档案馆，档案号：J002-63年38卷-006的有关数据资料编制。

从表2-4以及表2-6的数据统计：1961—1963年9月精简的企业职工大约在68.8万，精简的城镇人口约为89.5万人（加上表2-2中1964年安置的城镇人口大约4.7万人，共约94.2万人），吃商品粮人口133.4万人。这一数据与表2-8中的数据相比，较为接近。

表2-8　　　　1961—1963年浙江省精简数据统计

精简项目	企业职工	城镇人口	吃商品粮人口
人数（万人）	67.4	92.3	131.4

资料来源：《省委整编精简委员会关于三年来精简工作的总结报告》。浙江省档案馆，档案号：J002-64年22卷-001的有关数据资料编制。

在三大人群中，全民所有制企业被精简的职工是我们考察的重点，因为这一群体是被精简人员的主体。在翻查资料的同时，有一个问题值得探讨：尽管在历年的总结报告中都会有精简的数据，但这与各部门精简人数的总和有一定的差距（关于浙江省各部门的精简情况，下文会作详细分析考察），各部门原始资料相加所得的数据明显高于最后在总结报告中的实际精简数，而造成这一结果的原因主要是：

第一，各部门对精简人数的统计时间不尽相同。有些部门是在年底或来年完成了一年的精简计划的基础上做出的统计，这个数据是实际精简的人数；而有些部门是在年中的精简计划中提到了精简数据，这个数据既包括了上半年已经被精简的实际人数，也包括了下半年计划精简的人数，而到了年终，有可能超额完成了计划精简数，也有可能没有达到计划精简数，因而这个数据就有了"水分"，产生了误差。

第二，统计口径的不同。各部门在统计被精简人数具有口径上的差别，例如有些部门将企业内部的人员调整也算做是精简的人员数，而有些部门则不将内部调整的人员计算在内。另外，全民所有制职工转化为集体所有制职工也是一个十分复杂的问题。按精简的政策，凡是全民所有制职工一旦转变为集体所有制职工，因为不再享受国家的粮食与日用品供应，可以算作精简人员数。然而在实际的精简工作中，有些企业先从全民所有制转变成了集体所有制，其职工也已经算是被精简了，但后来在各企业重新定点定员过程中又恢复了其全民所有制企业职工的身份，而这些职工"被精简人员"的身份却未被除去，因此也造成了误差。

第三，上报过程中的误差。由于中共浙江省委整编精简委员会的精简数据来自各地各部门，而各地各部门的精简数据是来自各个企业，在这个层层上报的过程中，由于主观上的考虑（完成甚至是超额完成精简任务）或是客观上的因素，如重复计算，相同的部门由不同的口子上报，造成数据上的重复。例如统计过程中基本建设部门的数据是最为混乱的，主要是因为有关部门专门对基建部门的精简情况作了统计，与此同时，各部门内部也涉及到基本建设这一块，在其部门精简数据中也包括了基本建设这一部分的精简人员数，造成了二次计算的情况，人数增加，因此有所偏差。

浙江在三年多的精简工作中，有 67.4 万企业职工、92.3 万城镇人口被精简。精简后，市镇非农业人口在全省总人口的比重由 1960 年的16.47%. 下降到 1963 年的 11.05%，大约下降 5.3 个百分点。[①] 这一精简数字与精简率在全国处于一个什么样的水平呢？

在整个精简过程中，各省的精简工作在经历的时间段上有一定的区别，有的省份精简工作开展得较早，有的省份精简工作开展得较晚；有的省份精简工作相对比较平缓，而有的省份精简工作进展十分迅速。与此同

---

① 参见王嗣均主编《中国人口·浙江分册》，中国财政经济出版社 1988 年版，第 192 页。

时，各省在精简的各个环节也不完全相同。由于各省采取的精简工作方式以及统计的时间段都不尽相同，因此我们不可能作一个精确的对比。但是我们可以根据这一时间段各省城镇人口的变化，考察浙江省的精简工作在全国所处的水平。

首先，从 1960 年至 1963 年各省城镇人口本身的变化进行考察。

表 2 - 9　　　　1960—1963 年全国各省城镇人口数量变化

项目 省份	城镇人口（万人）		1963 年比 1960 年增加的百分比（%）	1963 年比 1960 年减少的人数（万人）
	1960 年	1963 年		
浙江	588	440	−25.2	144
北京	456	433	−5.0	23
天津	404	421	4.2	−17
河北	481	345	−28.3	136
辽宁	1212	1117	−7.8	95
上海	716	699	−2.4	17
江苏	876	775	−11.5	101
福建	374	339	−9.4	35
山东	540	468	−13.3	72
广东	734	726	−1.1	8
山西	338	277	−18.0	61
内蒙古	360	281	−21.9	79
吉林	605	544	−10.1	61
黑龙江	878	796	−9.4	82
安徽	465	398	−14.4	67
江西	460	347	−24.6	113
河南	532	466	−12.4	66
湖北	574	470	−18.1	104
湖南	405	375	−7.4	30
广西	227	219	−3.5	8
四川	844	669	−20.7	175
贵州	359	203	−56.5	156
云南	305	247	−19.0	58

续表

省份＼项目	城镇人口（万人）		1963 年比 1960 年增加的百分比（％）	1963 年比 1960 年减少的人数（万人）
	1960 年	1963 年		
陕西	498	360	−27.7	138
甘肃	220	171	−22.3	49
青海	70	31	−55.7	39
宁夏	51	34	−33.3	17
新疆	180	139	−22.8	41

资料来源：李若建：《大跃进时期的城镇化高潮与衰退》，《人口与经济》1999 年第 5 期的有关数据资料编制。

从表中可见：首先，1960 年时，浙江的城镇人口数是继辽宁、上海、江苏、广东、吉林、黑龙江、四川之后排第 8 位，而到了 1963 年，浙江省的城镇人口是继辽宁、江苏、上海、山东、广东、吉林、黑龙江、河南、湖北、四川之后排第 11 位，较之 1960 年后退三个名次；其次，1963 年与 1960 年相比，从城镇人口减少的绝对数而言，浙江省在四川、贵州两省之后排第 3 位；再次，从各省城镇人口 1963 年比 1960 年增加的百分比来看，浙江省的下降比例是继河北、贵州、陕西、青海、宁夏之后排第 6 位（而青海、宁夏两省由于城镇人口本身的绝对数很少，因此尽管只减少了 39 万人和 17 万人，但城镇人口下降的比例却很大）。虽然这一时期城镇人口的变化是由许多原因共同作用而产生的，但无疑"精简"是导致这一时期城镇人口变化最为主要的原因，而从这一变化中，浙江省无论是城镇人口数在全国排名的变化，还是两个年份相比较城镇人口减少的绝对数上还是下降的比例上，排名都是相对靠前的。

其次，从 1960 年和 1963 年各省城镇人口在总人口中的比重方面进行考察。

表 2-10   1960—1963 年全国各省城镇人口与总人口变化情况

省份＼项目	总人口（万人）		城镇人口（万人）		城镇人口在总人口中的比重（％）	
	1960 年	1963 年	1960 年	1963 年	1960 年	1963 年
浙江	2619.9	2800.5	588	440	16.47	11.05
北京	732.13	747.38	456	433	62.28	57.94

续表

省份＼项目	总人口（万人）		城镇人口（万人）		城镇人口在总人口中的比重（％）	
	1960 年	1963 年	1960 年	1963 年	1960 年	1963 年
天津	5800.79	6115.35	404	421	7	6.9
河北	3779.19	3956.2	481	345	12.73	8.72
辽宁	2559.5	2653.1	1212	1117	47.35	42.1
上海	66207	69172	716	699	1.08	1.01
江苏	4246	4441	876	775	20.63	17.45
福建	1572.6	1678.4	374	339	23.78	20.2
山东	5188.13	5585.43	540	468	10.41	8.38
广东	3785.7	4013.7	734	726	19.39	18.09
山西	1703.02	1790.11	338	277	19.85	15.47
内蒙古	1191.1	1215.4	360	281	30.22	23.12
吉林	1397.1	1537.1	605	544	43.3	35.4
黑龙江	1807	1972	878	796	48.59	40.37
安徽	3042.5	3232.27	465	398	15.28	12.31
江西	2009.85	2101.03	460	347	22.89	16.52
河南	4818	5080	532	466	11.04	9.17
湖南	3569.37	3715.2	405	375	11.35	10.09
广西	2172.1	2299.9	227	219	10.45	9.52
四川	6619.8	6695.8	844	669	12.75	10
贵州	1643	1703	359	203	21.85	11.92
云南	1894.6	2021.1	305	247	16.1	12.22
陕西	1944	2056	498	360	25.62	17.51
甘肃	1244.04	1249.17	220	171	17.68	13.69
青海	248.7	209.7	70	31	28.15	14.78
宁夏	213	206.7	51	34	23.94	16.45
新疆	686.33	713.12	180	139	26.23	19.49

资料来源：各省总人口数参见《中国人口》丛书各省分册中的有关数据资料编制。

注：城镇人口数由于在各省分册中统计口径有所不同，有些省份统计的是城镇人口数（含少量城镇农业人口），有些省份统计的是城市非农业户口人数，为使各省数据保持一致，城镇人口仍采用表 2-9 中的城镇人口统计数。

1960 年至 1963 年是精简工作的主要时期，这一时期各省的城镇人口都出现了不同程度的减少，其中除了人口的自然变动因素影响外，最主要的原因就是精简所致。因此，考察这一时期城镇人口在总人口中的比重变化大致可以看到各省的精简程度。1960 年浙江省的市镇非农业人口占全省总人口数的 16.47%，居全国第 17 位，而到了 1963 年，浙江省的市镇非农业人口占全省总人口数的 11.05%，居全国第 19 位，在全国的排名1963 年比 1960 年下降了两位。与此同时，1963 年与 1960 年相比，浙江市镇非农业人口占全省总人口数下降了 5.42 个百分点，这个下降速度在全国各省中居第 9 位。

由以上数据可见，无论是精简城镇人口的数量、被精简的城镇人口在城镇人口中的比重以及精简后城镇人口在全省总人口中比重的下降程度来看，浙江省精简城镇人口的工作在全国范围内属于前列，再加上浙江省整个精简过程延续的时间较长（从 1960 年开始至 1964 年上半年基本结束），这就使我们以浙江作为样本分析精简工作中的各种问题具有一定的典型性与代表性。

二　浙江省被精简人员的构成分析

在精简工作中，被精简人员的情况是十分复杂的。

1961 年，中共中央对精简对象作了规定，指出："这次精简的主要对象，是 1958 年 1 月以来参加工作的来自农村的新职工（包括临时工、合同工、学徒和正式工），使他们回到各自的家乡，参加农业生产。在完成精简计划的前提下，新职工中已经成为企业生产中的骨干和技术能手的，也可以不减；1957 年年底以前参加工作的来自农村的职工，确是自愿要求回乡的，也可以准许离职回乡；原先就是城市居民的职工，不论新老，一般的都不精简。但是，某些 1958 年以来参加工作的新职工，如其因为家务需要或者其他原因，确实自愿回家，回家之后生活又有保障的，也可以准许离职回家；某些 1957 年以前参加工作的老职工，如其因为年老体弱，自愿退休或退职的，也可以准许退休或退职。"①

根据中共中央的这一政策规定，浙江省被精简人员主要有以下几类：

第一类是必须被精简的人员，主要包括：一是 1958 年 1 月以后参加工

---

①　《中共中央关于精减职工工作若干问题的通知》，《建国以来重要文献选编》（第十四册），中央文献出版社 1997 年版，第 505—506 页。

作的来自农村的新职工（包括临时工、合同工、学徒工和正式工），使他们回到各自的家乡，参加农业生产。但在完成精简计划的前提下，新职工中已经成为企业生产中的骨干和技术能手的，也可以不减。二是 1961 年以来，从社会上新吸收的职工，凡是未经批准的，一律精简。三是集体所有制单位中的农民工，应该回去的要减回去。此外，各单位属于"五类"分子的职工也属于必须精简的对象。从各地、各部门精简的实际情况看，1958 年 1 月后参加工作的来自农村的新职工是各单位精简的主要对象。

第二类是附条件被精简的人员，主要包括：一是 1957 年年底以前参加工作的来自农村的职工，确实自愿要求回乡的，也可以准许其离职回乡。二是原先就是城市居民的职工，不论新老，一般都不精简。但是，某些 1958 年以来参加工作的新职工，如其因为家务需要或者其他原因，确实自愿回家，回家之后生活又有保障的，也可以准许其离职回家。三是某些 1957 年以前参加工作的老职工，如其因为年老体弱，自愿退休或退职的，也可以准许退休或退职。

第三类属于精简动员对象，主要包括：一是家在农村的职工及干部家属和无固定职业的人员，动员其回乡；二是解放以后由农村迁入城镇的居民，有条件回乡的，动员其回乡。

据上文的统计，浙江省被精简的城镇人口总共为 92.3 万人。可以通过不同的方式将这些人员加以划分。

第一是将被精简人员分为企业职工、城镇闲散人员两类。企业职工是被精简的主要人群。在浙江省被精简的城镇人口中，企业职工为 67.4 万，占绝大多数，约占被精简总人数 92.3 万人的 73%，其他城镇人口约为 24.9 万人，约占被精简总人数的 27%。

第二是根据工作的年限划分。根据上文所述，1958 年是一个分界线，1958 年以后从农村进入城镇的职工是精简的主要人群，属于必须被精简的对象；而 1957 年以前进入企业的职工是否被精简，主要还是看本人的意愿。在各地、各部门的精简资料中，缺乏这一方面的数据，但我们可以从另一个侧面大致推算出 1957 年以前进入企业，在精简工作中被精简的人员数。据 1983 年的统计，全省被精简的 1957 年以前工作的退职老职工人数约为 113466 人[①]。精简工作中被精简的企业职工总数为 67.4 万人，

---

① 浙江省民政志编纂委员会编：《浙江省民政志》，中国社会出版社 1994 年版，第 208 页。

因而 1957 年以前进入企业的退职老职工人数的比例约占被精简企业总人数的 17% 左右。

第三是根据被精简人员的年龄与身体健康状况进行划分。由于被精简的绝大多数是 1958 年以后从农村进入城镇企业中工作的人员,这些人员基本属于身强力壮的青壮年,年龄大约在 20—30 岁之间,身体健康状况良好,且部分人员具有一定的专业技能。此外,在精简工作中,还精简了一批老、弱、病、残的退职职工。这些职工基本都为 1957 年以前进入企业的职工。根据 1983 年的统计,当时符合享受原标准工资 40% 救济的有 5816 人,不符合享受原标准工资 40% 救济但可享受定期救济的有 6878 人,两者相加约为 1.27 万人。[①] 因此老、弱、病、残退职职工约占被精简职工总数的 2% 左右,占 1957 年以前进入企业的退职职工的 11.2% 左右。另据 1991 年的统计,当时符合享受原标准工资 40% 救济的有 4528 人,不符合享受原标准工资 40% 救济但可享受定期救济的有 14179 人,两者相加约为 1.87 万人,[②] 占被精简职工总数的 2.8% 左右,占 1957 年以前进入企业的退职职工的 16.5% 左右。老、弱、病、残退职人员占整个精简职工数不到 3%。因此,从健康状况看,被精简的人员绝大多数都为身体健康状况良好的青壮劳动力。

第四是根据被精简人员的性别进行划分。对于 1958 年以后进入企业的职工,一般男性居多。但这些职工进入城镇的同时,跟随这些从农村进入城镇的职工家属也随其进入城镇,或成为职工、或从事其他劳动,其主要的特征就是性别倾向相当明显,大多数为年轻女性。但在因病、弱、残、年龄偏大等原因被精简的人员中,性别倾向不明显。

第五是根据不同地区进行划分。就浙江省而言,除了台州专区因人口数较少,因而被精简的人员数也较少,大约为 4 万人外,其余的杭州市、金华专区、宁波专区、嘉兴专区、温州专区被精简的人数大致相当,为 15 万至 18 万人左右。[③]

第六是根据不同部门进行划分。从上文的分析中可知,浙江省被精简

---

① 浙江省民政志编纂委员会编:《浙江省民政志》,中国社会出版社 1994 年版,第 208 页。

② 同上。

③ 该精简数据是根据档案资料中杭州市和各专区每年的精简数据相加所得,同时与各地方志资料中记录的精简数据相对吻合,故作此推算。

的 67.4 万企业职工分布于九大主要部门，其中工业、基本建设、商业、交通运输以及教育系统的学生是被精简的主要对象，人数在 60 余万人；农林水气、城市公用、金融系统以及科教文卫系统的专家学者等被精简的人数不多，总共不到 6 万人。

第七是根据被精简人员的流向进行划分。浙江省被精简人员的流向，主要分为省际与省内两种。省际的精简主要有两种：一种是浙江被精简人员去外省的。根据中共中央的规定：有的山区，人口锐减，至今仍未恢复，例如福建、江西、湖南还有这样的地方，在这些地方可以采取国家扶助、集体所有、集体分配的办法，安置一部分人。[①] 因此浙江省有一部分被精简人员流向这些地广人稀的省份。另一种是其他人口众多、土地资源缺乏或是精简压力很大的省份部分精简人员被精简到浙江的情况。根据中共中央的有关规定：京、沪两市分别归华北局、华东局统筹，跨省安置；[②] 或者本乡是灾区或者因回乡人员过多而无法安置的，可以安置到其他生产队。[③] 在精简工作中，据统计，从 1961 年至 1966 年，去边远省区的浙江移民大约为 0.66 万人，其中去新疆的约 0.49 万人，去宁夏的约 0.17 万人，绝大部分都是在精简工作中迁移出去的。[④] 从人数上看，占精简总人数的比例较小。此外，金华、丽水、温州一带农村人口在此期间有向赣、闽两省逃荒迁移的情况，但人数较少。

精简过程中，还有其他省区人员被精简后来到浙江农村的情况。主要如邻近的上海市由于精简人员过多，精简压力较大；再如山东省由于国民经济出现严重困难，无法安置众多的被精简人员，因此，这些省区在浙江工作的职工被精简后，可以仍然留在浙江，不回到本省区。在我们的调查采访对象中，就有一位受访人原籍山东，在嵊泗工作安家。由于当时山东特别困难，属于全国重灾区，所以他被精简后可以在当地落户，不回山东去。[⑤]

① 《关于城市精简职工和青年学生安置工作领导小组长会议的报告》，《建国以来重要文献选编》（第十六册），中央文献出版社 1997 年版，第 604 页。

② 同上书，第 605 页。

③ 《中共中央、国务院关于进一步精简职工和减少城镇人口的决定》，《建国以来重要文献选编》（第十五册），中央文献出版社 1997 年版，第 469—470 页。

④ 王嗣均主编：《中国人口·浙江分册》，中国财政经济出版社 1988 年版，第 153 页。

⑤ 《采访记录 6：舟山地区被精简人员葛俊霞的访谈记录》，《附录一：调查采访记录》。

由于省际之间的流动人数在整个精简人数中所占的比例很小，因此，我们主要探讨的是省内的精简情况。

关于精简人员在本省的安置，主要包括：

最主要的最大量的是到农村去；原来生长在城里的职工，但有条件并且自愿下乡落户，可以有组织地安置到条件较好的生产队中去，或者农村中有亲朋帮助的，可以安置到亲朋所在的生产队去，还可以由干部带头率领一批职工到缺乏劳动力的公社去安家落户；现有的国营企业、事业、机关自办的农场、林场、牧场、渔场可以安置一批；在条件好、投资少、收效快的地方，公家可以新建一些农场、林场、牧场、渔场，安置精简下来的职工和城市不能升学或就业的青年。除了安置到农村以外，其他退休、退职人员，可采用调剂顶替、补充缺额、列为编外等办法另行解决，要根据不同对象，适当采用。①

根据这一文件要求，浙江省被精简人员在浙江省内的流向，大约分为四种情况：一是原来家住农村的企业职工及其家属回到农村或是一些原来居住在城镇的居民下到农村，主要从事农业劳动；二是原来居住在城镇的居民被精简后，仍然留在城镇，但是不享受国家商品粮及其他日用品的供应；三是被精简人员由单位或是有关部门分配到一些农、林、渔场工作；四是一些被精简人员以上三个接收地都不去，最后成为自由流动人员，因此，农村、城镇、农林渔场成为被精简人员的三种主要去向，另外一种情况是被精简人员没有按规定去以上三个接收地，而是成了自流人员。

在这三个接收地中，农村是最主要的去向。1961 年精简的 31 万企业职工中，下到农村的只有 13 万左右，不到一半，但到了精简工作结束，下到农村的企业职工占被精简职工的绝大多数，这也符合甚至是超额完成了中共浙江省委一开始就提出的"回乡、下乡的人员，应该占被精简职工总数的百分之七十五左右，留在城镇的只占百分之二十五左右"② 的精简目标。因此，被精简后回到或下到农村的人员大约有 63 万余人。

被精简人员除了去农村参加农业劳动外，各级农、林、渔场也是一个

---

① 《中共中央、国务院关于进一步精简职工和减少城镇人口的决定》，《建国以来重要文献选编》（第十五册），中央文献出版社 1997 年版，第 469 页。

② 《在省委整编精简工作会议上的总结报告》。资料来源：浙江省档案馆，档案号：J002 - 62 年 1 卷 - 001。

重要的接收地。据统计，1961 年至 1963 年全省在农、林、渔场安置的被精简人员大约为 6.2 万左右，占回乡、下乡人员的 6.2% 左右，占精简总数的 5% 左右。①

关于被精简人员自流的问题，由于当时十分严格的户口制度和十分紧张的生活必需品供应形势，有关人员被精简后不接受安排到农村或农、林、牧、渔场，而是选择自由流动，其维持生计是较为困难的。因此，虽然有些被精简人员最后由于某种原因在省内自流或是自流到了省外，但人数很少，这里不作计算。

城镇作为第二个接收地，主要安置的是一些原本家就住在城镇的企业被精简职工及其家属以及其他一些城镇的闲散人员。如果按照 25% 的比例计算，城镇接收的被精简人员大约在 23 万左右，这些人员大多是从全民所有制转为集体所有制，也有少数自谋生计。

为了进一步了解浙江省被精简人员的情况，2010 年 7 月，笔者组织浙江中药医大学的本科生在浙江省所辖 10 个地市进行了一次小规模的调查访问活动，访谈的对象基本为 1961 年至 1962 年被精简的人员。在对这些人员进行调查访谈的过程中，关于这些人员被精简后的去向，基本上也是到了上述的三个接收地。在 10 份调查访谈中，有 6 人被精简回了农村。他们之中有些人的家原本在农村，由于招工进了城，被精简后重新回到原来的农村地区；有些人家在外省，但当时有些省份由于当地经济薄弱或是精简压力大等原因，因此，有些在浙江工作的人员被精简后由浙江省人民政府安置到了浙江的农村地区参加农业生产，例如当时的山东由于地方经济薄弱，因此，山东籍的人员在浙江工作，被精简后仍可以留在浙江。又如上海市，由于本身精简压力大，当时浙江替上海分担了部分精简压力，一些在浙江工作的上海籍职工被精简后被安排在浙江农村。10 人中有 1 人被精简到了农场。当时，农、林、渔场也是安置城市被精简人员很重要的场所，很多城市职工、青年学生和城市社会闲散人员被安置到了各个农、林、渔场。被精简后虽失去工作但仍留在城市的有 3 人。这些人员原

① 有关数据可参见《关于在国营农、林、牧、渔场安置城市下放人员》。资料来源：浙江省档案馆，档案号：J122-15-028；《关于安置城镇人口参加农业生产的报告》。资料来源：浙江省档案馆，档案号：J002-62 年 16 卷-003；《浙江省农业厅关于本省国营农场精简职工和安置这些在城市的职工学生的初步意见》。资料来源：浙江省档案馆，档案号：J116-16-28 等资料中的有关数据。

本家或户口就在城市，被精简后仍然留在了城市，只是生活由自己负担，不再拿国家工资、吃商品粮。在这一类人员中，职工家属（女性）占了大部分。

精简工作涉及方方面面，从中共中央到各省再到个人都有一个逐步适应的过程。中共中央对于这一问题的认识，是通过不断地商讨，最后形成了统一的认识；各地、各部门又通过执行、贯彻中共中央一系列的工作要求将精简工作不断推进。那么，作为政策被执行者的被精简人员当时的思想状况又是如何呢？

根据被精简者对精简工作的态度进行划分，大致可以分为三种类型：

一是完全自愿型。这部分人员主动响应，自愿提出申请，要求精简回农村。这类人员主动要求到农村的动机也是多样性的：有的认为当时农业形势好，愿意回去建设社会主义新农村；有的是因为家庭缺乏劳动力，生活困难。如临安县粮管所票证员吴某，家是本地人，家里有妻子、儿女，缺乏劳动力，精简工作开展后，本人就坚决要求回农村，照顾家庭。[①] 有的是因为在企业属于低级工和重体力劳动的工人，在企业干活和农业劳动一样累，收入又低，还不如回农村好；还有的是因为家在农村，回去以后可以一家团聚。如临平石料厂职工姚某，家里6个人，只有半个劳动力，本人工资29元，因家庭经济困难要求回家。[②] 又如安吉县晓市镇居民刘某，全家7口人，在城镇生活很困难，粮食定量不够吃，买黑市粮每月就要花130元。但其在农村有3个劳动力，每年可做6000个工分，一般以每10个工分得粮食7斤计算，可分到粮食675斤。另外，自己种点自留地，养头猪和养些家禽，蔬菜就不需要买了，用钱也省了。经过这样算账，他很快就写了申请，要求到农村去，安家落户。[③] 在我们的调查访问中，有3人属于这一种情况。他们主动提出精简回农村的原因主要是两个：一是因为长年在外，想家想亲人所致。其中一位退伍军人的经历较为典型，他原本是厂里的壮劳力，不会

①《全省整编精简会议资料之三：临安县青云公社现有农村吃商品粮人口还可压缩百分之三十七》。资料来源：浙江省档案馆，档案号：J040 - 21 - 73。

②《宁波地区抓组织机构，抓精减对象，抓工作进度，开展精减职工工作》，《整编工作情况》（第14期）。资料来源：浙江省档案馆，档案号：J040 - 21 - 156。

③《安吉县晓市镇动员城镇人口去农村安家落户的几种做法》，《精简工作简报》（第56期）。资料来源：浙江省档案馆：档案号：J040 - 021 - 157。

被精简，由于其负责去沈阳火车站送被精简的职工，心里总是挂念家里的亲人，就跟车间主任提出要精简回家，因此，在 1962 年 6 月被精简回家。① 二是因为在企业工资有限，生活存在困难，想回农村自己从事农业生产，增加收入，改善生活。有一位被精简人员在接受采访时就谈到：当时粮票价格太贵，一斤粮票要一块多钱，而他一个月的工资不能很好地解决其基本的生活需要，于是自愿要求被精简到农村去。②

二是被动型。这一类型的人员属于精简政策规定范围内的被精简人员，他们对自己成为被精简人员有想法，但经过有关的政策宣传、做通思想工作之后，愿意被精简回家。这一类型中有相当一部分人员对于精简存在矛盾心理：一方面感到当时农村情况正在好转，到农村从事农业生产很不错；另一方面又感到工业和农业各有各的好处，留恋城市生活。因而他们自己不打报告，等待领导动员，宣布名单，或是等待更好的精简待遇。根据杭州市临平机械厂以及临平、九堡石料厂三个单位在 305 个 1958 年新参加工作的农民工中调查，农民工对精简回乡支援农业，其中坚决要求回农村的 146 人，占 47.8%。态度模棱两可的有 95 人，占 31.1%，不愿回农村的 64 人，占 20.1%。态度犹豫不决的人员具体的思想状况可以分为几类：一是家庭虽然有负担，但是不困难，权衡利弊，进退两难。超山石矿厂的工人谢某反映，事情弄得难上难下，矿厂收入不高，而回去只能做 600 个工分，一角钱一分，也只有 60 元。二是看到农村粮食多，想回农村。看到厂里拿工资，又想留厂，临平石料厂职工施某反映，农村超产粮多，但厂里八小时工作稳定而且有工资，因此回去、留厂都一样。三是等政策，等调整工资。超山石矿厂工人陆某反映，农村有 "60 条"，现在好了，工业也有 "40 条"，今后会好的。临平石料厂工人赵某说，现在工资低，不知道以后工厂会不会涨工资。③ 在调查走访中，有多位受访者都谈道：国家宣传精简的原因主要是为了解决城市的粮食问题，为了减轻国家的经济负担，缓解城市粮食压力，国家动员上山下乡。当时他们都属于符合精简条件的精简对象，因此，他们响应国家政策号召，向上级打报告

① 《访谈记录 1：杭州地区被精简人员郁虎根的访谈记录》，《附录一：调查采访记录》。
② 《访谈记录 8：衢州地区被精简人员项大爷的访谈记录》，《附录一：调查采访记录》。
③ 《宁波地区抓组织机构，抓精减对象，抓工作进度，开展精减职工工作》，《整编工作情况》（第 14 期）。资料来源：浙江省档案馆，档案号：J040 - 021 - 156。

要求回农村。另外有 3 人为家属工，这 3 人都是女性，家在城市和农村的都有，由于自己与丈夫都是企业职工，按照当时的规定，夫妻双方都为企业职工的，两人中有一人要被精简回家，而普遍的做法就是女性被精简，男性则继续留在企业。① 之所以称其为被迫"自愿"型，主要是因为政策的规定，每个地区和企业都要被精简一部分人，不下去不行，因此，无奈之下只好"被精简"。

　　三是抗拒精简型。这一类人员属于精简对象，但是拒不接受精简。这一类型人员抗拒精简的原因也是多样性的，有的是怕吃不了回农村参加农业劳动的苦，有的是怕从城市回到农村，会让村里人看不起，还有些家属工怕精简后造成夫妻两地分居等。虽然在我们的调查采访中，没有这一类型的人员，但从档案资料看，这一部分人员为数不少，存在于不同的部门与不同的地区。这一类型人员抗拒精简的方式也很多样。一是拖延。如温州市交通局一名船员属于精简对象，但其采取各种方式，试图抗拒精简，说自己已不是回乡对象，对精简工作采取对抗的态度。此外，他还伪造文件，说自己是温州市参军的，现在农村无亲无戚，也无房屋等。② 哭闹打骂是第二种常用的方式。如慈溪一位沈姓被精简人员，当得知自己被精简后，就提出要拿三个月的工资作为补助，但因沈某是家庭的主要劳动力，不符合补助条件，领导做其思想工作，希望他按规定精简回农村时，他就拳脚相加，破口大骂，甚至将领导打伤，抗拒精简。③ 第三种抗拒精简的方式可以称之为"偷梁换柱"。如某县公安局一名职工的家属属于精简对象，但事后该职工又千方百计将他家属的户粮关系迁回城镇，造成了恶劣的影响。周围群众说："到底是干部有办法，像他这样农村居住条件很好的不回去，其他人都可以不回去了。"因此，周围一些被精简人员也学其样，抗拒精简。④ 此外，还有一部分人员采用"观望、对比"的方式抗拒

────────────

　　① 《访谈记录 4：宁波地区被精简人员袁美贤的访谈记录》；《访谈记录 5：台州地区被精简人员曹晴英的访谈记录》；《访谈记录 7：金华地区被精简人员盛陶菊的访谈记录》，《附录一：调查采访记录》。

　　② 《关于请批准××精简回乡的报告》。资料来源：浙江省档案馆，档案号：J114 - 18 - 048。

　　③ 《沈××材料》。资料来源：浙江省档案馆，档案号：J187 - 7 - 13。

　　④ 《×县公安局同志违反精简政策迁回回乡家属》。资料来源：浙江省档案馆，档案号：J114 - 17 - 040。

精简。绍兴县当时对部分地区的精简工作作了一次调查，发现不少干部、职工借口各种困难，采取"推、拖、看"的敷衍办法，有的甚至以自杀、离婚、退职等进行威胁，不配合精简工作。

第四节　基于部门和地区的分析

浙江省为期三年多的精简城镇人口，涉及各地、各部门。以部门来分，大致分为工业、基本建设、交通运输、农林水气、商业、金融、城市公用、文教卫生、机关团体九大部门；就地区而言，包括杭州市和宁波、嘉兴、金华、台州、温州五个专区。[①]

一　基于部门的分析

工建交系统包括工业、基本建设与交通运输三大部门，其中工业系统包括水电、地质、煤炭、化工石油、冶金、邮电、机械工业、轻工业等部门。由于这三大部门涉及的大多是生产一线的职工，因此，大规模的精简工作是从1961年全面展开的，至1962年年底精简工作基本完成。因此，我们主要考察的是三大部门1961—1962年的精简情况。

全省水电系统的职工数1957年为23000多人，到1961年6月达49000多人，增长了一倍多。这一部门的职工主要分布在基本建设、生产部门以及水库导流工程，其中以基本建设人数最多，有近25000人。由于国民经济调整过程中，各部门的生产与基本建设的规模都在不断缩小，对于水电部门而言，在精简过程中，精简人员最多的为生产一线的人员，包括火电生产、水库与导流工程以及水利机械施工三方面。其次是基本建设领域的人员，整个部门精简的人数在2万人以上。在大量精简生产一线人员的同时，鉴于基本建设领域部分人员已经成为业务骨干，因此，采取劳动力内部调配的方式，将基本建设领域的人员调往生产部门，以代替被精简人员，加强部门内部的结构平衡。[②]

---

① 由于60年代的档案资料都是以专区为单位进行归档，因此，在文中笔者也采取了专区的考察方法。现在的湖州市当时归入嘉兴专区，舟山市、绍兴市归入宁波专区，丽水归入温州专区，衢州归入金华专区。

② 《水电系统整编方案》。资料来源：浙江省档案馆，档案号：J106-3-284。

地质系统 1957 年的职工数只有 1700 多人，至 1960 年职工数增加到 17000 多人，由于这一部门是在 1957 年之后逐步发展起来的，因此，在精简过程中出现了两个方面的问题：一是 1958 年以后进入部门的职工经过几年的培养，有相当一部分职工已经成为技术骨干，如果将其精简会影响整个部门的发展；二是 1960 年从集体所有制的社办工业、手工业及财贸系统转进来一部分人员，而这部分人员不适合搞地质工作。针对这一部门的实际情况，该部门的精简对象主要为：1959 年以后参加工作的来自农村的新工人，临时工、学徒工，以及水平过低，不适合做技术工作的练习生和各类非生产人员以及从别的部门调剂进来但又不适合做地质工作的人员。该部门 1961 年精简的人数在 9000 人左右①。

邮电部门截至 1960 年 6 月底，共有职工 13774 人，由于这一部门是从 1949 年以后尤其是 1957 年以后逐步发展起来的，正处于发展壮大时期，因此，精简的人员不多，1961 年大约精简 1100 人左右。在精简过程中，除了按照中共中央与中共浙江省委的有关政策规定确定精简对象外，针对该部门的实际情况，对精简对象作了有关规定，主要是两个方面：一是对于 1958 年以后进入部门的人员，如果已经成为邮电通信重要部门的政治骨干和企业生产的业务、技术能手的，为了保证通信的安全和工作的正常进行，给予保留，不予精简。二是一部分老的邮电职工被精简后，如果不适宜参加农业生产的，可以派到农村邮电机构工作，顶替一些来自农村的人员回乡生产。鉴于人员精简后可能会给部门带来的不利影响，该部门采取撤销部分设置过密和业务不多的局所、调整邮件投递班次和业务范围、压缩所属邮电工业以及文教及基本建设等事业规模、调整农村电话网络等方式来解决人员不足的问题。②

冶金部门 1960 年末的人员数为 53727 人，到 1961 年末，人员数减为 29674 人，共精简 24053 人，被精简人员主要分布于半山钢铁厂、绍兴钢铁厂、闲林埠钢铁厂、漓渚铁矿、横山钢铁厂、杭州轧钢厂、嘉兴冶金机械厂、杭州冶金矿山机械厂、冶金地质队、冶金建筑安装公司、和平矿场、萧山炼焦厂等企业。由于在国民经济调整过程中，冶金部门生产规模

---

① 《关于地质系统精简劳动力的报告》。资料来源：浙江省档案馆，档案号：J106 - 3 - 284。

② 《中共浙江省邮电管理局党组关于邮电部门调查组织精简人员的请示报告》。资料来源：浙江省档案馆，档案号：J106 - 3 - 289。

有较大的压缩，因此，这一部门精简的人员数也较多。在精简过程中，这一部门同样存在着1958年后进入企业，已成为技术骨干人员是否要被精简的问题，该部门对部分经过长期训练和技术熟练的工人，采取的方式是"留职停薪、保留厂籍"，对这部分人员发给证明书，当农业情况好转、钢铁的生产和基建任务增加时，再动员他们回厂。①

煤炭系统在1960年底有职工37339人，在精简工作中精简的人员数在8500人左右。煤炭系统精简的主要对象是非生产人员和辅助人员，特别是附属单位人员，在精简人员的同时撤销了一些与生产无关或关系不大的附属单位，包括长广煤矿的炼油厂、长广煤矿支架厂、江山煤矿支架厂、建德煤矿的砖瓦厂等。由于该系统内部还作了劳动力的调配，压缩副业人员和辅助人员充实到生产第一线，因此，被精简的人员主要是身体、技术、政治条件差，不适合于煤矿工作而适合于农业或其他行业的职工。对于省内、省外调来的有经验的老工人，全部保留，部分因公负伤致残或体衰的职工，不予精简，均按劳保规定，妥善安排。在该系统1961年被精简的8500人员中，包括自动离职的3662名工人，根据浙江省人民委员会的文件要求，迁还户口及粮食关系，将其精简回农村。②

浙江省的机械工业原有基础较为薄弱。1949年之前全省只有少数修造工业，基本上没有独立的机械制造工业。1949年至1957年有了初步发展，开始有了少数机械制造企业。1957年以后，随着全省工业化进程的加快，机械工业有了大发展，职工数也急剧增长，1960年底职工数为72335人。但在部门发展过程中，也出现了诸如基本建设战线拉得很长，力量分散，设备、材料和技术力量不能集中使用，以致部分项目处于缓建停建状态；部分企业内部突出存在着不平衡、不配套的现象以及人员过多，劳动生产率低等问题。在对所属企业进行裁、并、转、停的同时，也精简了大量的人员，1961年精简人数为近24000人，转为集体所有制4000多人。精简对象主要为：1958年1月以后由农村招聘的非生产人员、临时工、合同工、学徒工；基建单位招聘的培训学徒工；技工学校和工厂

---

① 《中共浙江省冶金工业厅党组关于再进一步压缩冶金省属企业职工的报告》。资料来源：浙江省档案馆，档案号：J106-003-287。

② 《中共浙江省煤炭工业厅党组关于调整劳动力的报告》。资料来源：浙江省档案馆，档案号：J106-003-287。

附属技校的学生。但对技术人员和熟练老工人同样不予精简。①

浙江省的化工、石油系统主要包括衢州化工厂、民生药厂、温州化工厂、化工机械厂等四个省属企业以及化工石油设计院、乌溪江化工学院两个事业单位。在调整的过程中，撤销了化工机械厂、缩减了乌溪江化工学院的规模。由于撤销、缩减等调整举措，1961 年精简职工 9061 人。在精简过程中，除了贯彻中共中央和中共浙江省委关于精简劳动力的方针政策和有关规定外，还强调各企业，必须保存政治技术骨干，充实薄弱的环节；对于停、并、转企业的职工，则贯彻先安排，后处理的精神，安排落实。②

全省轻工业系统 1960 年末的职工数为 175227 人，1961 年 1—5 月精简了 11643 人，下半年精简 19574 人，转集体所有制企业 6911 人。③

全省的建筑工业系统主要包括建筑安装企业、建筑材料工业、城市建设及公用事业、省建筑工业设计院以及省建筑工业学校五个部分。在工业化进程中，为了配合工业发展的需要，建筑工业系统发展速度较快，职工人数也较多。在国民经济调整的过程中，这一系统大幅度缩减规模，因此属于精简的大户。1960 年末职工总人数为 84976 人，1961 年上半年各单位都进行了整编，共计精简职工 28945 人，精简的职工绝大部分回到了农业第一线，整编后还有 56031 名职工，占原有职工数 66%，下半年整编后大约保留 40606 人，再精简约 15425 人，其中全省建筑安装企业精简 9772 人，全省建筑材料工业精简 5299 人，城市建设及公用事业精简 253 人，省建筑工业设计研究院精简 75 人，省建筑工业学校职工精简 25 人，1961 年共计精简 44370 人。精简的对象主要为 1958 年 1 月以后来自农村的临时工、普通工及部分学徒和非生产工人，1957 年以前招收的家在农村的工人且自愿回乡的也可离职回乡。④

①《中共浙江省机械厅，农机厅党组关于全省机械工业调整和精简劳动力问题的报告》。资料来源：浙江省档案馆，档案号：J106 - 003 - 287。

②《省化工厅党组关于全省化工石油系统企业整编定点精简的报告》。资料来源：浙江省档案馆，档案号：J106 - 003 - 288。

③《轻工业企业数整编精简方案》（草案）（1961 年 9 月 13 日修改本）。资料来源：浙江省档案馆，档案号：J106 - 003 - 288。

④《中共浙江省建筑工业厅委员会进一步整编精简劳动力的报告》。资料来源：浙江省档案馆，档案号：J106 - 3 - 284。

交通运输业是一个历史较久的行业，它包含人力车、畜力车、汽车、木船、帆船，轮驳船等新旧运输工具；同时承担了桥梁、航道、公路、码头、渡口、沉船打捞等工程建设任务和支援基本建设、工业生产、农业生产、人民旅行、市场物资供应的运输生产任务。浙江省水路交通较为发达，因此历来水路交通发展较快。1949 年以后，为了适应国民经济的发展，大力发展了陆上交通。1961 年 5 月末该部门职工数共计 142054 人，到 1961 年年底职工数减少为 104182 人，精简 37872 人，加上前五个月的精简人数，1961 年交通运输部门的精简数应在 5 万人以上。但在精简中，由于被精简人员数较多，且这一部门对职工具有一定的专业技能的要求，因此也出现了一些问题：如部分单位感到人员不足，影响生产任务的完成，同时延长了职工工作时间，加班加点现象较普遍；职工中老弱病残人员多，政治情况复杂；培训工作跟不上，技术力量不足等。针对部门的实际情况，该部门制定了适合本部门的精简政策，一是规定 1958 年 1 月以后参加工作的来自农村的新职工，凡是已经成为企业生产中的骨干和技术能手以及生产上迫切需要的，均予以保留。二是规定确实需要增加职工，在报请有关部门审批同意后，主要招收渠道包括从兄弟企业单位调入，如机械保修技术人员或修造工厂等，这样可以节省培养时间；同时从车船职工子女中招收以及从大中专学校中分配。[1]

1962 年 2 月 14 日，根据中共中央关于 1962 年上半年继续减少城镇人口 700 万人的决定以及中共浙江省委的要求，针对工、建、交系统的职工人数多、部门多的实际情况，这三大部门依然是 1962 年的精简大户。根据这三大部门生产的材料和燃料供应、农业可能提供的商品粮、工业原料和劳动力供应等几个方面综合考虑，工建交系统在 1962 年的精简人数大约为 14.9 万人，精简的对象除了 1958 年以来来自农村的新工人及 1957 年以前招收的来自农村且技术级别较低的工人外，还包括 1958 年以来从城镇招收的一部分新职工及近几年来从农村基层调进工厂的干部。此外，为了充实生产第一线，提高产品质量，对于从工人当中提拔的干部，除少数必需者外，一般都下放到本单位的工段、班组里去，仍然当生产工人或

---

① 可参见《交通系统整编劳动力方案》（草案）。资料来源：浙江省档案馆，档案号：J106 – 3 – 289。《省属及各地区精简职工计划》（草案）。资料来源：浙江省档案馆：档案号：J106 – 002 – 134。

担任班长、小组长等，顶替一部分被精简的普通工。①

大致匡算，三大部门精简的总人数约为 31 万人。

农林水气部门主要包括了水产、气象、农业、林业四个系统。

浙江省的水产系统包括舟山水产联合加工厂、舟山食品厂、舟山水产综合利用试验厂、岱山水产加工厂、宁波海鲜渔业公司、宁波鱼品厂、宁波渔船修造厂、温州水产联合加工厂、黄岩水产加工厂、温州绳网厂、普陀绳网厂、舟山绳网厂、德清船厂等 14 个工业企业；舟山、温州市、临海县捕捞队及宁波渔业公司渔轮捕捞队；12 个海水养殖场、44 个淡水养殖场和 14 个专区、县水产供销机构；6 所水产研究所以及指导船、推广站、暴风站、激素站等水产事业单位。根据中共浙江省委的指示结合实际的生产任务，1961 年保留职工为 11335 人，共精简 4233 人，占 1960 年精简总人数的 27.69%，1962 年，省属水产厅系统工业企业精简人数为 1888 人。对于被精简人员分不同情况处理：工人原则上都回到农村去，根据他们原来的生产技术分别参加粮食、渔业生产；水产学校的学生，原则上都回公社，按他们所学的专业，分别参加海水、淡水、海洋渔业生产；被精简的干部，符合任职条件的，由当地党委统一调配解决；不够干部条件的以及普通的营业员等，一般都回到农村参加农业生产；年老体弱的，可以动员退休、退职，或另作妥善安排。②

气象系统 1961 年初的人数为 1031 人，根据中共浙江省委和 1962 年 2 月在上海召开的全国气象会议要求，共精简 482 名，精简人数占总人数的 47%。由于气象部门大多为专业技术人员，因此，多余的人员一部分送省气象学校深造提高，另外一部分则按照党委统一规定进行处理。由于气象部门属于新兴发展的部门，对职工有较高的技术要求，而且这一部门原有的职工数量不多，因此精简的实际人数较少。在人员精简的同时，该部门还对部门内部的结构进行了大幅度的调整，撤销 4 所中、初级气象技术学校，18 处气候、海洋站，成立一所小型的渔业专业台；由于温州专区气象服务台的任务比较繁重，海上灾害长年不断，特别是冬、春、夏三汛，经常有渔民在大陈、洞头等几个岛屿生产。海洋陆地几乎每年都有暴雨、

---

① 参见《全省工业、基建、交通系统一九六二年上半年精简职工方案》（草案）。资料来源：浙江省档案馆，档案号：J114－16－032。

② 《浙江省水产系统整编方案》。资料来源：浙江省档案馆，档案号：J106－003－283。

台风、大风袭击。因此，成立一所 11 人的小型渔业专业台，加强专区气象台；将所有渔业、民航、水文、盐业的专业气象站（包括所有人员、仪器、设备、房屋等）分别移交专区水产局、民航局、省水利电力厅、轻工业厅、东海海军司令部建制领导；公社、生产队办的气象哨、组专为公社、生产队服务，哨组人员必须都为兼职以减少职工，按照队为基础三级所有制的原则，分别由公社、生产队给予适当的补贴。①

农业部门至 1961 年 9 月，全省共有农业事业、农业教育和省直属企业人员 33081 人，经压缩和调整后，减到 10356 人，精简 22725 人，其中包括省、专区、县（市）农业行政部门 1302 个事业人员全部转为行政编制，精简率占总人数的 68.7%，粮食系统工业企业 1962 年的精简人数为 8395 人。在精简人员的同时，对机构进行调整改革，以实现精简人员与节约开支两者相结合。在被精简的人员中，事业、企业人员 2867 人，农业教职员工 1690 人，学生 18168 人，合计 22725 人。其中除去省、专区、县（市）农业行政部门的事业人员和六个柑橘苗圃的人员 1509 人，分别转为行政和企业开支外，实际裁减 21216 人。此外，对于干部的精简，一部分从原单位调来的仍回原单位，其余的都回乡参加农业生产；学生则一律回乡参加农业生产。②

林业部门包括森工、林业基建以及林业三部分。1960 年末共有职工 37252 人，其中森工 20995 人，基建 6183 人，林业 10074 人，1961 年精简后，共精简 10346 人（绝大部分是工人自动离职）。其中森工 3803 人，基建 3503 人，林业 3040 人。精简后，该部门出现了劳动力不足的情况。根据该部门对于 1962 年生产任务的推算，总共需要 385.2 万个工。但职工仅为 6730 人，每人全年按 280 天出勤计算，只能做 188.4 万个工，尚缺 196.8 万个工，计 7028 人。所以精简后劳动力缺乏。因此，该部门保留了国营林场和已有职工，不再精简，对于缺乏的劳动力，通过内部调剂来解决。③

---

① 《浙江省气象局党组关于气象系统精简、调整、充实机构意见的函》。资料来源：浙江省档案馆，档案号：106 - 003 - 278。

② 《关于本省贯彻执行省常委扩大会议精神的报告》。资料来源：浙江省档案馆，档案号：J106 - 003 - 286。

③ 《全省林业系统劳动力整编方案说明》。资料来源：浙江省档案馆，档案号：J106 - 003 - 286。

综合以上资料，农林水气系统精简人数总和约为 5.2 万人。①

商业与金融系统由于涉及大量非生产一线的人员，因此，从 1960 年下半年已经开始精简工作，在九大部门中开展精简工作是最早的，在 1960 年下半年共精简 5 万人左右。在 1960 年下半年精简部分职工的基础上，至 1961 年 3 月底止，全省商业系统国家发工资的人员共有 25.2 万人（其中分布在商业的 19.2 万人，商办工业 4.3 万人，商业畜牧场 1.7 万人），根据中共中央和中共浙江省委有关精简职工、减少城镇人口的指示，结合系统具体情况，计划从现有人员中精简 64700 人，其中商业 4 万人，商办工业 13500 人，商业畜牧场 11200 人，占总人数的 25.7%。② 全省粮食系统 1960 底职工数为 62145 人，初步打算全年紧缩劳动力 9541 人，占总人数的 15.4%。在 1961 年上半年精简 3091 人的基础上，下半年再继续精简 6450 人。③ 到 1961 年底，商业部门的职工数大约为 20.6 万人左右，1962 年保留数为 15.8 万人，精简 4.8 万人，占保留数的 30.1%。④ 如前文所述，商业部门的精简工作主要与调整部门机构与纯洁部门内部人员结构交织在一起。

金融系统的情况较为特殊，由于整个系统还处于起步、发展阶段，需要大量的专业人才，但是在经过 1961 年的精简后，反而出现了人员不足，影响整个系统的发展。因此，1962 年中共浙江省委对于金融系统，不是精简人员，而是增加了部分职工，1961 年职工数为 7010 人，1962 年增加到 8399 人，增加了 1389 人⑤。

两大部门的精简总人数约为 16 万人。

文化系统在 1960 年年底，全省全民所有制的文化企事业人员数有 9895 人，至 1961 年 6 月底，陆续精简 963 人，实有 8928 人。根据中共浙江省委关于进一步精简的工作要求，全民所有制人员压缩到 6250 人，减

---

① 参见《关于水产厅系统工业企业整编精简方案的批示》、《关于林业厅系统工业企业整编精简方案的批示》、《关于粮食厅系统工业企业整编精简方案的批示》。资料来源：浙江省档案馆，档案号：J106 - 2 - 132。

② 《中共浙江省商业厅党组、中共浙江省供销合作社党组关于调整充实商业人员和精简商办工业、商业、畜牧场人员意见的联合报告》。资料来源：浙江省档案馆，档案号：J106 - 3 - 282。

③ 《关于整编机构和紧缩劳动力的报告》。资料来源：浙江省档案馆，档案号：J106 - 3 - 282。

④ 有关数据可参见《省属及各地区精简职工计划（草案）分九大部门汇总表》。资料来源：浙江省档案馆，档案号：J106 - 002 - 134。

⑤ 同上。

少 457 人，转为民营 2221 人。① 1962 年，省文化部门根据中央文化部关于进一步调整全国文化事业和精简人员的方案和中共浙江省委整编会议的规定，进一步调整全省文化事业全民所有制的职工人数，在 1961 年底 6425 人的基础上，再精简到 4600 人以下，精简人数在 1825 人左右。由于文化部门工作的特殊性，在精简工作中，特别强调对于一些专业技能的业务骨干予以保留。②

　　教育系统的精简分为两部分进行，一部分是对学生的精简，另一部分是对教职员工的精简。学生方面：主要包括了对高等学校学生、普通高中在校学生、中等师范学校和中等技术学校在校学生三部分学生的精简，根据有关的精简原则，压缩中等以上学校的在校学生共 48388 人，其中支援农业生产 44453 人。对于教职员工的精简工作，主要采取四项原则进行精简，（1）凡是撤销、合并或缩减规模的学校，多余出来的教师，能担任教学工作的，交由教育行政部门统一安排处理，多余校舍和设备，也应由当地教育行政部门统一安排；（2）对在政治上有严重问题，符合中共中央、中共浙江省委历次关于内部政治清理条件的，应按照不同情况，予以清理；（3）对年老体弱丧失工作能力，或不适合教学工作，符合退职、退休条件、自动申请退职、退休，或经组织充分地思想动员后愿意退职、退休，生活又有依靠的教职工，可按照国务院关于工人、职员退职、退休的暂行规定办理退职、退休；（4）对政治历史复杂，表现不好或业务水平过差，根本不能胜任教学工作的临时代课代职人员，可以处理回乡参加农业生产。按上述原则，约压缩职工 9264 人，其中支援农业生产 6412 人。另外，上一级学校教职员工逐级下放和分配毕业生后，还可处理不合格的小学教师 8000 余人，支援农业生产。此外，为了压缩城市人口，减少国家供应粮食的人数，1961 年新招学生中，除高等学校和中等专业学校以外，农村中、小学新生就地上学，不转户口和粮食关系。凡是离家不远，可以走读的学生，鼓励学生走读。城市初一年级新生的粮食供应标准，走读学生比照居民供应量供应，一般不予调整。对在校学生和教职工

---

　　① 《中共浙江省文化局（文联）党组关于文化系统整编工作的意见》。资料来源：浙江省档案馆，档案号：J106 - 003 - 285。

　　② 《关于文化局系统事业单位一九六二年整编精简方案的批示》。资料来源：浙江省档案馆，档案号：J106 - 2 - 132。

的整编后，教育系统约可减少国家供应粮食人口 91977 人。① 1962 年 7 月，中共浙江省委又对教育系统的精简工作作出部署，指出"全省的教育事业，经过 1961 年的调整，虽取得了一定的成绩，但和经济基础不相适应的状况，并没有根本改变。教育事业的规模过大，各级学校的教职工人数过多，国家对于教育事业包得过多，大大超过了国家和整个国民经济的负担能力，特别是超过了农业生产水平，也超过了教育事业本身的发展条件，影响教学质量……1962 年的调整和精简工作，将涉及全省一、二百所学校的裁并，数万教职工和数千学生的安置……必须在暑假前切实做好思想动员，人员排队和出路安排等准备工作，以便在暑假期间，进行全面的学校调整和教职工的精减工作，争取大部完成这一次提出的调整和精简任务，今年寒假和明年暑假扫尾"。② 虽然在这份报告中没有提供具体的精简数据，但是大致匡算 1962 年教育部门对教职员工和学生的精简数在3.6 万人左右。③

卫生系统 1960 年末职工数为 49869 人，由于全省卫生事业处于发展期，人员紧缺的问题普遍存在，因此 1961 年精简人员数只为 136 人。④ 1962 年全省卫生系统在 1961 年精简的基础上，再精简 1332 人。⑤

总体匡算文化教育卫生系统精简人数约为 13.3 万人。

城市公用系统由于缺乏 1961 年的精简资料，无法作出估算，1962 年该系统共精简 2454 人。⑥ 关于机关团体的精简，缺乏 1961 年的资料。

----

① 有关数据参见《关于教育系统整编工作的初步意见》。资料来源：浙江省档案馆，档案号：J106 - 003 - 285。

② 《省委批转教育厅党组〈关于进一步调整本省教育事业和精减学校教职工的报告〉》，《中共浙江省委文件选编》（1961.1—1966.4），中共浙江省委办公厅印刷厂 1991 年版，第 235—237 页。

③ 在《省属及各地区精简职工计划（草案）分九大部门汇总表》表中显示，1962 年文教卫生系统精简总人数为 39475 人，除去文化与卫生系统的精简人数，教育部门的精简人数大约为3.6 万人。

④ 《浙江省卫生厅整编劳动力方案表》（1961 年 7 月 9 日）。资料来源：浙江省档案馆，档案号：J106 - 003 - 285。

⑤ 《关于卫生厅系统工业企业整编精简方案的通知》。资料来源：浙江省档案馆，档案号：J106 - 2 - 132。

⑥ 有关数据可参见《省属及各地区精简职工计划（草案）分九大部门汇总表》。资料来源：浙江省档案馆，档案号：J106 - 002 - 134。

1962 年 5 月，中共浙江省委组织部对行政机关和企业、事业单位的干部精简工作提出意见，要求在原有的人数基础上大量精简，"根据中共中央以及中共浙江省委关于'精兵简政'指示的要求，行政机关要减少二万余人"，《意见》同时提出对于被精简干部的处理与安置的具体举措，要求"各级党组织，应当根据编制方案，对去留的干部，迅速研究排队，制订出调整和安置处理的具体方案，同时必须做好思想动员工作，加强组织领导，严格审批手续"。① 实际上，据统计，1962 年全省行政编制的机关团体人员比 1961 年底实有人数精简约 2.29 万人，接近原有职工人数的 30%。②

从各部门的精简情况看，全省九大部门的精简职工数呈现出"两头大、中间小"的特点，即"一头"为一线生产部门的职工，主要包括了工业与基本建设两大部门，精简总和约为 26.3 万人；"另一头"为服务类部门的职工（即非生产人员）大量精简，主要包括了商业、交通运输两大部门，两年的精简总和约为 20 万人；而"中间"指的是一些带有技术性部门的人员精简数较少，主要包括农林水气、城市公用及金融三个部门，两年精简总和约为 5.45 万人，其中金融部门两年间非但没有减少人员，反而因为部门发展的需要而增加了一部分职工。另外，文教卫生部门的精简人员虽然有 13.35 万之多，但绝大部分为教育系统精简的人员，而教育系统精简的人员大部分为各级各类的学生，而其他的教职员工、卫生系统、文化系统等具有特殊技能的人员被精简的人数较少。

二　基于地区的分析

由于精简工作是一项全局性的工作，因此，浙江省各地在中共浙江省委的统一部署下，根据本地区的实际情况，都开展了精简工作。

杭州市在 1961 年至 1964 年的 4 年间，由于采取了压缩城镇人口、

① 可参见《关于精兵简政中干部调整和处理的意见》，《中共浙江省委文件选编》（1961.1—1966.4），中共浙江省委办公厅印刷厂 1991 年版，第 229—230 页及《省属及各地区精简职工计划（草案）分九大部门汇总表》。资料来源：浙江省档案馆，档案号：J106 - 002 - 134 等。

② 《关于全省各级行政机关整编情况和今后意见的报告》，《中共浙江省委文件选编》（1961.1—1966.4），中共浙江省委办公厅印刷厂 1991 年版，第 387 页。

精简大批职工回乡等政策措施，市区连续 4 年出现人口负增长，4 年中净迁出 9.82 万人，平均迁移负增长率达到 25.6%。① 1960 年杭州市全民所有制企业职工为 23.6 万人，1961 年精简了 5.2 万职工，与此同时，集体所有制企业职工也减少了 3.2 万多人，青年学生减少 2.3 万多人。② 1962 年在 1961 年精简的基础上，再精简 3.1 万多各类企业的职工。③ 杭州市精简职工最多的是工业和基建部门，而文卫、农业等部门的职工有所增加。在精简过程中，杭州市也遇到了不少问题。主要包括：对于主要的接收地生产队而言，不欢迎甚至不接收一些劳动能力差、家里孩子多的被精简人员家属回到生产队；对于被精简人员而言，留在城镇而不愿回到农村。例如一些到城镇当保姆的人员，都不愿回去，因此其家属也无法动员回乡。此外，一部分被动员到农场的人员认为月收入为 12—15 元的待遇偏低，不愿去农场。这些人员采取"一叫、二看、三避、四顶"的方式抗拒精简。据统计，这些人员经过思想教育后，15%—20% 的人员愿意去农场，15% 的人员依然不愿下去，还有 65%—70% 的人员采取观望态度，对下农场较为犹豫。就市财政而言，准备新办农场接收更多的城镇人员，但由于经费不足，不仅无法新办农场，连现有的农场也难以巩固。④ 此外，杭州市被精简人员留在城镇的较多，虽然各级部门采取了很多办法安置这些留在城镇的人员，但还是出现了这些人员被精简后生活出现困难的现象。⑤ 由此可见，虽然杭州市在精简工作中，精简的人员数在 10 万以上，精简工作进展较快，但在被精简人员的安置问题上还是存在着不少问题。

金华地区 1960 年的城镇人口数比 1957 年增加 146600 人，到 1961 年底共压缩 12 万人，回农村的有 8.1 万人。职工方面，1957 年金华地区有城镇人口职工 113200 人，到 1960 年增加到 278500 人，增加的职工主要

---

① 参见任振泰主编《杭州市志》（第一卷），中华书局 1995 年版，第 450 页。

② 《杭州市精简职工和压缩城市人口情况》，《精简工作简报》（第 26 期）。资料来源：浙江省档案馆，档案号：J040 - 021 - 156。

③ 《各地区精简职工计划》。资料来源：浙江省档案馆，档案号：J106 - 002 - 134。

④ 《杭州市精简职工和压缩城市人口情况》，《精简工作简报》（第 26 期）。资料来源：浙江省档案馆，档案号：J040 - 021 - 156。

⑤ 《杭州市广找门路安置家住城区的多余职工》，《精简工作简报》（第 64 期）。资料来源：浙江省档案馆，档案号：J040 - 021 - 157。

在工建交三部门。在这些新招收的工人中，从农村招收的达9.28万人。精简工作开展以后，到1961年底共精简职工115500人，回农村的人员达7万多人。[1] 1962年再精简职工3.2万多人。[2] 金华地区在精简工作开展过程中遇到的主要问题在于：一是由于精简了大量的企业职工，因此部分企业出现人员不足，难以完成生产任务的情况。如该地区的酿造业，原来一个季度可以完成的生产任务，由于职工减少，两个季度也难以完成；还有东阳砩矿，精简后年产量只有8万至10万吨，离国家下达的14万吨生产任务相距甚远；二是对于该地区被精简的老弱残职工，出现安置难的情况；三是对于一些特殊人员，包括未升学的青年学生以及机关干部、部队军官以及职工家属等进行精简时，许多人员不愿或是逃避精简，因此精简工作遇到阻碍。[3] 为此，金华地区采取多种方式解决精简过程中出现的这些问题，对被精简人员加强思想教育工作并出台多种措施解决被精简人员的实际生活困难。[4] 此外，该地区还通过调整企业所有制结构等方式解决精简给企业带来的不利影响，既保证精简工作的顺利进行，同时也尽量不影响企业的正常运作。[5]

温州地区1957年职工人数为14.4万多人，到1960年增加到25.6万人。精简工作开始后，至1961年底精简职工6.7万人。在精简的职工中，回乡的人数为2.5万多人，其他被精简的人员有3.7万多人转为集体所有制，其余少部分为退职退休人员。由于精简了大量职工，节省工资开支2600万元，粮食890万斤。城镇人口方面，1961年共压缩了12.8万多人，除了上述的职工外，还包括了学生、

---

[1] 《金华地区和温州地区精简职工和压缩城市人口情况》，《整编工作情况》（第27期）。资料来源：浙江省档案馆，档案号：J040-021-156。

[2] 《各地区精简职工计划》。资料来源：浙江省档案馆，档案号：J106-002-134。

[3] 《金华地区和温州地区精简职工和压缩城市人口情况》，《整编工作情况》（第27期）。资料来源：浙江省档案馆，档案号：J040-021-156。

[4] 《金华县罗埠区根据人多地少的特点认真做好安置工作》，《整编工作情况》（第50期）。资料来源：浙江省档案馆，档案号：J040-021-156。

[5] 《金华地区交通运输业所有制的调整工作正在积极进行》，《整编工作情况》（第24期）。资料来源：浙江省档案馆，档案号：J040-021-156。《金华地委精简领导小组对金华地区的机械工业企业作了进一步调整》，《精简工作简报》（第64期）。资料来源：浙江省档案馆，档案号：J040-021-157。

居民等城镇多余人员。① 1962 年在 1961 年精简的基础上再精简 4.2 万余职工。② 据统计,温州地区在 1961—1965 年的国民经济调整时期,精简职工回农村,五年中净减 15.61 万人,非农业人口急剧下降。③ 温州地区在精简过程中,各部门各地区精简的进度并不一致。就部门而言,精简人数最多、速度最快的是工建交系统,而速度最慢、精简人数最少的是财贸、文卫、农林系统,教育、银行、农、林、水、气等部门甚至还要求增加职工。就地区而言,乐清、丽水等地精简推进的速度较快,而温州市的精简推进速度最慢。在精简中,该地区也面临了一些难以处理的问题,主要有三方面:一是一些生产队由于城镇人口下到生产队,使其口粮减少而拒绝接收被精简人员;二是一些转到集体所有制的职工,由于工资水平以及其他福利待遇下降,因此对精简有所不满;三是一些被精简人员由于年龄偏大,被精简后很难安置,导致其生活水平下降。④

宁波地区 1960 年九大经济部门的职工数为 27.3 万余人,经过一年的精简,到 1961 年底减少职工 6.2 万人。这些人员中,回到农村的有 2.6 万人,还有 2.6 万人转为集体所有制,另有 1 万人为退职退休人员。在精简的同时,有些部门又增加了部分人员,因此 1961 年该地区实际精简的人员数为 5.05 万人。在各大部门中,工业部门被精简的人员数最多,其他部门都不同程度地精简了部分职工,而文教卫生系统的人员有所增加。⑤ 由于 1961 年该地区的精简数与其他地区相比较少,因此 1962 年精简 5.6 万余人。⑥ 宁波地区在精简工作中遇到的问题主要是两个方面:一是由于该地区毗邻上海,而上海当时精简城镇人口工作的压力较大,根据中共中央的有关政策规定,有部分上海籍人员被精简到浙江,而精简到浙江的人员中有相当一部分在宁波落户,1961 年至 1962 年大约就有 1 万多

① 《金华地区和温州地区精简职工和压缩城市人口情况》,《整编工作情况》(第 27 期)。资料来源:浙江省档案馆,档案号:J040-021-156。

② 《各地区精简职工计划》。资料来源:浙江省档案馆,档案号:J106-002-134。

③ 章志诚主编:《温州市志》(上),中华书局 1998 年版,第 338 页。

④ 《金华地区和温州地区精简职工和压缩城市人口情况》,《整编工作情况》(第 27 期)。资料来源:浙江省档案馆,档案号:J040-021-156。

⑤ 《宁波地区精简职工和压缩城市人口情况》,《整编工作情况》(第 28 期)。资料来源:浙江省档案馆,档案号:J040-021-156。

⑥ 《各地区精简职工计划》。资料来源:浙江省档案馆,档案号:J106-002-134。

人到宁波，因此导致宁波地区的安置工作难度加大。二是该地区有1万多人被精简到农场，而这些人员又不算作农场职工，因此其冬衣住房都无法解决，安置工作进展较慢。①

台州地区与其他地区相比，总人口较少，因此精简的城镇人口数也较少。关于台州地区的精简情况，从其城镇人口的变化中也可以作一个大概的考察。1962年全区有城镇人口27.87万人，而到1965年国民经济调整结束时，城镇人口为24.24万人，减少了3.6万人左右，大多数为迁移而引起的城镇人口减少。② 在精简过程中，该地区存着许多矛盾问题。在1962年底的调查中，发现该地区各精简单位对精简工作存在着抵触情绪，认为人减得差不多了，再减会影响生产，且各精简单位普遍感到对被精简人员的思想工作很难做；而部分被精简人员在被精简后不务正业，在城镇游荡，并散布一些不利于社会稳定的言语；而广大的农村生产队也对精简工作不满，认为被精简人员回农村后，增加了他们的负担。③ 由此可见，台州地区虽然精简的人员数不多，但也出现了复杂的情况。

嘉兴地区1961年从城镇精简回农村生产队的城镇人口共3.2万余人，城市粮食供应的人数相应地减少2.2万余人。经过精简，城镇的供应压力明显减低。在1961年的精简工作中，虽然减掉了3.2万余人，但离专区下达的指标还存在一定的距离，而且有些精简单位精简工作简单粗糙甚至违反精简政策，一些被精简人员的安置工作也没有做到位。在1961年精简的基础上，1962年全区精简城镇人口10万余人。除了在精简人数上大幅度提高之外，还致力于解决1961年精简工作中出现的问题，对于手工业者和农村社办工业的工人，精简回农村，采取半农半商的形式解决其生活问题；对于从农村到城市就学的学生，采取自带粮食的方式减少粮食供应的压力；对于一些城镇居民，采取分配给其一部分土地供其使用，以达

① 《宁波地区精简职工和压缩城市人口情况》，《整编工作情况》（第28期）。资料来源：浙江省档案馆，档案号：J040－021－156。

② 参见台州市地方志编纂委员会编：《台州市志》（上），中华书局2010年版，第219页。

③ 《台州地区当前精简工作中的一些思想反映》，《精简工作简报》（第86期）。资料来源：浙江省档案馆，档案号：J040－021－157。

到虽不减城镇居民，但可以减少粮食供应的目的。①

可见，全省除台州地区外，其他地区精简总和大致相当，被精简的人数在地区上的分布还是较为均匀的。这一分布也表现出当时中共浙江省委对于各地计划精简的人数大致是统一分配的。精简过程中，各地都呈现出十分复杂的情况，也出现了不少的矛盾问题。由于精简工作的推进，这一时期，各地城镇人口出现了大幅度下降，城镇人口出现负增长的情况，且在各地区总人口中的比重下降较明显。

---

① 《嘉兴地区精简职工和压缩城市人口情况》，《整编工作情况》（第 28 期）。资料来源：浙江省档案馆，档案号：J040 - 021 - 156。《嘉兴县积极安排城镇人员，效果显著》，《整编工作情况》（第 20 期）。资料来源：浙江省档案馆，档案号：J040 - 021 - 156。《嘉兴县县属中等学校处理学生回乡支援农业生产》，《整编工作情况》（第 37 期）。资料来源：浙江省档案馆，档案号：J040 - 021 - 156。

第三章

精简工作中的安置问题

从 1960 年底到 1964 年上半年，浙江有近百万的城镇人口被精简。当如此众多的人员被精简后，如何安排他们今后的生产、生活，让他们尽快地适应生产、生活上的转变，成为精简工作中一个必不可少的环节、一个必须要解决的问题。

第一节　安置工作的部署

对于被精简人员的安置，贯穿于整个精简工作，而且，其持续的时间较之精简工作本身而言，要长久得多。同时，安置工作涉及各个层面，牵涉面甚广，是一项十分复杂的系统工程。

1961 年是精简城镇人口工作初步开展的阶段，在精简工作开展过程中，安置工作也随之开始。6 月，中共中央发出通知，指出："对于回乡的职工，城乡两方面都必须做深入细致的工作，认真安排，负责到底……各地区和较大企业单位在精简一批人员以后，应该及时地派人到回乡职工较多的地方去了解情况和协助当地解决安置中的问题……总之，应该切实负责安排好他们的生产和生活。"该"通知"同时指出："各级有关部门都应该积极参与这项工作，在党的统一领导下协助各单位和农村人民公社共同把从精简、到旅途照顾、到回乡安置等一系列的工作自始至终地切实做好。"① 可见，中共中央从精简工作一开始就十分重视对被精简人员的安置问题。进入 1962 年，全国的精简工作全面展开，由于精简工作面临更为复杂的局面，而安置好被精简人员成为精简工作能否继续推进的一个

---

① 《中共中央关于精简职工工作若干问题的通知》，《建国以来重要文献选编》（第十四册），中央文献出版社 1997 年版，第 508—509 页。

重要因素。5月，中共中央、国务院进一步指出："必须做好安置工作。由于减人的任务大，又因为今后精简的对象不仅有来自农村的新工人，而且还有较老的职工，家居城镇的职工以及各方面的干部，安置中的问题较多，所以必须更加重视。党政领导机关，对被减人员一定要负责到底，采取多种多样的办法予以安置，务使各得其所。要严格防止发生草率从事、推出不管的错误做法……对于一切精简下来的职工，都要采取各种补助和帮助的办法，妥善安置，务使他们能够逐步习惯于新的生活……经过精简，有些职工家庭就业人数和收入要减少，困难户会增多，因此，各级党政领导机关和各单位，都必须重视和做好对困难户的救济工作。"①

针对精简工作的复杂性，中共中央对于被精简人员的安置工作也采取了不同的方式，力求对被精简人员进行妥善安置。1963年，大规模的精简工作已放缓，而与此同时，由于精简工作尤其是由于安置环节带来的矛盾问题开始大量显现。1月，中共中央批转的国家计划委员会关于1963年国民经济计划的报告中重申："在进行精简工作的时候，必须继续做好安置工作，对被减人员一定要负责到底，采取多种多样的办法予以安置，务使各得其所。在精简工作告一段落的时候，就可以按照全国统一的部署，抓紧调整工资的工作，经过工资调整和对困难职工的生活补助以后，务使大部分职工的实际生活有所改善。在安排好职工生活的同时，要切实地加强政治思想工作，使广大职工认清形势，明确方向，把大家的生产积极性充分调动起来。"②

7月，全国精简工作进入尾声，中央精简工作小组作出指示，要求"各地区、各部门的精简小组和它的办事机构，一律暂不撤销，继续督促有关方面做好被减人员的安置和巩固工作，以及处理精减工作中其他的遗留问题"。③ 同月，中共中央安置工作领导小组回顾了1961—1963年的安置情况，指出："从城市精简回农村的约二千六百万人。其中，绝大多数是家居农村，回乡生产的；一部分是久居城市，安置到农村人民公社生产

---

① 《中共中央、国务院关于进一步精简职工和减少城镇人口的决定》，《建国以来重要文献选编》（第十五册），中央文献出版社1997年版，第469—471页。

② 《关于一九六三年国民经济计划（草案）的报告》，《建国以来重要文献选编》（第十六册），中央文献出版社1997年版，第158页。

③ 《中央精简小组关于精简任务完成情况和结束精简工作的意见的报告》，《建国以来重要文献选编》（第十六册），中央文献出版社1997年版，第555页。

队或国营农、牧、林、渔场，参加农业生产的……今后安置的主要方向是插入人民公社生产队，其次，是插入国营农、牧、林、渔场，再其次，才是建立新的国营农、牧、林、渔场；并且要各级安置工作领导小组把插队工作统管起来。"①

由此可见，中央对于安置工作的政策规定贯穿于精简工作的各个阶段。

在贯彻中共中央、国务院安置工作要求的同时，中共浙江省委对于安置工作也出台了一系列文件，对安置工作进行部署。1961 年，中共浙江省委下发文件，指出对于被精简人员的"工作安排和生活出路，必须负责妥善安置，做到有送有接，防止出现任何推出门、卸包袱了事的不负责任的现象。各公社、生产队在安置好回农村的职工后，应即告知原厂矿企业、事业单位，并报县、市委和上级主管部门"②。经过 1961 年大规模的精简后，1962 年浙江省的精简工作进入稳步发展阶段。由于精简工作的复杂性日益显现，安置工作也有许多问题亟待解决。为此，中共浙江省委整编精简委员会在贯彻中共中央有关安置政策的同时，也根据浙江省的实际情况进行部署，解决安置工作中出现的各类问题，推进全省的精简安置工作。1962 年 8 月，主管精简工作的省委副书记霍士廉在总结前一段浙江省精简工作情况时指出："做好安置工作，在农村关键在于做好公社、生产队干部的思想工作。在城市主要是由各组织系统认真做好安置工作。不论农村和城市，党委都要亲自动手，特别是党委书记要动手，不能光靠搞精简工作的几个同志。党委要召开必要的干部会议，解决区委、公社、生产队干部思想问题。在解决思想的同时，要解决安置工作中的实际问题，如口粮、自留地、农具、住房等问题。凡是有一件没有解决的要确实解决好。在继续精简的同时，对于安置工作做得不好的地方，应该组织力量继续进行检查，通过检查发现问题，及时解决，减人的单位也应该组织力量对被减职工有重点地进行访问。"③

---

① 《关于城市精简职工和青年学生安置工作领导小组长会议的报告》，《建国以来重要文献选编》（第十六册），中央文献出版社 1997 年版，第 597—598 页。

② 《关于整编精简劳动力中的若干问题的规定》。资料来源：浙江省档案馆，档案号：J002 - 61 年 15 卷 - 001。

③ 《在省委整编精简工作会议上的总结报告》。资料来源：浙江省档案馆，档案号：J002 - 62 年 1 卷 - 001。

进入 1963 年，浙江省的精简工作实际上已经进入尾声，减人工作已近结束，这一阶段主要是解决处理精简工作的遗留问题，更妥善地安置被精简人员就属于这一阶段需要解决的一个主要问题。1963 年 5 月，中共浙江省委重申："做好安置工作，对巩固减人成绩、安定社会秩序、发展农业生产，都有重大的意义。各地都要认真地抓安置工作，使被减下来的人员安置落实，各得其所。做好安置工作的关键是结合社会主义教育运动，对农村干部和社员进行一次广泛深入的思想教育，强调安置好被精简人员是农村干部和社员应尽的责任和义务，主动的做好口粮、住房、自留地等生产、生活的安排，使回乡下乡人员在农村扎根落户。回乡下乡人员多、自留地已经分完的生产队，可以再划出部分耕地作为自留地分配。目前农村正值青黄不接之际，各地对下乡回乡人员的安置情况要进行一次全面检查，凡是口粮确实有困难的，可由国家适当供应解决。对于减回城镇的职工，应当安排好他们的生活出路，不使其流离失所。生活确有困难的，民政部门应当给予救济。"①

同年 7 月，中共浙江省委进一步提出："安置工作是一项十分艰巨的任务，起码要一年以上的时间，各方面继续认真的做好工作，使他们在农村落脚生根，巩固下来，充分发挥他们在建设社会主义新农村中的积极作用。凡是已经完成精简任务的市、县，整编精简委员会应当把自己工作的重点转到巩固工作上面来，认真组织力量对安置工作深入地、反复的进行检查"。②

可见，从中共中央到中共浙江省委在开展精简工作的同时，对于安置问题也很重视，要求各地、各部门充分认识安置工作的重要性，对被精简人员尽可能地做好安置工作，以确保被精简人员能够生活无忧、安居乐业，以此保证社会的稳定，同时使精简工作能够不断推进，顺利完成。

第二节　安置政策与措施

在对安置工作进行部署的过程中，各精简单位和各接收地也制定了相

---

① 《关于当前整编精简工作情况和今后意见的报告》。资料来源：浙江省档案馆，档案号：J002 - 63 年 38 卷 - 001。

② 《关于超额完成精简职工和继续完成减少城镇人口、吃商品粮人口的报告》。资料来源：浙江省档案馆，档案号：J002 - 63 年 38 卷 - 006。

应的安置政策与措施。

一　补贴发放

在安置工作中，首先关注的是被精简人员在其被精简时的补贴发放，这一问题主要由精简单位解决。

关于被精简人员的相关补贴，包括了精简补助与粮油补贴，根据其参加工作年限的长短以及身份的差异，补贴的发放也是不同的。根据参加工作的时间不同，分为1958年后参加工作的职工和1957年前参加工作的职工两种情况进行考察。

根据中共中央有关精简政策的规定，1958年以后来自农村的职工属于必须精简的对象，因此对其的补助是十分有限的。1961年6月，中共中央在有关的"通知"中规定："1958年以来参加工作的新职工被精简时，除了发给他们当月的工资以外（当月工资的发法：工作不满半个月的，发给半个月的工资；工作超过半个月的，发给全月的工资），另按照以下原则发给生产补助费：（1）临时工和合同工：工作在半年以上不满二年的，发给半个月的本人标准工资；工作在二年以上不满三年的，发给一个月的本人标准工；工作在三年以上的，发给一个半月的本人标准工资。工作不满半年的不享受生产补助费的待遇。（2）正式职工和学徒：工作不满一年的发给一个月的本人标准工资（学徒为生活补贴）；工作在一年以上不满二年的，发给一个半月的本人标准工资；工作在二年以上不满三年的，发给两个月的本人标准工资；工作在三年以上的，发给两个半月的本人标准工资。"①

中共中央对被精简人员的补助待遇作了原则性的规定，中共浙江省委根据中共中央的这一规定和浙江省的实际情况，区分不同被精简人员的情况，制定了详细的补助政策："对于普通职工而言，被精简回农村，原则上发给相当于本人一个月至三个月的工资（或津贴），作为生活补助费。每个对象具体发多少，由各地根据企业经济状况，工人工龄长短，以及对国家贡献的大小和本人经济收入等情况，做适当处理，但总体原则就是在同一个地区的差异不宜过大。临时工、学徒工等精简时的补助发放基本参

①　《中共中央关于精简职工工作若干问题的通知》，《建国以来重要文献选编》（第十四册），中央文献出版社1997年版，第506—507页。

照普通职工的发放办法。此外，整编精简回农村的职工，无论是临时工、普壮工、学徒工，或保留厂籍的人员，在离开生产、基建、事业单位之后，一概不再保留厂籍和发给工资（或津贴）。原来带工资下放的农村职工，也不再保留厂籍，不发给工资。"①

"对于职工精简回农村当干部的，如果是按月领取工资的，就不发给生活补助费，如果不脱离生产，其生活来源主要依靠生产队评工计分和分配的，应当和其他回农村的职工享受一样待遇，发给生活补助费。"②

"对长期请假不归或者自动离职的职工，除确实属于厂矿企业内的技工、骨干，原单位可请所在地人民公社或有关部门协助进行教育，动员他们立即回厂外，对一般的普壮工，原则上可以同意他们回去搞农业生产，各厂矿企业即应宣布对其精简除名，通知本人和他所在的人民公社、生产队，并将户口、粮油等关系及时转去，一般不发给生活补助费。"③

1957 年以前参加工作的来自农村的职工，由于其精简与否基本遵循自愿原则，因此主动要求回到农村的职工在补贴上要大大高于 1958 年以后来自农村的企业职工，浙江省对于这部分职工的补贴发放基本是执行了中共中央的有关规定。

对于 1957 年底以前参加工作的职工，其被精简时的补助标准的主要依据是 1958 年 3 月国务院颁布的《国务院关于工人、职员退职处理的暂行规定》（草案）（下简称《规定》）。《规定》将四种情况纳入可以发放退职补贴的范围：

一是年老体衰，经劳动鉴定委员会或者医师证明不能继续从事原职工作，在本企业、机关内部确实无轻便工作可分配，而又不符合退休条件的；二是本人自愿退职，其退职对于本单位的生产或工作并无妨碍的；三是连续工龄不满三年，因病或非因工负伤而停止工作的时间满一年的；四是录用后在六个月以内，发现原来有严重慢性疾病，不能坚持工作的。

对于具备这四项条件的人员的补助额的规定为：

连续工龄不满一年的，发给一个月的本人工资；一年以上至十年的，

---

① 《关于整编精简劳动力中的若干问题的规定》。资料来源：浙江省档案馆，档案号：J002 - 61 年 15 卷 - 001。

② 《中共浙江省委整编小组办公室关于整编精简劳动力中几个具体问题的解答》（二）。资料来源：浙江省档案馆，档案号：J187 - 7 - 78。

③ 同上。

每满一年，加发一个月的本人工资；十年以上的，从第十一年起，每满一年，加发一个半月的本人工资。但是退职补助费的总额，最高不得超过三十个月的本人工资。

此外，该"规定"对于符合第二种情况的退职人员，其退职补助费除按上述规定发给外，另加发四个月的本人工资；对于符合第三种情况的退职人员，其退职补助费除按上述规定发给外，另加发二个月的本人工资。① 根据这一文件的有关规定，在精简安置过程中，对于1957年前参加工作的职工，自愿精简的，其补助费的发放，具体实施为：

第一，凡是退职补助费在本人十个月工资以内的，退职时一次发给；退职补助费超过本人十个月工资的，在退职时发给十个月的退职补助费，其余部分在第二年同期发给；第二，对于已经被精简的一九五七年底以前参加工作的职工，已按三个月至六个月的工资发给生产补助费的，补发相应的差额；第三，被精简的1957年底以前参加工作的职工，凡是安置到各行业集体所有制单位（农村人民公社除外），仍有固定工作收入的，不发给退职补助费；第四，1957年底以前招用的连续工作至今尚未转正的临时工、合同工，精简时待遇与1957年年底以前参加工作的正式工一样发给，即给予退职待遇。②

由于这部分职工的补贴数额较大，因此浙江省采取的是分批发放的方式：凡退职补助费不超过300元的，在精简时一次发给；300元以上不超过600元的，分两年发给，精简时发给300元，其余于第二年同期发给；600元以上的，分三年发给，其中不超过900元的，精简时第二年同期各发300元，其余于第三年同期发给，900元以上的，每次各发三分之一。③

除了生活补助费外，粮油补贴也是一项十分重要的补助内容。

1961年6月，中共中央对被精简人员及其随行家属的补助作了政策性的规定："职工本人及其随行的供养亲属回乡的时候，原工作单位和当地管理户口的部门、粮食部门，应该帮助他们办好转移户口和粮食关系的证明，并且按照以下标准发给他们回乡后一个月的口粮：原来粮食定量在

① 《国务院关于工人、职员退职处理的暂行规定》（草案），国务院法规（1958）。

② 《国务院关于精简职工安置办法的若干规定》。资料来源：浙江省档案馆，档案号：J101－13－115。

③ 《浙江省人民委员会关于执行国务院"关于精减职工安置办法的若干规定"的补充通知》。资料来源：浙江省档案馆，档案号：J102－13－20。

三十斤以内的，按照原定量发给；原定量超过三十斤的，按照三十斤发给。另外，回乡途中需用的粮票，也根据上述标准按照旅途天数计算加发。对重灾区、缺粮区和回乡职工过多的社、队，各地可酌情多发给一部分口粮，但供应时间，最迟不能超过 1961 年 9 月底。"①

浙江省在执行这一补助办法的同时，强调指出：对回到农村生产队去的人员，要发给他们从离开之日起到早稻登场的粮票，保证吃到早稻登场，在早稻登场后由生产队分配口粮。带粮票的定量标准，原则上应按当地农村的粮食定量。由于他们刚到农村，"瓜菜代"食品不易解决，也可以适当照顾，但最高不得超过在原企业的定量水平为限。② 同时对于回农村后确实有实际困难的人员，要采取其他措施解决，安置好这部分人员。

此外，被精简到农村的人员的补助还涉及车旅费、伙食补贴、行李费等，关于这些费用的发放标准，其依据也是国务院 1958 年制定的《国务院关于工人、职员退职处理的暂行规定》（草案），该文件规定：工人、职员退职的时候，本人和他们供养的直系亲属前往居住地点途中所需用的车船费、行李搬运费、旅馆费和伙食补助费，由所在企业、机关按照本单位现行的行政经费开支的规定办理。③

二　被精简到农村人员的安置

在被精简的人员中，大多数都回到或是下到了农村，因此对这部分人员回乡、下乡后的生产、生活安置十分重要。

1962 年，中共中央专门对回乡参加农业劳动人员的安置工作作了规定："回乡下乡的职工及其随行的供养家属前往安置地点后，当地必须准其落户，分给他们每人一份自留地，及时安排好他们所需的口粮，负责解决他们住房、必要的生活用具（如卧具炊具）和生产用具（如自用小农具）方面的实际困难，以便他们能够迅速地安定下来，参加生产。回乡下乡人员必需的生活资料和生产资料，如果生产大队生产队无力解决时，应当由县社负责统筹解决；县社也无力解决时，应当报请专区和省（自治

---

① 《中共中央关于精简职工工作若干问题的通知》，《建国以来重要文献选编》（第十四册），中央文献出版社 1997 年版，第 507 页。

② 《浙江省粮食厅关于整编精简人员的粮食供应问题的通知》。资料来源：浙江省档案馆，档案号：J132 - 13 - 29。

③ 《国务院关于工人、职员退职处理的暂行规定》（草案），国务院法规（1958）。

区、直辖市）统筹解决。有关领导机关接到报告后，应当立即研究解决，不许拖延。务必做到对每一个人回乡下乡人员能安置落实，避免发生因安置不好而使回乡下乡人员不能正常生活、生产以致外出流浪的现象。"①

随着精简工作的不断推进，被精简人员的增加，安置工作也显得越来越重要。中共浙江省委根据中共中央的有关安置工作的要求，对于被精简到农村的人员的生活、生产安置作出了具体的规定，主要包括了落户、房屋、口粮食油、自留地、小农具等方面的安置。

首先是落户问题，这一问题至关重要。被精简人员从城市到农村后，其户口也随之迁往农村，这涉及其后来一系列生产、生活待遇问题。因此，中共浙江省委发出通知：各地区各单位在精简人员回乡时，应当事先将回乡人员名单住址等详细情况通知安置地区的县市，由县市通知农村公社或生产大队妥为安置；各减人单位应当派得力干部协助迁入地区的县市进行安置。只有安置妥当之后，再行精简，遣送回乡。各农村公社、生产大队和生产队对回乡人员不得找借口拒绝接收，以保证其能够顺利落户。②

其次是住房问题。大量精简人员下乡以后，必须解决住的问题。当时可以直接利用的生产队的公房不多，此外还有少量停缓建项目已建成的房屋可以暂时利用，但还需要大量新建房屋。当时对于新建造的住房有一定的标准：最低标准为每人 5 平方米，新建住房以因陋就简为原则，其中 40% 采用泥墙、泥地、竹草结构，60% 为泥墙、泥地、木瓦结构。平均造价每平方米为 21 元。另外，因住房破漏损毁，必须进行少量修缮添补，由各县（市）审核酌情补助。③

第三是粮油的分配问题。被精简到农村的人员在被精简时有一定的粮油补贴，但其迁入农村后，其粮油就由生产队负责分配。口粮分配的原则主要是：迁入地的粮食部门和生产大队双方应当挂钩联系，根据迁入生产大队的粮食收获季节和分配情况，明确规定国家停止供应和生产队接上供

---

① 《国务院关于精简职工安置办法的若干规定》。资料来源：浙江省档案馆，档案号：J101 – 13 –115。

② 参见《关于切实做好精简回乡人员安置工作的通知》。资料来源：浙江省档案馆，档案号：J114 – 16 –032。

③ 《关于安置家住城镇的企事业单位精简职工和城镇紧缩人口的初步意见》（草稿）。资料来源：浙江省档案馆，档案号：J116 – 16 – 21。

应的期限，并且登记造册，按期交接。交接时，由粮食部门再次明确交代
生产大队，直到生产队确实接上供应为止。回乡、下乡人员回到农村属于
受灾生产队的，要说服生产队加以安置，允许被精简人员参加集体劳动，
参加粮食分配；对晚秋粮食因灾减产很大，需要减少粮食征购任务或需要
增销的生产队，在减购，或者增销时，应考虑回乡、下乡人员的口粮因
素，同生产队协商、解决好回乡下乡人员口粮的数量，使回乡下乡人员得
到应得的口粮。对于迁入生产大队增加的粮食负担，可在秋后分别不同情
况进行处理，具体原则为：对于增产的生产大队，可以从他们增产部分中
去解决；没有增产的生产大队，转入人数不多，经过安排可以解决的，即
由生产大队解决；对转入人数过多，生活无法安排的，可根据减免办法适
当处理，但一律不得调整粮食包干指标。另外，回乡、下乡人员所需的食
油，原则上由生产队负责安排，如生产队在新油登场前安排有困难的，可
由到达地粮食部门按照当地农村小集镇的供应标准，供应到迁入生产队新
油登场时为止，新油登场以后，由生产队负责分配，国家不再供应。①

　　以上几项属于生活资料的配给安置。被精简人员到农村后，在安置好
其生活之余，还要对其生产资料进行妥善安排，使其能尽快投入农业
生产。

　　为使精简人员回乡之后能迅速定居下来和安排家庭或个人生活，各地
农村人民公社、生产大队和生产队应该及时分给回乡人员（包括职工家
属、城镇居民）与其他社员相当的自留地。有些生产大队自留地的面积已
经达到耕地面积7%的比例，而在7%的比例内又确实不足分配时，可以
从耕地中再划出若干土地，分给被精简人员使用。②

　　除了自留地的分配之外，对被精简人员的生产安置还包括了小农具及
其他生产资料。关于这些生产资料，各县市责成供销合作社、手工业生产
合作社优先供应回乡人员生产的小农具，以利他们迅速投入生产劳动；对
于回乡人员必需的生活用具，也根据需要和可能组织供应。凡是当地供销
合作社或手工业生产合作社一时不能供应的，其上级供销合作部门要及时

---

① 参见《浙江省粮食厅关于精简回乡人员的粮油供应安排问题的通知》。资料来源：浙江
省档案馆，档案号：J125 - 3 - 226；《关于切实做好精简回乡人员安置工作的通知》。资料来源：
浙江省档案馆，档案号：J114 - 16 - 032。
② 《关于切实做好精简回乡人员安置工作的通知》。资料来源：浙江省档案馆，档案号：
J114 - 16 - 032。

安排生产，或组织货源调剂调拨予以供应。①

三 被精简到农、林、牧、渔场人员的安置

对于被精简到农、林、牧、渔场的人员，也制定了相应的安置对策。

1962年，中共中央对于安置到农、林、牧、渔场的人员作了规定：

"精减下来无家可归和城镇中无法安置但具有下乡条件的职工，可以安置到农场（也包括牧场林场渔场）。首先，现有的生产条件许可的国营农场应当积极吸收安置一批。其次，企业事业机关自办的农场安置一部分（这部分职工不再计入原单位的编制定员人数）；这类农场应当另立编制，独立核算，并且力求尽早实现经费及粮食自给。再次，各地还可以在条件较好、所需投资较少和收效较快的地方，开办一些新的农场，来进行安置。新建农场所需的投资和某些原有农场必须补充的投资，由各省自治区直辖市根据力求节约的精神提出计划，提请大区审核后，报告国务院审批。到农场劳动的职工如果是属于关闭合并单位的，应当由该单位的主要领导干部带头，号召职工成批的前去。"②

浙江省根据中共中央的这一安置工作的要求，制定了浙江省的安置细则。浙江省对于被精简到农、林、牧、渔场人员的安置项目包括了工资、住房、农具、生产补贴等。

被精简到农、林、牧、渔场的人员依然实行工资制，被精简到各场的人员主要包括一批企业职工和青年学生，其工资的发放采取了不同的标准。

对于被精简到农场劳动的职工的工资，由农场发给，第一年仍执行本人原来的工资标准；满一年后，改行农场职工的工资标准，但是可以另加发本人原来标准工资30%—50%的津贴一年；满二年以后，即完全执行农场的工资制度。第二年加发津贴后的工资总额，不得高于本人进场前原来的工资标准。精简的学徒到农场劳动的，第一年起即可改行农场职工的工资标准。青年学生到农、林、渔场，除本人劳动收入外，每月给以生活

---

① 《关于切实做好精简回乡人员安置工作的通知》。资料来源：浙江省档案馆，档案号：J114－16－032。

② 《国务院关于精简职工安置办法的若干规定》。资料来源：浙江省档案馆，档案号：J101－13－115。

补助费 8—12 元。具体计算方法是：所在场的最低月工资在 20 元以下者，补助 8—10 元；20 元以上者，补助 10—12 元。补助期为一年。此项补助，加上本人劳动收入，不得超过所在企业同工种的最低工资水平，如本人劳动收入已超过同工种的最低工资水平时，不再发给生活补助费。

此外，根据接收地各场性质的不同，对被精简人员还有"工资基金"① 的发放。安置到农场的人员的工资基金，按照四至七个半月的平均工资标准计算，一年两熟的补给四个月，两年三熟的补给六个月，一年一熟的补给七个半月；安置到畜牧场的人员的工资基金，按照二至四个月的平均工资计算；安置到水产养殖场的人员的工资基金，可按生产周转所需垫支工资数额计算，林场为了进行多种经营，也可以拨给适当的生产周转金（上述安置到农、牧、渔场的人员的工资基金，一律按照场内职工平均月工资标准计算，不包括国家补贴给精简职工的工资差额和青年学生的生活费）。顶替安置的，不给小农具购置费和工资基金。②

除了工资与工资基金之外，被精简到农、林、牧、渔场的人员的安置还包括了房屋等其他生活、生产资料的发放。

关于住房问题。国营农场等单位由于生活用房很困难，大批人员下乡，必须首先解决住房问题。按最低需要每人平均 5 平方米计算，平均造价每平方米 21 元。另外还需要造房所需的毛竹、木材、水泥、钢材等若干。这些房屋建筑的费用及用料都由国家划拨。1963 年 5 月，浙江省水产厅和浙江省财政厅联合下发通知：采取增补方式安置的补充建房费，带家属的每户 20 平方米，单身的每人 5 平方米。这些房屋每平方米的造价根据各场的不同情况加以区分：农垦、林业企业为 30 元，水产养殖企业因条件较差，根据中央规定，可以提高到 40 元。有些地区造价，允许适当减少面积加以调剂。顶替安置的补充建房费，按顶替劳动力总数的 20％ 的比例给以建房补贴，其标准与增补安置的相同。凡是场内有旧屋可以利用的，应当尽量利用旧屋，因此而产生的必要的修理费，可在补充建房费范围内开支。家具补充费，采取增补方式安置的，带家属的每户 20

---

① "工资基金"，指的是被精简到农、林、牧、渔场的人员，根据各场生产条件的不同，发给不同数量的补助，生产条件差的发给的"工资基金"较多，生产条件好的发给的"工资基金"较少。

② 《关于精减职工、青年学生和闲散人员下放国营农垦、林业和水产养殖安置经费的管理规定》。资料来源：浙江省档案馆，档案号：J125－15－332。

元，单身的每人 10 元；顶替安置的，带家属的每户 10 元，单身的不给。对企业添置必不可少的铺板桌凳等日用家具和公共使用炊具的补充费，由企业统一掌握使用，不发给个人。凡农、林、渔场附近的停办企业或其他企业和机关、学校，有多余的家具和其他设备，而又为农、林、渔场所必需的，应当按照规定尽量调拨使用。至于个人的生活用具和炊具，采取自带的方式解决。[①]

有关生产工具的补贴，主要有农具补贴以及农、林垦殖补助费两项。农牧场每个劳动力按 12 元计算，渔场每个劳动力按 15 元计算，林场每个劳动力按 18 元计算。安排农、林垦殖的劳动力，需要另行配备一定数量的耕牛和中型农具，还要发给必要的生产经费，每个劳动力平均 230 元。[②]

四　被精简后留在城镇人员的安置

被精简后仍留在城镇的人员，主要涉及的是被精简后的待遇与粮油等安置项目。

对于被精简后仍留在城镇的人员的安置，国务院下文规定："全民所有制单位中某些适宜于转到集体所有制单位去的人员，转到集体所有制单位中去。以上转回和转到集体所有制单位的人员，由于他们仍有固定的工作和收入，所以都不发给生产补助费或者退职补助费。如果在转化中，个别单位和个人确有困难而又无法解决的时候，当地政府应当设法帮助解决，并且报告上级批准。此外，减下来的某些原来就生长在城里的职工，可以从事家庭副业、家务劳动和一些适宜个人开业的社会劳动，例如从事手工业、服务业、修理业、行医、教书等。这些职工被精简的时候，根据其参加工作时间的迟早，按有关规定发给生产补助费或者退职补助费。"[③]

中共浙江省委对于被精简后仍留在城镇的人员的安置，分为不同的情

---

① 《关于精减职工、青年学生和闲散人员下放国营农垦、林业和水产养殖安置经费的管理规定》。资料来源：浙江省档案馆，档案号：J125-15-332。

② 参见《关于安置城镇人口参加农业生产的报告》，资料来源：浙江省档案馆，档案号：J002-62 年 16 卷-003；《关于精减职工、青年学生和闲散人员下放国营农垦、林业和水产养殖安置经费的管理规定》。资料来源：浙江省档案馆，档案号：J125-15-332。

③ 《国务院关于精简职工安置办法的若干规定》。资料来源：浙江省档案馆，档案号：J101-13-115。

况，区别处理："如果安排回家做家务劳动，或者安排做手工业，在生产上和生活上暂时有困难的，可发给相当于本人一个月的工资（或津贴）作为生活补助费。在安排每个具体对象是否发给以及发多少的时候，要注意严格掌握，以免互相影响，在企业连续工作不满一年的临时工辞退时，一般不发给生活补助费，个别职工被辞退回家后确实很困难的，可给予适当救济，救济金额最多不超过本人一个月的工资。凡是由全民所有制单位转到集体所有制单位去的人员，如果收入降低过多，影响生活较大的，经县（市）人民委员会或者省级主管部门批准，原单位可以酌情发给半个月至一个半月本人标准工资的补助费。"①

可见对于这部分人员的补助面以及补助额都十分有限。

关于被精简后仍留在城镇的人员的粮油供应也根据不同的情况区别对待。退职、退学、休学回到原籍城镇仍由国家长年供应的人员，其口粮标准在三个月内仍按原定量不变，从第四个月起，改按一般居民的定量标准供应。对定量下降过多，三个月以后实际用粮还有困难的，可按居民定量与原定量差额的 50% 左右给予补助，但补助时间不得超过三个月。全民或集体所有制单位的职工转为个体经营的独立劳动者，由于实际劳动时间与劳动强度与原所在企业不一样，因此，粮食定量也应根据实际情况进行调整，一般的可掌握在稍低于国营企业或集体所有制企业同工种定量标准来确定。如果工种变化，需要调高粮食定量的，应当从变更后的第二个月起提高粮食定量；需要调低定量的，可在变动后的第四个月起降到新的定量标准。②

五 退休、退职人员的安置

在整个精简过程中，还涉及一类人员，那就是符合退休年龄或是因病、弱、残等原因退职或被划分为编外人员这一群体的安置情况。这一群体的安置，主要包括两部分：一是有关退休退职补贴的发放，二是有关子女顶替工作的政策。

---

①《中共浙江省委整编小组办公室关于整编精简劳动力中几个具体问题的解答》（二），资料来源：浙江省档案馆，档案号：J187 - 7 - 78。

②《中共浙江省委整编精简委员会关于精简职工和减少城镇人口的粮油供应问题的补充通知》。资料来源：浙江省档案馆，档案号：J105 - 009 - 089。

关于这一人群的待遇，根据其不同的类型，有不同的安置待遇。

首先是符合退休年龄的职工退休后，在三个月内其原来的口粮标准不变，从第四个月起，一律按照脑力劳动者的口粮标准供应。对于退休职工的生活日用品的供应，实行当地在职职工的供应标准；其他有关待遇都按国家有关政策办理。[①]

其次是编外人员。编外人员指的是由于特殊原因，如因病正在医治或在外学习等原因不能参加正常的工作，但又不符合退休退职条件的人员，暂列为编外。这部分人员的待遇问题，按照1955年12月劳动部、内务部、全国总工会联合发布施行的《国家机关工作人员病假期间生活待遇试行办法》的规定享受工资福利待遇以及相应的政治待遇。暂列编外的老、弱、残职工，本人要求保留原来身份，不领工资，不办退职手续，回乡或者回家的，可以批准，并且发给证明。回乡或者回家以后，本人可以继续享受公费医疗待遇，由原单位负担其医疗费用。此后本人要求退职的，可以作退职处理；符合退休条件的，可以作退休处理。保留原来身份的体弱职工在恢复健康以后，如果本人要求工作，原单位或者其上级主管部门应该负责安排。[②]

最后是因老、弱、残退职的职工。这部分人员指的是还不符合退休条件，但是由于年老、体弱或是身体伤残等原因无法参加工作。对于这部分人员的安置，根据其不同的家庭情况作不同的处理，处理的主要依据就是国务院1958年3月颁布实行的《国务院关于工人、职员退职处理的暂行规定》（草案），作退职处理。对于退职后家庭生活有依靠的人员，发给退职补助费，另加发四至六个月本人标准工资，作为医疗补助费；对于退职后家庭生活无依靠的人员，不发给退职补助费和医疗补助费，改由当地民政部门按月发给救济费，救济费的标准为本人工资标准的40%（因病或者非因公残废，饮食起居需人扶助的，为本人工资标准的50%），作为本人的生活费用，直到家庭生活有依靠的时候为止。过去按照本人工资标准30%处理的，今后改按本人工资标准40%发给。按月领取救济费的退

---

① 《国务院关于精简职工安置办法的若干规定》。资料来源：浙江省档案馆，档案号：J101 - 13 - 115。

② 《劳动部、内务部、全国总工会关于安置和处理暂列编外老、弱、残职工的意见》。资料来源：浙江省档案馆，档案号：J163 - 2 - 804。

职职工，本人仍享受公费医疗待遇，由当地民政部门指定就医的医疗单位，所需费用，由当地民政部门负责开支。退职职工的家属生活有困难的，另按照社会救济标准给予救济。①

浙江省对于老、弱、残退职、退休职工的补助政策基本与中央的有关补助政策一致。除了对老、弱、残退职、退休职工给予一定的补助外，浙江省还针对一些退职、退休后仍留在城镇的人员，其退职、退休后确实生活有困难的，进行选择性地招收其子女进入企业，以解决其生活困难。

1963 年，浙江省劳动局下发有关通知规定：对于久居城市的老、弱、残职工，如果退休、退职后家庭生活有困难的，原单位可以在编制定员人数以内，招收他们符合有关条件并居住在城市的子女参加工作，称之为"顶替工作"，同时动员本人退休、退职。各地、各部门首先根据退休、退职的职工情况，及其顶替子女的条件，提出顶替人数计划，按照单位隶属关系，经省主管部门或县、市劳动部门（未设劳动部门的地方为人民委员会）审查，报省劳动局批准。中央部属和省外驻本省的企业、事业单位的顶替人数计划，由所在地的劳动部门审查综合上报。吸收顶替的对象应报主管部门审查，经当地劳动部门同意。以顶替方式吸收的人员，一般应在原单位安排工作，如原单位超定员或需补充人员，可以由主管部门在所属单位之间调剂；必要时，可以由当地劳动部门集中统一安排。经批准吸收顶替的人员，安排当工人的，须经过三至六个月的试用期。试用期间，按照本单位的最低一级工资标准发给临时工工资，享受临时工的劳保福利待遇。在试用期内，发现明显不符合录用条件，可以讲明道理，提前辞退，不必等到试用期满。试用期满，符合录用条件，由单位领导批准正式录用。试用不合格的人员，应予辞退。经试用而不合录用条件，在辞退时除发给当月工资和回家的单程车旅费（包括途中旅馆费和伙食津贴）外，其他费用都不发。子女如不符合录用条件辞退后，退休、退职的职工均不能恢复工作。正式录用后的工资，根据本人担任的工作评定，由单位报经主管部门批准执行，并享受长期工的劳保福利待遇。吸收顶替的人员分配当学徒的，按学徒制度执行属于干部范围的顶进来的子女分配当练习生的，可以从事商业、供销系统的纯商品售货员、收购员、各类商品保管

① 《劳动部、内务部、全国总工会关于安置和处理暂列编外老、弱、残职工的意见》。资料来源：浙江省档案馆，档案号：J163 - 2 - 804。

员、商品鉴定员；粮食系统的保管员、防治、化验、验价员、售货员、开票收付款人员（包括登票、开票、收款、付款、票证管理）；金融系统的营业所、储蓄所、分理处及工作组的一般工作人员等行业。子女试用期间发生急性疾病或因公负伤的处理：因病或非因公负伤连续停止工作时间满二个月的，应停止试用。停止试用后六个月内身体复原，可恢复试用，如身体不能复原，即予辞退。[①] 采取子女顶替工作的方式，可以有效地缓解老、弱、残退职职工的生活压力，解决他们的实际生活困难。

第三节　安置工作的开展及存在的问题

对被精简的各类人员进行合理的安置，安排好他们当时与今后的生产生活以及配偶、子女的生活，既是对被精简人员的一种安抚，同时也是保持社会稳定的一种有效方式。

综观上两节中提到的中共中央以及浙江省对安置工作的部署和出台的有关安置政策与措施，主要呈现以下特点：一是就安置政策而言，中共中央主要是作宏观上的指导，例如对于被精简后回到农村人员的安置，只是原则上提出对于其生活用具和生产工具要予以解决；二是对某些安置项目作出了范围上的规定，如对于被精简人员的补助，提出了具有一定弹性的补助方案。出台这样的基于宏观上的政策主要是因为各地精简工作的进展、力度、速度都有差异，因此不宜作过细的规定。而就浙江省出台的安置措施，则已经充分考虑到了各地、各部门的实际情况，呈现出来的特点主要表现为：一是大多规定为"细则"，如上文所述，对于被精简人员到农村落户后，被精简人员的生产生活用具，在中央的政策中只是规定要予以解决，但对于如何解决并未作具体规定，而浙江省的有关规定中则对被精简人员的生产工具和生活资料的建造、发放以及供给等都有十分明确的规定，如对于房屋建造的规定，对被精简人员新建的房屋的大小、房屋材料、房屋造价等都有十分细致的规定；

---

① 参见《浙江省劳动局关于老、弱、残职工退休、退职后吸收其子女顶替问题的通知》。资料来源：浙江省档案馆，档案号：J132 – 15 – 14；《浙江省劳动局"关于老、弱、残职工退休、退职后吸收其子女顶替问题的通知"中一些问题的解答》，资料来源：浙江省档案馆，档案号：J114 – 18 – 048。

二是各项安置措施都是在严格执行中央有关安置政策的基础上制定的，同时又进一步细化了中央的安置政策。如对于被精简人员的补助，对于不同的工种、不同的情况给予不同的补助，同时对于补助的发放也有具体的规定，且这些规定较为明确，弹性较少，更容易把握，可以减少安置过程中的矛盾。

由此，对安置工作的部署表明了从中央到地方都十分重视安置工作，力求将这项工作做好，力求使每一个被精简人员都能在被精简后生产、生活有保障；安置政策与措施的出台则对安置工作的方方面面都作了详尽的规定，各种补贴按什么标准发放、由谁发放、如何发放；如何安排被精简到农村及各农、林、牧、渔场的人员的户口、粮食、住房、耕地、生产工具等；如何为被精简后仍留在城镇的人员安排今后的出路等，都有"据"可查。因此，可以说，安置政策与措施本身是完善的。

那么，对于这些安置政策与措施，精简单位采用了什么样的方式方法来贯彻执行；作为接收地的农村、城市以及各农、林、渔场如何对待被精简者；被精简人员经过安置后，是否真的生活和生产都无忧了呢？安置政策与措施颁布实施后，实际的结果又如何呢？可以从安置工作的三个环节来考察。

一　精简时的安置

包括了精简补助和粮油补贴以及行李费、车旅费等相关费用的发放。

在精简过程中，各企业将本企业的职工进行精简，因此称之为"精简单位"。精简单位对被精简人员的安置，基本包括了三个方面的工作。一是妥善送别离去人员。有许多企业对被精简人员都召开了欢送会，戴光荣花，拍照留念，在各种手续的办理上还给予许多方便，把户口、粮油关系、党团组织关系统一办理好，直接送到被精简者手中。有的单位还代买好车票，对于回家路途较远的被精简人员，企业领导还给买好点心，并派专门的干部送回农村。这些做法对于被精简者而言是一个极大的心理安慰，同时也为以后的安置工作打下了良好的基础。《整编工作情况》第12期专门就湖州钢铁厂减人的情况作了详细的介绍，该厂不仅宣传动员工作做得十分到位，除了国家规定的各种精简待遇一一落实之外，还根据该厂的实际情况，对一些因工受伤或长期患病的职工提出了特殊的照顾措施，并对职工的劳保用品、生活用品等物品的发放也作了细致的规定，尽量做到让职工"走得高兴"。①

第二个方面就是有关各种精简补助的发放。总体而言，大多数单位的精简补助、粮油补贴、差旅费等项目都能按照有关规定发放。如温州市瑞安县机床厂在精简过程中，对于由于家庭困难而长期受厂里补助的被精简人员，在精简时都发足了全月的工资，而且还给予了一定的补助。②

第三个方面就是解决好安置的后续问题。在被精简人员离开后，精简单位还成立了专门的调查小组赴各地了解被精简人员被精简后的生活、生产情况，协助解决他们在生产、生活中的实际困难，这一做法在各地、各单位都很普遍。如杭州市半山钢铁厂就于 1961 年 8 月组织了 27 名干部历时 20 多天，赴 37 个县的 100 多个生产队，对该厂精简回乡的 166 名职工进行调查，了解他们回乡后的生产生活情况，帮助他们解决各种困难。③此外，1961 年 10 月底 11 月初，宁波、诸暨、绍兴、舟山等地的厂矿企业也专门组织干部对被精简到农村的近 2000 人进行实地调查，了解他们的思想状况以及生产生活情况。④

对于大多数"精简单位"而言，一方面，将本企业的一部分职工进行精简，可以减轻企业的压力，对企业是有益处的；另一方面，精简单位所涉及的主要的安置工作就是各项补贴的发放，而各项补贴发放的数额、方式都是有明确规定的，只要执行有关规定即可。因此精简单位的安置工作相对较为好做。

然而事实上，虽然关于各项补贴的发放都有明确的文件规定可查，但在安置政策与对策的具体实施中，还是出现了一些问题，主要包括：一是由于政策上的弹性规定，导致精简补助的发放存在一定的不平衡性。虽然浙江省在中央有关政策的基础上作了细致的规定，但依然存在着一定的弹性，如对于被精简回乡人员所带口粮，规定可带一至三个月的口粮，因此

---

① 有关湖州钢铁厂减人的经验详见《关于湖州钢铁厂撤点减人工作情况介绍》，《整编工作情况》（第 12 期）。资料来源：浙江省档案馆，档案号，J040 - 21 - 156。

② 《瑞安三个厂的整编工作方法对头》，《整编工作情况》（第 18 期）。资料来源：浙江省档案馆，档案号：J040 - 021 - 156。

③ 《半钢组织访问回乡职工的办法好》，《整编工作情况》（第 16 期）。资料来源：浙江省档案馆，档案号：J040 - 021 - 156。

④ 《宁波市诸暨和舟山县组织干部下乡访问回乡生产的职工》，《整编工作情况》（第 23 期）。资料来源：浙江省档案馆，档案号：J040 - 021 - 156。

如杭州铁路工程段下属各单位在发放回乡职工口粮时，一些单位发给一个季度的口粮，而另一些单位只发给一个半月的口粮，导致有的被精简人员回生产队后，带的口粮吃完了，生产队的粮食又接不上，生活出现困难。① 可见，由于各级政府对于有关精简各类补助的发放规定都有一个弹性的规定，因此在发放过程中，如果企业掌握得不好，就会有失公平。

另外，在安置过程中，还是出现了一些单位不按安置政策办事的情况。1963 年 9 月，中共浙江省委整编精简委员会的报告中，虽然没有具体点名，但提到了"有的地方和单位不按政策规定办事。有的少发生产补助费、退职补助费和口粮；有的甚至不发"② 的情况。出现这一问题，主要还是因为一些精简单位对安置工作不重视，工作不够周到细致，这样就会增加被精简人员被精简后的生活、生产上的困难，同时也影响了之后精简工作的推进。

二　被精简后的安置

被精简人员被精简后，根据其去向采取了不同的安置措施，解决其生产、生活的实际问题。虽然各级政府都强调各人民公社、生产队，各农、林、牧、渔场以及城镇各社区、部门都要认真做好被精简人员的安置工作，而且从落户到生产小农具的配置都有详尽的规定。但事实上，各接收地对于被精简人员的安置工作中还是出现了较为复杂的情况。

农村是最主要的接收地。1963 年 8 月，一份关于浙江省回乡、下乡人员安置情况的调查报告中指出：回乡、下乡人员的安置情况，总的来说是好的，大部分已经安置落实。已经安置落实的人员，大部分积极参加集体生产，有的已经成为农村政治上、技术上的骨干力量，但全省还有10%—15% 的回乡、下乡人员没有安置落实。工作开展得比较好的县，没有安置落实的比例小一些；工作开展得比较差的县，没有安置落实的约占20% 左右，个别县达到50%。③ 那么，浙江省各地农村对于被精简人员的

① 可参见《共青团浙江省委批转青工部关于杭州铁路工程段等三个单位精减劳动力、支援农业的工作调查报告》。资料来源：浙江省档案馆，档案号：J011-13-19。

② 《中共浙江省委整编精简委员会文件：关于整编精简工作的报告》。资料来源：浙江省档案馆，档案号：J106-2-162。

③ 《关于回乡、下乡人员的安置情况和今后意见的报告》。资料来源：浙江省档案馆，档案号：J002-63 年 38 卷-003。

实际安置情况是否与报告中所说的相符呢？

各地农村的安置情况大致分为以下几种情况：

第一种情况是安置工作总体良好。这一类生产队在全省各地都有报道。例如，诸暨县牌头公社通过召开大队、生产队队长会议，进行形势教育，在提高认识的基础上，部署安置工作，对被精简人员的生活与生产资料以及生产任务进行统一平衡、统一调整，还适当对一些生产有困难的人员予以照顾，真正做到 520 名回乡人员户户落实，人人满意。[①]绍兴县袁川大队则采取了因人制宜的方式，对过去曾经从事过农业生产，对农活比较熟悉的 17 人，安排直接参加农业生产；对农业生产不大内行但有一定文化水平的 1 人则安排在第八生产队担任会计；对有手艺技术的 2 人则安排他们继续从事手工业劳动，为大队搞副业；对一些妇女或是家里负担重的人员则加以照顾，安排一些轻便的任务。[②] 余杭县的鲶鱼角生产大队尽管是一个被称之为"地少、人多、缺粮"的生产队，但由于自上而下对安置工作十分重视，因此也能根据实际情况妥善安置被精简人员，使得 98 个回乡人员全部安置落实。[③] 余姚县城南公社瓜瓞大队共有 85 户，375 人，土地 602 亩，平均每人 1.6 亩；劳动力153 人，平均负担 3.93 亩。虽然被精简人员回乡后，这个队的人均耕地减少了，但由于生产队做了比较细致的工作，思想认识一致，解决了一些实际问题，因此这个队 16 名回乡人员，全部安置落实。[④] 平湖县对回乡职工根据本人不同情况做了妥善安排，解决了其生活用房、日用品和粮油的供应以及生产用的工具，自留地等，使回乡职工表示满意，安心生产。[⑤] 德清县洛舍公社何家坝大队采取了因人制宜、因地制宜，使

[①] 《诸暨县牌头公社 520 名回乡人员户户落实人人满意》，《精简工作简报》（第 59 期）。资料来源：浙江省档案馆，档案号：J040 - 021 - 157。

[②] 《绍兴县袁川大队因人制宜安排回乡人员》，《精简工作简报》（第 59 期）。资料来源：浙江省档案馆，档案号：J040 - 021 - 157。

[③] 《余杭县"地少、人多、缺粮"的鲶鱼角生产大队 98 个回乡人员已全部安置落实》，《精简工作简报》（第 68 期）。资料来源：浙江省档案馆，档案号：J040 - 021 - 157。

[④] 《关于余姚县城南公社瓜瓞大队和宁波临江公社五里牌大队安置回乡人员情况的比较》，《精简工作简报》（第 59 期）。资料来源：浙江省档案馆，档案号：J040 - 021 - 157。

[⑤] 《平湖县安排回乡职工工作基本落实》，《整编工作情况》（第 17 期）。资料来源：浙江省档案馆，档案号：J040 - 021 - 156。

得回乡、下乡人员基本得到妥善安置。① 余姚县芦棚大队团支部热情接待回乡青年，对其量才使用，还组织回乡青年学习农业技术，开展文娱活动，活跃生活。② 嘉善县工农大队采取加强宣传教育，统一思想认识的方法，打消了村干部和社员的顾虑，解决好回乡人员的口粮分配问题。③

由此可见，对被精简人员的安置工作做得较好的生产队根据不同情况，根据有关安置规定，采取不同的做法，即使本身条件有限，也能尽量做到使回到农村的被精简人员得到妥善安置和落实。

第二种情况是安置工作基本到位，但在某些方面存在一定问题。1962年 7、8 月间，杭州市闲林钢铁厂先后组织了 14 个干部，到萧山、余杭县的 19 个农村人民公社，64 个生产队访问了 114 个被精简回农村的职工，初步调查了他们回家后的安置情况。从访问调查的情况来看，职工回乡后的情况基本上是好的，多数被精简人员都已安置落实了。114 个回农村的工人中，有 113 个工人的户粮关系已经落实，占 99.12%；有 108 个工人的口粮问题已经完全得到了解决，占 94.74%；有 104 个工人分得了自留地，占 92%；有 113 个工人住房问题有着落，占 99.12%；农具问题，除一部分人缺蓑衣等一、二件外，其他都已购置齐全。总体而言，回乡工人思想都比较稳定，114 个工人中，安心农业生产的有 109 人，占 95.61%。他们劳动生产的积极性一般都很高，不少工人提出了奋斗目标是"赶上老社员的生活水平"。不少工人已在生产队中成了骨干，当了生产队副书记的有 2 人，当生产小队长的有 3 人，当会计的有 4 人，当大队统计的有 1人，当记工员的有 1 人，当经济保管员的有 4 人，当监账员的有 1 人，当基干民兵干部的有 5 人。他们表现出色，得到了社员的好评。从这些回乡人员的收入来看，大多数人是过得好的，根据对 55 个工人调查分析，收入高于在厂的有 12 人，占 21.82%，收入与在厂差不多的有 38 人，占百分之 69.09%，收入低于在厂的有 5 人，占 9.09%。大多数工人回乡后除

---

① 《德清县洛舍公社何家坝大队安置回乡、下乡人员采取了因人制宜、因地制宜》，《精简工作简报》（第 60 期）。资料来源：浙江省档案馆，档案号：J040-0210157。

② 《余姚县芦棚大队团支部热情帮助回乡青年》，《精简工作简报》（第 62 期）。资料来源：浙江省档案馆，档案号：J040-021-157。

③ 《嘉善县工农大队安排好了回乡、下乡人员的口粮》，《精简工作简报》（第 105 期）。资料来源：浙江省档案馆，档案号：J040-021-158。

了参加农业生产外，还种植经济作物、饲养家畜以提高收入。①

1962 年 9 月，嘉兴县委安置委员会在其报告中提供的统计数字，将这些被精简的回乡、下乡人员按安置状况分为三类："第一种，生产生活安置落实，思想安定，积极参加集体生产，又搞好家庭副业的有 2702 户，占 56.9%；第二种：生产生活安置落实，思想基本稳定，生产亦很努力，但尚有一些具体问题，需要帮助解决的有 1771 户，占 37.3%；第三种：安置不落实的有 275 户（359 人），占 5.8%。"② 1963 年 12 月，中共华东局精简小组在《关于浙江省嘉兴县检查下乡插队人员安置工作中发现的问题》中也提供了比例相近的数据。"据（嘉兴县）精简进度较快的'高照'、'新农'、'八字'、'洛东'、'桃园'、'虹阳'六个公社检查的情况：在两年来安置下乡的 914 户，1812 人中，安心务农，积极生产，住房、粮食和经济自给的问题都已经解决的有 567 户，占 61.9%；积极生产，但住房、口粮、经济中有一项还有一定困难的有 261 户，占 28.6%；长期外流或已倒流回城镇的有 71 户，占 7.7%；不符合下放条件，需要重新处理的有 15 户，占百分之 1.8%。"③ 1964 年 2 月，嘉兴县再一次对全县的安置工作作了大规模的调查。在调查的过程中，共发现安置过程中大小问题 4497 个，主要包括：一是关于全县下乡人员的口粮分配有二种情况：一种是完全可以自力更生，接上 1964 年春粮登场的有 3338 户，占 80.37%；另一种是接不上 1964 年春粮登场的有 815 户，占 19.63%；二是发现有 715 户，占 17.22% 的下乡人员缺乏过冬棉衣、棉被；三是住房问题，自己解决的 903 户，借住公房的 1180 户，临时租借社员住房的 1238 户，公家帮助新建的 832 户。通过多种形式，已经基本上解决住房的 3030 户，占 72.98%，还需要解决住房的共 1123 户，占 27.02%。④

1962 年 11 月，杭州市在对安置情况进行大检查的过程中，发现虽然

---

① 《中共闲钢委员会文件：关于对精减回家人员访问调查安置情况的报告》。资料来源：浙江省档案馆，档案号：J145 – 1 – 44。

② 《嘉兴县委安置委员会关于全县回乡、下乡人员中不落实户的专题调查报告》。资料来源：浙江省档案馆，档案号，J002 – 62 年 16 卷 – 004。

③ 《批转华东局精简小组办公室"关于浙江省嘉兴县检查下乡插队人员安置工作中发现的问题"》。资料来源：浙江省档案馆，档案号：J002 – 64 年 22 卷 – 003。

④ 《关于全县安置工作大检查的情况报告》。资料来源：浙江省档案馆，档案号：J123 – 26 – 114。

安置工作基本到位，但在农村安置回乡人员的工作中存在着几个较为突出的问题，主要表现为：一是以农村实行大包干，土地、劳动力、口粮等指标都已制定完毕，从而拒绝回乡人员；二是部分地区以受灾为借口，扩大困难，拒绝接收被精简人员；三是部分地区以人多地少，劳动力过剩为由，拒绝接收回乡人员；四是以没有房屋和生产资料为由拒绝接收；五是对出嫁的女儿不予接收。① 这五种情况不仅在杭州市的安置工作中出现，在全省各地的安置工作中都不同程度地出现。

可见，在安置工作实施过程中，相当数量的生产队对被精简人员落实了有关的安置措施，但是在安置过程中仍存在各种问题，主要包括以下几个方面。

一是落户困难。从中央到浙江省的相关文件都强调，任何一个被精简人员回到农村，生产队首先就要为其落户。从浙江全省的情况看，大多数生产队都对被精简人员落实了户口，但还是有一些生产队出于各种各样的考虑，或是因为怕下乡人员到农村后会占社员的便宜；或是因为担心下乡人员家庭负担重，需要其他社员照顾；还有的认为下乡人员到生产队后，队里的土地、生产工具会不够，自己的工分就会减少等，因此不让下乡人员在生产队落户。如富阳县的灵桥地区，到 1962 年 5 月为止，已回到农村的共有 155 人，实际安置落户的只有 135 人，还有 20 余人尚无着落；同时，灵桥公社下放到各队的 60 余名手工业者中，由于安置工作做得不到位，有 11 人提出要求回原单位。② 此外，有些生产队虽然对下乡人员落实了户口，但对于下乡人员的子女拒绝落实户口。如温州城西公社庆年居民区的李某某，1960 年被动员回乡支农，回乡后在家生小孩后，温州市莲池派出所不同意在市里报户口，而生产队也拒绝落户以及供给口粮，三个多月没有供应粮食，造成出生的孩子户、粮两头没有着落。③ 落户是安置工作的第一步，落户问题不解决，直接关系到下乡人员之后的各种生活生产资料的分配，影响其被精简后的生产生活；同时因为落户问题，会导

<hr/>

① 《当前农村安置回乡人员工作中存在的几个问题》，《精简工作简报》（第 100 期）。资料来源：浙江省档案馆，档案号：J040 - 021 - 158。

② 《粮油工作简报：富阳县城镇回乡人员生活安置工作情况》。资料来源：浙江省档案馆，档案号：J132 - 14 - 5。

③ 《粮油工作简报：温州市支农回乡人员粮食供应上的问题》。资料来源：浙江省档案馆，档案号：J132 - 14 - 5。

致一些人员在农村不安心，出现被精简后重新回到城市的倒流现象，成为社会不稳定因素。

二是对被精简人员的生活、生产资料分配不足甚至不予分配。各级政府的相关安置政策，都对被精简人员回到农村后的住房、自留地、生产工具等的配置、发放作出了详细的规定，但在具体执行过程中还是出现了一些问题。对被精简人员回乡后的生活、生产资料分配不足的第一个表现就是口粮供应的不足。出现这种情况的原因主要是两方面：第一是因为生产队确实产粮少，负担重，无法根据国家有关规定提供足量的生活、生产资料给被精简人员。如当时温州市的一些生产队，由于受到自然灾害的影响以及本身农业生产条件的限制，本来口粮水平较低，社员的生活困难。因此当时一些回乡、下乡人员到这些生产队后，生产队无法为其提供足量的口粮，导致其生活出现困难，因此这些人员无法安心从事农业生产，多次要求将户粮关系重新迁回市里。[①] 对被精简人员生产生活资料分配不足的一个更为普遍的原因就是生产队和社员对被精简人员存有歧视态度，对其采取了与其他社员不同的分配方式，降低生活、生产资料的供应额度。有些农村干部和社员认为回乡、下乡人员是"吃农"，不是"支农"。所谓"支农"，指的是当时的有关宣传中都将精简城镇人口的目的归纳为主要为了支援农业生产，发展农业，而事实上，许多被精简人员回乡后，增加了生产队的压力，降低了社员原有的生活水平。如台州地区某生产队的干部群众就有这样的情绪，他们认为："回乡人员是增加农民负担，一要分给口粮，二要分给自留地，三要安排生产和生活，把我们碗里的饭分去吃了。"[②] 存在这样想法的农村干部、群众占了相当的比例，因此就了"吃农"的说法。还有些生产队的社员甚至认为农村劳动力已经过剩，拒绝接收回乡、下乡人员，或不安排他们参加集体生产。[③] 如温州市原城西公社居民蔡某和一个小孩回乡后，由于家务拖累，很少参加劳动，生产队连续6个月停止供应她们母子两人的粮食，强行要他们迁回温州市。再如温州市行前街居民区陈某原籍平阳县山门公社，被

① 《粮油工作简报：温州市支农回乡人员粮食供应上的问题》。资料来源：浙江省档案馆，档案号：J132-14-5。

② 《台州地区当前精简工作中的一些思想反映》，《精简工作简报》（第86期）。资料来源：浙江省档案馆，档案号：J040-021-157。

③ 《关于回乡、下乡人员的安置情况和今后意见的报告》。资料来源：浙江省档案馆，档案号：J002-63年38卷-003。

动员回乡支农后，因怀孕体弱不能参加农业劳动，生产队晚季口粮仅供给60 斤稻谷，同时还要先投资 34 元才给供应，但陈某无钱投资，以致口粮无着，只能靠分吃在市乳品厂做工的丈夫的口粮过活，使陈某一家生活困难。① 部分回乡人员因劳动力较差或子女的牵累，不能参加田间劳动，生产队认为他们不是劳动力，因此口粮不落实或安排过低，影响了这些人的生活。根据对象山县丹城郑家岙大队的调查，1962 年全大队投入生产成本 720元，每个正劳力平均 50 元；每个正劳力的股份基金 62.2 元，两项合计112.2 元。社员们担心如果回乡人员和社员一样分配口粮和经济收益，那就占了广大社员的便宜。因此西门大队干部提出，要回乡人员把回乡补助费投资到生产队。此外，如下放到在象山丹城东门大队的运输工人俞某，全家七口，一个半劳动力，到秋收只能做 150 个工，可分口粮 1000 斤左右。但如果按照规定，他们一家七个人的基本口粮是 2550 斤，两者之间相差 1500 多斤，都需要队里照顾。因此队里许多社员思想不通，不愿照顾，农活不给他做。因此，对吃口多、劳力少的下放户，有些生产队不照顾，认为应该由国家补助。萧山通济公社屠家头大队第二生产队队长说，"劳力来支援还可以多生产一些粮食，妇女、小孩只会吃勿会做，照顾不了"。② 存在这一问题的生产队，普遍对一些家庭负担重、劳动能力较差的回乡人员区别对待，违反有关的安置规定，降低甚至不给分配口粮和土地。

三是部分生产队对被精简人员采取"选择性"接收。精简工作中，被精简人员的年龄、性别、健康状况等都呈现多样性趋势。对于各类被精简人员，各政策中也都规定必须对每一个被精简人员都安置妥当。但在具体的安置过程中，还是不能做到对每位被精简人员都"一视同仁"，部分生产队采取选择性接收被精简人员的做法。据对富阳县、象山县丹城和萧山县通济公社等城镇人员安置情况的调查，有的生产队对回乡人员提出"三要三不要"。三要是：劳力强的要；本队出生的要；有技术（木匠、竹工等）的要。三不要：拖儿带女的妇女不要；外地安排来的不要；城镇居民不要。根据这一接收原则，象山县丹城 13 个生产大队中，对下放的

---

① 《粮油工作简报：温州市支农回乡人员粮食供应上的问题》。资料来源：浙江省档案馆，档案号：J132 - 14 - 5。

② 参见《粮油工作简报第 8 号：关于城镇回乡人员安置情况和存在的问题》。资料来源：浙江省档案馆，档案号：J132 - 14 - 5。

城镇人员，有 5 个大队只对有劳动能力的人员进行的安排，劳力弱、吃口多的不安排，应付拖延；还有 4 个大队强调困难，不接收安排。萧山县通济公社屠家头生产大队，对已还乡的 38 人，只安置了 14 人，对 16 个妇女、小孩未作安排。对正在联系要回乡的 27 人，不打算接收。① 富阳县新登、灵桥等地区的部分生产队也本着类似的"三要三不要"的接收原则，对一些负担重的回乡人员不予接收安置，或是坚持采取统一的分配标准，不予照顾。认为"要实行完全按劳分配，做多少工分，分多少粮，我们不给他们吃白食"。甚至部分社员还提出："土地是我们的，他们来后借给他们两把锄头，叫他们到宁山上去开荒。"② 乐于接收劳动能力强或是有一技之长的被精简人员，而对于劳动力相对较弱、家庭吃口多的被精简人员（主要是一些拖儿带女的回乡女工）则不接收不安置的做法在一部分生产队中存在。采取这样有选择性地接收对于一部分回乡人员是不公平的，会导致其生活无着，生活更加困苦。

四是一些生产队借安置回乡人员为名向政府提出各种要求，主要是要求减少粮食征购任务。如象山县丹城羊行街大队干部反映，全队 201 人，耕地面积 221 亩，包干产量 144940 斤，每人每年平均口粮 365 斤；回乡 21 人后，每人每年口粮只能分到 323 斤，要比原来减少 42 斤。该大队的支部书记甚至说道："你们讲讲好听，下放支农，实际是加重农民负担，征购任务不减，我们不安排。"萧山县通济公社屠家头大队干部说，全大队增加 57 人，粮田面积中要划出自留地 4 亩，减少产量 2900 斤；基本口粮每人原来 341 斤，要减少到 301 斤；每个劳动力按劳分配的粮食，也要由 58 斤减到 51 斤。要安置回乡人员，就要减少国家征购任务。③

第三种情况是接收单位安置工作不到位。如新昌县的新溪公社，据 1962 年 6 月对该公社 8 个生产队的统计，共有回乡人员 27 人，粮食安排落实的仅 5 人，占 19%；自留地安排落实的 14 人，占 52%。新溪公社的

_____

① 参见《粮油工作简报第 8 号：关于城镇回乡人员安置情况和存在的问题》。资料来源：浙江省档案馆，档案号：J132 - 14 - 5。

② 《粮油工作简报：富阳县城镇回乡人员生活安置工作情况》。资料来源：浙江省档案馆，档案号：J132 - 14 - 5。

③ 《粮油工作简报第 8 号：关于城镇回乡人员安置情况和存在的问题》。资料来源：浙江省档案馆，档案号：J132 - 14 - 5。

安置工作之所以不到位，其主要原因包括了四个方面：一是该公社大部分生产队春季都已包产到户，因此被精简人员回乡后粮食没有分配，口粮接不上。二是生产队干部有畏难情绪，感到自留地没法解决。丁村生产队干部说："自留地按照总面积7%已全部分光，现在回乡人员要分没土地了，万一要分只好分包产土地，但过去公社宣布包产土地不能再动了，怎么办?"三是供销部门没有主动配合，公社打证明给回乡人员去购买锄头、铁耙、锅子等生产、生活必需品，供销部门不供应。四是回乡人员本人思想不稳定。某大队回乡人员丁某回乡一个多月，户粮关系仍未转回大队。① 此外，在我们的调查采访中也发现有这一情况存在。在10位受访人中，有7位访谈对象被精简到农村。当问及被精简回家后，村里在住房、田地、工作及其他物资有何安置时，回答基本是一致的，即村里并没有采取什么安置措施。② 这7人中，有5人是被精简仍然回到自己的老家，因此在住房、田地和其他物资方面基本都是现成的，生活不存在太大的问题。另外2人的情况比较特殊，1人是作为职工家属被精简回农村的，由于管理上的混乱，人被精简到了农村，但户口没有回来，这位访谈对象在城市已经作为被精简人员处理，国家不再供应粮食和副食品，而到了农村，她也是一个"黑户"，因此没有分配给住房，只能借住在亲戚家中，其他的物资也没有分配，因此生活相对较为困难。③ 还有1人是长期生活在上海，被精简到浙江农村后，村里除了安排一间茅草房作为他们的生活用房外，没有其他任何的补助，因此生活条件十分简陋。④ 至于这7人被精简到农村后的生产情况，除了有1人作为职工家属被精简后的生活基本

---

① 《新昌县新溪公社安置工作为什么做得那么差》，《精简工作简报》（第59期）。资料来源：浙江省档案馆，档案号：J040-021-157。

② 参见《采访记录1：杭州城区被精简人员郁虎根的访谈记录》；《采访记录3：绍兴地区被精简人员陆银海的访谈记录》；《采访记录5：台州地区被精简人员曹晴英的访谈记录》；《采访记录7：金华地区被精简人员盛陶菊的访谈记录》；《采访记录8：衢州地区被精简人员项大爷的访谈记录》；《采访记录9：丽水地区被精简人员钟叶权的访谈记录》；《采访记录10：温州地区被精简人员的访谈记录》，《附录一：调查采访记录》。

③ 参见《采访记录5：台州地区被精简人员曹晴英的访谈记录》，《附录一：调查采访记录》。

④ 参见《采访记录3：绍兴地区被精简人员陆银海的访谈记录》，《附录一：调查采访记录》。

靠丈夫的工资，而自己不从事农业生产之外，① 其余 6 人均和其他村民一样参加农业生产，同时这 6 人中有 4 人表示由于有相当一段时间脱离了农业生产，所以在劳动生产方面明显不如其他村民，所赚的工分较少，收入也就少，因此生活困苦，与被精简前相比，生活水平下降。在访谈中，有些访谈对象谈道：他们回乡后，一切的生产、生活资料都是靠他们自己解决，生产队根本不管他们。由此可见，这一类型的生产队基本对被精简人员采取不管的态度，不提供住房、口粮等基本的生活资料，也不提供小农具、自留地等生产资料，一切由回乡人员自行解决，使得被精简人员不能很好地投入农村的生产、生活之中。由于得不到很好的安置，导致许多回乡人员生活困难，不能安心农业生产。对于这一类生产队而言，没有很好落实安排被精简人员的生产生活，安置政策对其基本等同"一纸空文"。

除了农村生产队以外，各个农场、林场、牧场以及渔场也接收了一部分城镇被精简人员。根据大致的统计，在精简过程中，被精简到农、林、牧、渔场的城镇人口大概在 6 万以上。那么，各场对于安置政策与对策的实施情况如何呢？

各农、林、牧场安置被精简人员的方式主要是顶替（将一部分被精简人员顶替农场原有的农民工）、补充（安置一部分被精简人员以补充各场的劳动力）、扩建（扩建原有的农场以安置更多的城镇人口）、新建（新建一批农场以安置被精简人员）这四种方式进行。② 安置的被精简人员主要包括职工及其家属，青年学生以及城镇闲散人员。

为了安置更多的被精简人员，全省采取了新建农场，新开垦大量的生产用地等措施。到 1961 年底，全省的农场从 1957 年的 112 个增加到 152 个，增长了 35.5%，新增生产用地 151%，这些新建的农场基本用于安置被精简人员。③ 到 1962 年，被精简到各场的人员总共有 4.2 万人，其中：充实国营林场 3 万人；充实国营农场 3000 人；顶替国营农场农民工 6000 人；组织集体开荒生产的 2000 人；在有条件的地区创办劳动学校，吸收城镇青年学生 1000 人。安置这些人员的经费共 5000 万元，包括了房屋建

---

① 参见《采访记录 5：台州地区被精简人员曹晴英的访谈记录》，《附录一：调查采访记录》。

② 《浙江省农业厅关于本省国营农场精简职工和安置家在城市的职工、学生的初步意见》。资料来源：浙江省档案馆，档案号：J116 - 16 - 28。

③ 同上。

设费2625万元、生活补助和差旅费1400万元、农具购买费180万元、农林垦殖补助费575万元、预备费220万元。① 1963年，在国营农、林、牧场又安置城市下放人员1万多人，开荒2.2万多亩。②

除了农、林、牧场安置了大量的城镇被精简人员以外，全省的水产养殖系统以及渔场也安置了一部分人员。海水养殖方面：全省扩建了7个水产养殖场，即宁波海带育苗厂、鄞县海水养殖场、象山海水养殖场、宁海海水养殖场、温州海带养殖场、海麂海带海水养殖场、台州专署海水试验场。恢复二个场，即乐清海涂养殖场、奉化海水养殖场。新建三个场，即温岭海涂养殖场、玉环海涂养殖场、三门海涂养殖场。淡水养殖场共安置了2000多人。淡水养殖方面：全省扩建8个场，即宁波市鱼种场、余姚四明湖水库养鱼场、宁波姚江养鱼场、温州专署养鱼场、文成百丈际养鱼场、黄岩淡水鱼苗养殖场、临海淡水鱼种场、吴兴鱼种场。增补7个场，即绍兴养鱼场、上虞养鱼场、诸暨养鱼场、东钱湖养鱼场、杭州市育苗场、新安江经济开发建设公司、省淡水水产研究所。恢复德清养鱼场。新建2个场，即乐清淡水养鱼场、省淡水水产试验场。另外，在淡水水产研究所、试验场等事业单位适当安排一部分人。在淡水养殖各场安置了近900人。③ 安置到各场的人员的工资水平基本按照1956年全省的统一标准，最低27元，最高59.40元。④

对于精简到农、林、牧、渔场的人员的安置主要包括各场的工资发放以及住房、家具等生活、生产资料的分配。被安置到各场的人员的补助、工资以及生活、生产资料的发放都由国家统一管理，而且对于这些费用与物资的发放都有严格的规定。根据规定：各场的安置计划经省编委核定后，由省各主管厅和财政厅联合下达经费指标，按进度分批拨款。各专、市、县的安置计划和经费指标具体落实到企业单位，企业根

---

① 《关于安置城镇人口参加农业生产的报告》。资料来源：浙江省档案馆，档案号：J002 - 62年16卷 - 003。

② 《浙江省农业厅、浙江省林业厅、浙江省水产厅关于在国营农、林、牧、渔场安置城市下放人员》。资料来源：浙江省档案馆，档案号：J122 - 15 - 028。

③ 《关于1963年在水产方面安置城市精简职工和青年学生的方案》（草稿）。资料来源：浙江省档案馆，档案号：J122 - 15 - 028。

④ 《浙江省水产厅关于国营水产养殖场安置人员的工资待遇工人工资标准问题的通知》。资料来源：浙江省档案馆，档案号：J122 - 15 - 028。

据安置计划和经费指标编制年度及季度用款计划，报当地主管部门，由当地主管部门审查汇总，报同级财政部门核定后拨款。这项安置费用的实际使用情况，各有关企业单位应于每月终了后五天内向当地主管部门和财政部门专案报账一次同时抄报省主管厅，各地主管部门与财政部门应当对安置费的使用情况经常进行检查，并于每季度终了十天内将经过审核后的企业上报的当季月报汇总，联合上报省主管厅和财政厅，对于安置费的拨付，使用情况和存在问题，改进措施，应附详细说明，省主管厅应该专案汇编季度结算报告和年度决算报告，报送的时间和程序，按中央规定办理。[①] 由此可见，下到各场的被精简人员的安置工作基本由国家统一管理，经费统一划拨，并有相对严格的审批监督程序。此外，各场原来人员不多，房屋、土地以及生产工具比起农村而言要宽裕一些，因此安置下放人员也较为容易，再加上国家对其的扶持政策，因此，从总体情况而言，农、林、牧、渔场执行安置政策的实际效果是不错的，没有出现普遍性的问题，从已有资料来看，虽然初下到各场时，有一部分人员会因为劳动强度较大而感到不适应，但大部分人员对安置总体是满意的，其生产和生活得到了有效保障。

在我们的典型调查中，有 1 人精简后到了农场。据其描述，当时被精简到农场后，大家住的集体宿舍其实是一个草棚。过了一段时间，每人分配到了一间 18 平方米的草房，草房只用稻草盖了一下，不过比之前的集体宿舍有所改善。又过了几年，有关部门帮他们把草房换成了砖瓦房。至于这位被精简人员到农场后的工作，主要从事一些农业劳动。据其介绍，到农场后不久，农场还分配了田地给个人。由于生产和生活条件的改善，因此他对被精简后的安置还是较为满意的。[②]

在精简的过程中，一部分人员被精简后依然留在了城镇，这部分人员占被精简总人数的 25%。因此城镇是除农村后被精简人员的第二大去向。这部分人中，有些人员在精简过程中从全民所有制企业转到了集体所有制企业；有些人员被精简后从事一些小商小贩或是自谋生计；还有一些人员被精简后不再从事任何工作，而是回家从事家务劳动。不论这部分人员被

---

① 参见《关于精减职工、青年学生和闲散人员下放国营农垦、林业和水产养殖安置经费的管理规定》。资料来源：浙江省档案馆，档案号：J125 - 15 - 332。

② 《采访记录 2：嘉兴地区被精简人员朴尚全的访谈记录》，《附录一：调查采访记录》。

精简后从事什么样的工作，有一个特点是共同的，就是国家不再向其发放工资，不再向其提供各种生活必需品。那么，对于这部分被精简后人员，安置政策的执行是否到位呢？

对于这部分人员，主要考察的是其被精简后的生活情况。被精简后仍留城镇的人员被精简后的生活情况不容乐观。

1962 年 8 月，据中共闲林钢铁厂委员会对该厂被精简人员的安置工作进行的调查，发现被精简后回乡的人员中，生活水平比以前好的以及跟以前持平的占了绝大多数。而被精简后仍留在城市的人员的情况是：在24 个被精简后仍留在城镇的职工中，有 20 个职工的户口，粮油关系已经迁入，并得到了落实，占 83.33%。这些人员中有 18 个从事家务劳动，有 2 个做商贩，有 1 个学缝纫手艺，有 2 个做临时工，有 1 个参加杭州市江干区曲艺、魔术演出队，基本属于无工作或临时性的工作，此外还有一些属于自谋生计。根据他们对精简后仍留在杭州市的 16 个工人的调查，全家平均生活水平，在被精简前的情况是：每月收入在 30 元以上的 2 人，20 元至 30 元的 4 人，15 元至 20 元的 6 人，10 元至 15 元的 4 人。在被精简后的情况是：20 元以上的 1 人，15 元至 20 元的 4 人，10 元至 15 元的 5 人，6 元至 10 元的 6 人。如该厂的家属工王某，精简回家后，全家 6口，靠丈夫每月 36 元工资维持生活，平均每人生活费只有 6 元，可见被精简后仍留在城市的人员的生活水平下降明显。①

另据 1962 年 8 月杭州市上城区与下城区所辖的三个居民区和宁波市苍水公社的调查统计，已精简回到该地区的职工共 611 人，加上家属共有3138 人，平均每户 6 人。他们的经济情况：每人每月平均生活费在 9 元以上，生活无问题的，有 305 人，占总人数的 49.9%；每人每月平均生活费在 8—9 元，生活有些困难，通过生产自救，适当安排后可以维持生计的，有 225 人，占 36.8%；每人每月平均生活费在 7 元以下，生活困难较大的有 81 人，占总人数的 13.2%，其中有占总人数的 6%—8% 的人，无固定职业、无固定收入，需要国家救济。再如嘉兴市的调查结果：被精简留城的 1512 个职工中，生活已发生困难的有 179 人，占被精简回乡职工的 11.8%；因为当时正值夏季，有些被精简人员被精简后贩卖瓜果、

① 《中共闲钢委员会文件：关于对精减回家人员访问调查安置情况的报告》。资料来源：浙江省档案馆，档案号：J145 – 1 – 44。

摆茶水摊等，可以维持生计，两三个月后，这些临时性的工作不能再继续，因此生活发生困难的被精简人员数会增加，家庭生活困难面可能扩大。①

在我们的调查采访中也发现了这一情况。在受访的 10 人中，有 2 人被精简后仍留在了城镇，都为女性，由于夫妻双方都在全民所有制企业或是事业、机关单位工作，根据当时的普遍做法，女方作为家属工被精简。她们其中一人由于身体原因，自愿被精简，被精简后没有再从事其他工作，在家里从事家务劳动，生活来源就是其丈夫的工资收入，虽然当时物价较为便宜，但每月房租等必要的开支对其而言也是一个沉重的负担，一家人的生活勉强能维持。② 另一人与其丈夫都在舟山水产局工作，丈夫是干部，根据当时政策，家里是双职工的，两人里精简一个，干部起带头作用，因此她作为家属工被精简，之后就在家从事家务劳动。其家庭在精简之前有两个人工作，加上 2 个孩子，4 个人吃饭，此外还有长辈要养活，生活也只是勉强维持。而精简之后，情况就更为严峻，一个人赚钱 3 个人吃饭，还要赡养长辈，加上舟山地方小，经济也不好，能打零工的单位也不多，所以精简后生活十分艰难。③ 当问及被精简后国家有何安置措施来保障其生活时，受访人的回答是：精简之后，国家什么补贴都没有。但是如果家庭特别困难，单位里的工会会给予适当补助，过年或遇特殊情况，会增加补助。如果单位有临时工的机会就适当照顾他们。因此，被精简后仍留在城镇的两位受访人都表示：被精简后没有拿到任何补助，虽然其仍生活在城市，但基本没有从事其他的劳动，留在家中，家中生活靠丈夫一人的工资维持。由于被精简前是夫妻双方都拿国家工资，而精简后其中一方失去了经济来源，因此生活水平有所下降。

另据 1962 年对杭州市区部分省、市属企业被精简后仍留在城镇的 2016 人的调查，这些被精简人员具有以下几个特点：一是年轻的多。2016 名需要安置的人员中，25 岁以下的有 672 人，占 33.3%；26 岁至 35 岁的有 795 人，占 39.4%；36 岁至 45 岁的有 386 人，占 19.1%；46

---

① 《关于退职职工救济问题的调查资料》。资料来源：浙江省档案馆，档案号：J103 - 14 - 39。

② 《采访记录 4：宁波地区被精简人员袁美贤的访谈记录》，《附录一：调查采访记录》。

③ 《采访记录 6：舟山地区被精简人员葛俊霞的访谈记录》，《附录一：调查采访记录》。

岁以上的只有 163 人，占 8.3%。二是女性居多。2016 人中，被精简的女职工有 1497 人，占 74.3%；男的仅 519 人，占百分之 25.7%。三是家庭生活困难得多。据调查在需要安置的职工中，家庭收入按人口平均计算，人均每月收入不满 6 元的有 792 人，占 37.3%；6 元以上不满 10 元的有 1224 人，占 62.7%。①

可见，在被精简人员中，35 岁以下的人员占了很大比例，同时又以女性居多。这部分人员都是家中的主要劳动力，原来作为企业职工，其工资可以作为家里一个重要的收入来源，被精简后，收入无固定来源。与此同时，未精简前，其作为企业职工，不仅有固定的收入来源，而且有医疗及其他的社会保障，包括其子女的教育、医疗等。而在其被精简后，这一系列的保障措施都不能再享受。失去了固定的工资收入，同时又失去所有的保障，势必导致其整个家庭的生活出现困难。

综上所述，对于被精简后仍留在城镇的人员，除了被精简时由精简单位发给一定的精简补助和口粮补贴之外，在其被精简后，对其的安置措施：一条途径是转到集体所有制企业。但由于当时整个国民经济处于调整时期，所有的企业部门都处于一种压缩状态，因此集体企业所能安置的被精简人员是相当有限的。另一条途径就是给被精简人员提供一些临时工作的机会。但这些就业机会毕竟是临时性的，存在着很大的不稳定性。还有一条途径是根据被精简人员自身的一技之长，从事一些手工业劳动或者是一些服务性的工作。但由于掌握一技之长的人员本身数量不多，再加上在当时的经济体制下束缚了他们技能的发挥。另外，还有一部分人员被精简后回家从事家务劳动，国家对其基本没有安置措施。此外，城镇相较于农村而言，自谋生计的途径更为狭小。据调查，被精简后回乡的人员，如果在生产队得不到有效的安置，他们还可以依靠自己的劳动能力从事开荒、运输以及另辟田地种植经济作物、饲养家畜等方式来维持或者改善自身的生活。而在城市，不可能通过开荒辟地、饲养牲口等方式来维系生活。因此，总体而言，被精简人员被精简后由于失去了国家的工资供给以及生活必需品的供应，同时也缺乏其他的途径来维持、改善生活，其生活水平较被精简前明显下降。

---

① 《杭州市广我门路安置家住城区的多余职工》，《精简工作简报》（第 64 期）。资料来源：浙江省档案馆，档案号：J040 - 021 - 157。

　　由此，对于被精简后仍留在城镇的人员，虽然在安置政策的执行上没有出现太大问题，但由于安置政策本身只对其进行了少量的补助，以及只为部分人群安排了出路。鉴于当时国民经济的困难局面还没能得到根本性的缓解，在有关的安置政策中不可能对这部分人员的生活作长远性的规划，只能暂时先解决眼前的问题，因而安置的效果也不甚理想。

　　在精简过程中，还涉及一些特殊人员的安置。主要是退休、编外以及退职人员今后的安置。

　　对于退休以及因老、弱、病、残等原因退职的人员，虽然国家有明确的补助规定，但其被精简后生活状况依然较为严峻。这些人员原本就因为年老体弱或是生病、伤残等原因被精简，虽然国家对其有补助措施，但由于这些人员基本失去了劳动能力，被精简后靠一点微薄的补助来维持其自身以及家庭的生活是极其困难的。这部分人员被精简后的生活水平也呈明显下降趋势。

　　可见，就安置政策与措施而言，是相对完善的，而就这些政策与对策的实施情况看，暴露了不少的问题，相当一部分被精简人员被精简后生活和生产受到了不同程度的影响，可以说是存在着十分复杂的情况。

第四章

精简城镇人口的结果

从 1960 年底一直持续到 1964 年上半年的大精简，是非常时期采取的非常措施。就全国而言，这场大精简涉及几百万个家庭，两千多万人。那么，精简究竟带来了什么样的结果呢?

第一节　政策层面的分析

从政策出台的初衷以及执行而言，精简城镇人口的结果，可以说是取得了成功。

一是达到预期精简的人数。

精简工作是在国民经济出现困难的特殊时期，为了渡过危机、解决困难所采取的非常之举。当时中共中央定下的精简目标为三年（1961—1963）精简 2000 万城镇人口。从这个目标来看，精简是达到了预期的效果。如前所述，在大精简期间，全国共减少城镇人口 2600 万，其中企业职工约 1887 万人。

就浙江省而言，1961 年中共浙江省委确定的精简计划是 40 万职工，此后 1962 年和 1963 年的精简计划是减少职工 34.3 万，减少城镇人口 60 万，同时减少吃商品粮人口 100 万。① 事实上，大精简期间，浙江省共精简企业职工 67.4 万，减少城镇人口 92.3 万，减少吃商品粮人口 130 余万。因此，从精简的人数来看，这次精简工作是成功的。

二是农村增加大量的劳动力。

在大精简期间，从中央到地方出台的一系列政策规定来看，认为将城

---

① 金延锋主编:《历史新篇: 中国共产党在浙江》（1949—1978），浙江人民出版社 2011 年版，第 551—552 页。

镇人口精简回农村，可以充实农业生产领域，增加农业生产一线的劳动力。因此，在全国被精简的两千多万城镇人口中，有 67% 的人员回到了农村，参加农业生产一线的劳动，由此 1962 年农业生产第一线的劳动力达到 21373 万人，超过了 1957 年的 20566 人。[①] 而浙江省被精简的 92.3 万城镇人口中，有 75% 的人员回到了农村参加农业生产，这个比例超过了全国的平均水平。因此，就"精简城镇人口到农村，充实农业生产一线"这个政策目标而言，也是实现了。

三是国家财政与市场供应压力减轻。

精简城镇人口，最重要的目的就是缓解国民经济的困难，渡过难关。那么，如何缓解困难，渡过难关呢？就是要减轻国家的负担，即减轻国家在企业职工工资方面的开支和市场供应的压力。在精简过程中，就粮食的供应量而言，从 1961 年到 1963 年的 10 月底，全国非农业人口口粮和食品工业用粮销量共减少了 138.4 亿斤。[②] 国家粮食供应量大幅度降低，在很大程度上减轻了市场供应的压力。此外，就国家工资开支方面而言，1961 年全国职工工资总额比 1960 年减少了 19 亿元，1962 年又比 1961 年减少 30 亿元。1963 年 8 月，国家虽然给 40% 的全民所有制职工调整了工资，职工工资水平有所提高，但工资总额比 1962 年还是略有减少，可见国家财政负担大量减轻，国家因此也可以给企业职工增加工资，以此提高城市居民的生活水平。据统计，企业职工 1962 年的平均工资为 440 元，1963 年增加到了 507 元，其生活得到了一定程度的改善。[③]

浙江省在精简的过程中，城镇的经济压力也在逐年减轻。据 1961 年的统计，全省吃商品粮的人口总数，1961 年比 1960 年末的 498.5 万人减少 31.6 万人。其中城镇实行定量供应的人口数，1961 年比 1960 年末的 350.1 万人，减少 12.4 万人。由此，每月将减少城镇商品粮供应 750 万斤。1961 年节约国家工资基金 5600 万元。[④] 同年 8 月，中共浙江省委副书记霍士廉在中共浙江省委整编精简工作会议的报告中也指出：在一年多

---

①　罗平汉：《大迁徙——1961—1963 年的城镇人口精简》，广西人民出版社 2003 年版，第258 页。

②　同上书，第 258 页。

③　同上书，第 259 页。

④　《关于一九六一年本省精简职工的情况和继续精简职工的意见（稿）》。资料来源：浙江省档案馆，档案号：J106 - 2 - 132。

的时间内，精简了全民所有制企业职工 62 万多，减少城镇人口 46.3 万。由于减了人，1962 年上半年比去年同期工资总额减少 6600 多万元，城镇的粮食销量减少 8000 多万斤，减轻了市场供应的压力。① 1963 年 9 月，中共浙江省委整编精简委员会的报告中也指出：精简节省了国家的工资支出和减少了粮食销量，减轻了国家负担。据浙江省统计局统计，1963 年 1—8 月底，支出的职工工资比 1962 年同期减少 8500 万元。据浙江省粮食厅统计，1963 年 1—8 月底粮食销量比 1962 年同期减少 18720 万斤（其中城镇人口口粮少销 9681 万斤，农村非农业人口口粮少销 9040 万斤）。1963 年上半年工资总额和粮食销量的减少，很大部分是 1962 年减人的效果。② 可见，随着精简工作的逐步深入，国家在工资支出以及粮食供应两项的负担也在逐渐减轻。据浙江省的精简工作大致完成后的统计，全省县以上全民所有制工业企业单位撤、并、转 1635 个；基本建设项目停建、缓建 296 个；大专学校和中等技术学校撤、并 370 所；小学转民办 9747 所；卫生事业单位撤、并和转 4895 个。国家机关，省、县级撤、合并了一部分可设可不设的单位，精简了工作层次。全省因减人而减少工资支出 45 亿元，减少商品粮供应 5.7 亿斤。③

由此可见，精简工作就"大量减轻国家财政负担和市场供应压力"这一目的而言，也达到了预期的效果。

综上所述，精简城镇人口作为国民经济调整时期的一项十分重要的举措，其结果是减掉了预期希望减掉的人数，将大量城镇人口转移到农村农业生产第一线，同时大幅度减轻了国家的财政与市场供应的压力。因此，从中共中央出台精简政策这个层面而言，精简工作无疑取得了成功。

第二节　社会层面的分析

上节述及，就精简政策层面而言，精简工作取得了成功。那么，在这

---

① 《在省委整编精简工作会议上的总结报告》。资料来源：浙江省档案馆，档案号：J002 - 62 年 1 卷 - 001。

② 《中共浙江省委整编精简委员会文件：关于整编精简工作的报告》。资料来源：浙江省档案馆，档案号：J106 - 2 - 162。

③ 《关于三年来精简工作的总结报告》，《中共浙江省委文件选编》（1961.1—1966.4），中共浙江省委办公厅印刷厂 1991 年版，第 588 页。

场大精简中，整个社会又发生了什么样的变动呢？

关于"社会"一词的含义，有多种解释。马克思、恩格斯认为："社会"是"人们交互作用的产物"。①《辞海》对"社会"的解释是："以共同的物质生产活动为基础而相互联系的人们的总体。物质资料的生产是社会存在的基本条件。人们在生产中形成的与一定生产力发展程度相适应的生产关系的总和，构成社会的经济基础。在这基础上产生与它相适应的上层建筑。社会是按它自身所固有的不依人们意志为转移的客观规律而发展变化的。"②《现代汉语词典》对"社会"一词的释义主要有两层，第一层即"指由一定的经济基础和上层建筑构成的整体"，也叫社会形态；第二层含义为"泛指由于共同物质条件而互相联系起来的人群"。③ 因此，从"社会"一词的释义来看，在精简城镇人口中，我们采用的"社会"一词的释义主要为"因共同物质条件而联系的人们的总体"。我们可以将这一工作带来的社会变动理解为几个层次：城镇、乡村以及被精简人员群体。这三个层面本身各自构成了一个"社会"的概念，同时这三个层面结合在一起，又构成了一个"大社会"的概念。

一　变动之一：大量人员离开城镇

在精简的过程中，大量人员离开城镇，回到或者下到了农村。在他们中间，绝大部分是1958年以后从农村来到城市的人员。这部分人员的离开，对于减轻城镇的压力而言，的确起到了很重要的作用。上节述及的国家对于企业职工工资的负担大幅度减轻，粮油与其他生活必需品的供应压力也减小。此外，国家在对国民经济进行调整的同时，也可将一部分因精简而节省下来的资金与生活必需品用于改善城市人口的生产与生活。据统计，如果以1952年工资基数为100的话，1962年达到315，而到了精简工作完成后的1965年则为346，有一定的提高。④ 由于精简了大量的企业职工，国家负担减轻，财政情况有所好转，因此在1963—1965年，恢复了计件工资和奖励制度，同时国家给40%左右的职工调整了工资，职工

---

① 《马克思恩格斯选集》（第4卷），人民出版社1972年版，第320页。

② 《辞海》（缩印本），上海辞书出版社1979年版，第1577页。

③ 《现代汉语词典》，商务印书馆1997年版，第1115页。

④ 么树本：《三十五年职工工资发展概述》，劳动人事出版社1986年版，第3页。

工资水平有一定程度的回升，平均每年递增 3.3%，同时又由于物价回落幅度较大，因此这一时期职工实际工资平均每年上升 7.2%，比起"二五"时期实际工资平均每年下降 5.4% 的数字而言，这一时期职工工资水平的提高有效地改善了其生活水平。[1] 与此同时，1965 年，农民的平均消费水平为 100 元，消费指数为 125.2%；而居民的平均消费水平为 237元，消费指数为 136.9（消费指数均以 1952 年为 100 作为基数计算）。[2]就平均消费水平而言，居民的平均消费水平也明显高于农民的消费水平。

浙江省的情况也大致相当。1960 年浙江省职工年平均工资为 473 元，而到了精简工作基本结束之后的 1964 年，全省职工平均工资为 600 元，在 1960 年至 1964 年间，全省职工平均工资一直呈逐年上升趋势。[3] 此外就消费水平的指数而言，1964 年全省居民平均消费水平指数为 107.1，其中农业居民的平均消费水平指数为 105.2，而非农业居民的平均消费水平指数为 115.7（消费指数均以 1952 年为 100 作为基数计算），[4] 后者明显高于前者。

由此可见，部分城镇人口被精简后，城镇压力减轻，城镇居民尤其是企业职工的生活有了改善。

但是，精简使城镇压力减轻的同时，给城镇带来的另一个变动就是对一些部门与企业的发展带来了不利影响，主要包括以下两个方面。

一是精简工作造成部分高素质人员或是业务骨干被精简，影响了一些部门的生产效率及服务质量。

我们以在精简工作中被精简人员数较多的两大部门——商业部门与工业生产部门为例来进行考察。

商业部门属于服务性的部门，非生产人员较多，因此在精简的过程中精简的人数也较多。在精简中，各地的商业部门都完成或是超额完成了精简任务，但也给本部门的发展带来了一些不利的影响。1963 年，浙江省商业厅在《关于继续精简调整国营商业职工队伍的意见》中指出，1963年"精简的主要对象应当是老弱残人员和文化水平很低，工作能力很差的

---

① 么树本：《三十五年职工工资发展概述》，劳动人事出版社 1986 年版，第 3—4 页。

② 《当代中国丛书》编辑部：《当代中国的人口》，中国社会科学出版社 1988 年版，第490 页。

③ 浙江省统计局编：《新浙江五十年统计资料汇编》，中国统计出版社 2000 年版，第 91 页。

④ 同上书，第 13 页。

安插性人员和家务牵连很重的妇女，不能把强的骨干减出去，弱的差的留下来，更不要继续把那些做不了工作的人安插到商业部门来"。① 在继续精简的基础上，商业厅也提出了要增加一些特殊的人员，包括"政治骨干800人，财务会计、计划统计、物价、商品检验等专业技术人员2200人，学徒工1000人。人员来源，要求分配转业军官、大专学生和招收一批学徒工"。② 由这两段材料来看，全省商业系统精简了大量人员，其中精简了一批素质高或具有专业技能的人员，因此到1963年，商业厅在继续精简一些富余人员的同时，提出要增加一些专业技术人员来推动部门的发展。这种情况在各地的商业部门都存在。据海宁县商业局的汇报，精简后"主要问题是人员质量差，不能一人顶一人用的人员不少，另一方面专业技术人员只减不增，对经济形势发展要求越来越感到不适应"。③ 海盐县也存在着同样的问题："存在的问题是质量差，骨干少，老职工缺乏，现在商业人员是四多四少，即私方人员多，妇女多，体弱的多，不熟悉业务的多，骨干少，职工少，熟悉业务的少，青壮年劳动力少。"④ 嘉兴县商业系统经过精简后也出现了"售货员和服务员的服务质量显著下降、年青职工减少，专业人才缺失"⑤ 的情况。

再来考察一下工业部门精简后的情况。前文述及，浙江的工业生产尤其是重工业生产较为薄弱，在"大跃进"运动中，由于工业生产的需要，从农村招收了大量人员进入工业生产各个部门。这些人员在经过几年的培训锻炼后，其中相当一部分人员已经成为专业技术人员或是具有一定劳动技能的职工。但在精简工作中，工业部门在规模不断压缩的情况下成为精简的重点单位，凡是1958年以后进入企业的职工，除了极少数人员外，大部分都属于被精简对象，因此许多已经掌握了一定专业技术的人员也被精简，造成了这部分人员的流失。以杭州半山钢铁厂为例：1962年该厂

① 《浙江省商业厅关于继续精简调整国营商业职工队伍的意见》。资料来源：浙江省档案馆，档案号：J125 - 064 - 296。

② 同上。

③ 《杭州市人委、商业厅、嘉兴专署各县商业局关于调整机构、人员情况报告以及商业网管理问题》。资料来源：浙江省档案馆，档案号：J125 - 15 - 357。

④ 同上。

⑤ 《关于进一步精简充实嘉兴县国营商业人员的意见》。资料来源：浙江省档案馆，档案号：J125 - 14 - 142。

需削减原保留技术骨干 340 人，但该厂当时实际保留的技术骨干也只有 354 人，而且这些都是企业十分需要的人员，大部分是经过长期培养，实践锻炼的专业技术人员。削减这些人员会产生以下几个问题：一是如果将他们精简，以后在部门发展过程中需要增加人员，就得重新培养，时间上来不及，质量上也不能满足需要；二是每培养一个技工，一个月培养费用 15 元，工资要 40 元，一个人一年要花 660 元，经过四年实际培养的 354 人，国家要花去 9 万元，培养的费用很高；三是对这些停产的高炉、锅炉、蒸汽机、内燃机等设备负责看管和保养，是必要的；四是为完成当年增产生铁的任务，需要再开一个高炉，不仅这些高炉风机、内燃机的技术工人需要用上去，而且还要从定员内挖出一部分普工力量，加强炼铁上料；五是如果将这些技术工人改行普工，对原来掌握的技术逐渐生疏抛弃，如内燃机、汽车司机离开本行半年就不能颁发驾驶执照；六是即使让这些职工改行安排也困难。因为在精简工作开展以后，普工的比重仅占全部生产工人六分之一（约 1000 人），这些职工主要是运输装卸工人，这些人员虽然是普工，但都具有一定技术熟练程度，一个装卸工人每班装卸量 10 吨，而技术工人由于较长时间脱离重体力劳动，体质较差，三四个人顶不上一个经过锻炼的老运输工，而且当时该厂已实行定员，运输工都有劳动定额，换上技工后生产定额难以完成。① 钢铁部门是一个生产部门，其部门人员需要一定的生产技能。由于在"大跃进"运动中，钢铁部门是一个最为重要的工业生产部门，因此 1958 年以来招收了大量的青壮年人员进入到该部门，这些人员经过几年的培养，有相当一部分人员已经成为掌握一定生产技能的成熟工人，甚至部分人员已成为业务骨干。但在精简过程中，1958 年以后进厂的人员属于主要精简对象，因此这部分人员就全部被精简，部门流失了大量的技术工人，对于部门本身的长远发展有一定影响。

商业部门与钢铁部门是浙江省在精简过程中的精简大户，大量的人员被精简，其中包括一部分具有一定专业技术的业务骨干和高素质的人员，这部分人员被精简后，一定程度上影响了部门的生产效率与服务质量。

二是精简造成了部分企业缺少职工，从而影响企业的生产。

---

① 《关于请求延缓执行 62 年度定员中削去技术骨干的报告》。资料来源：浙江省档案馆，档案号：J040 - 021 - 156。

以浙江省为例，正如前文所述及的，从 1962 下半年开始，由于精简职工的迅猛进行，一些工厂的生产形势已经有了好转，已不愿再进行减人了。在当时，已经有人认为"减过头，影响生产"了，[①] 甚至还有些部门在中共浙江省委召开的全省整编精简会议期间，要求增加职工。然而，精简工作还在继续，这就给一些部门的生产带来了不必要的麻烦。如上海铁路总局杭州铁路办事处在过度精简后只剩下职工 14926 人，与该单位原有编制 15468 人比较，缺员 542 人。[②] 萧山棉纺织厂有农民工 1207 人，分布在全厂各个工序中间，按照有关精简的规定，要将全部的农民工精简回农村，这样整个厂生产规模就不得不从 9 万纱锭压缩到 17000 纱锭，与此同时，精简造成了各工序间的劳动力极不平衡。[③] 浙江水泵厂也存在同样情况，经过多次精简以后，已经减得差不多了，如果要继续精简职工，只能减少生产任务，否则计划完不成。[④] 像这样精简后出现缺员，生产任务无法完成，只能用减少生产任务、缩小生产规模来解决缺员所造成的影响的现象存在于全省的部分企业。

综上所述，精简使城镇的压力明显减轻，这是精简工作带给城镇最主要的变动。但与此同时，精简也一定程度上影响到一些部门、企业的整体发展。

二　变动之二：大量人员进入农村

精简工作使得大量的人员离开了城镇，他们之中的绝大部分原本家在农村，在"大跃进"运动中因为招工来到城镇，这次又因为被精简而回到农村。那么，大量被精简人员回到或下到农村之后，又将给农村带来一些什么样的变动呢？

1961 年上半年，中共中央制订颁布了《农村人民公社工作条例》，对

---

① 《杭州市精简职工的情况和当前生产中存在的几个问题》。资料来源：浙江省档案馆，档案号：J040 - 021 - 040。

② 参见《浙江省精简职工和减少城镇人口的情况资料（稿）》。资料来源：浙江省档案馆，档案号：J040 - 21 - 66。

③ 参见《重点厂矿精简劳动力会议简报》（第一期）。资料来源：浙江省档案馆，档案号：J105 - 009 - 104。

④ 参见《重点厂矿精简劳动力会议简报》（第二期）。资料来源：浙江省档案馆，档案号：J105 - 009 - 104。

农村政策作了重大调整，主要包括：一是允许社员从事家庭副业以增加收入；二是规定人民公社分配上取消供给制，实行按劳分配的工分制，即社员的口粮和其他实物及现金分配全取决于工分的多少，多劳多得，这就改变了 1958 年"人民公社化"运动以来所实行的供给制以及"干多干少一个样"的状况。① 通过政策的调整，使得农业生产和农民生活有了少许改善。

表 4 – 1   1961—1964 年全国农民基本生活情况

年份 \ 项目	农民消费水平（元）	粮食消费量（斤）	猪肉消费（斤）	各种布消费（尺）
1961	82	317.57	2.82	8.60
1962	88	329.25	4.43	11.40
1963	90	329.29	8.54	12.24
1964	95	363.94	11.23	15.40

资料来源：国家统计局编：《中国统计年鉴》（1984），中国统计出版社 1984 年版，第 454、477 页的有关数据资料编制。

农村的这些变化，产生了两方面的影响：一是随着中共中央对于农村政策的放宽，农村经济的好转，很多职工觉得回到农村更易于生活，可以通过从事家庭副业和集市贸易获得更多的收入，因此主动要求回农村，从而更有利于精简工作的推进；二是农村取消供给制实行工分制后，干多干少有了差别，家庭的劳动力越多，工分就越多，生活也就越好。因此，一些家里缺乏劳动力的职工都纷纷离开城镇回到农村参加农业生产。

因此，农村政策的调整以及农村经济的好转一方面有利于做通被精简人员的思想工作，使得他们愿意回乡；另一方面也有利于缓和农村广大社员与被精简人员之间的矛盾。

国民经济的调整使农村经济恢复并有了发展，这对于吸收城镇精简到农村的大量人员是有益的。但是，前文述及，精简城镇人口政策的出台，站在农村的立场即是解决农业生产一线劳动力短缺的困难，因此，我们还要探讨的一个问题就是农村真的缺少劳动力吗？大量的城镇人员回到农村以后，会给农村带来什么样的影响或冲击呢？

---

① 关于这一工作条件的具体内容，参见《农村人民公社工作条例》（修正草案），《建国以来重要文献选编》（第十四册），中央文献出版社 1997 年版，第 378—384 页。

　　不可否认，"大跃进"运动期间，农业生产一线的劳动力的确出现了短缺的现象。据统计，1957 年全国的农业劳动者人数为 19310 万人，占到整个工农业劳动者人数的 93.2%；而到了 1958 年，农业劳动者人数锐减至 15492 万人，占整个工农业劳动者人数的 77.8%，比 1957 年减少了 3800 多万人。[①] 但是应该看到，农业生产一线劳动力的流失，其流向主要包括三个方面：一是大量农业劳动力通过招工的方式进城，二是相当多的劳动力在从事大规模的农田水利建设、大炼钢铁等，三是一部分劳动力在社办企业、队办企业中做工。我们看到，只有第一类人员真正离开农村进入城市，从农民身份变成了工人身份，后两类人员只是脱离了农业生产，却没有离开农村。在国民经济调整的过程中，农田水利建设的规模大幅度缩小，许多社队企业也停办了，因此后两类劳动力已经逐渐回归到农业生产一线中来。例如，1961 年农业劳动力比上年增加 2730 万人，总数量达到 19749 万人，恢复到 1957 年水平。[②] 因此，从这个层面而言，农业生产一线劳动力缺乏，主要的原因还是农村本身劳动力调配不当以及"大跃进""人民公社化"造成的后果，经过调整后，农村劳动力短缺的现象已经得到了缓解，甚至于在有些地区农业生产的劳动力是过剩的。

表 4 - 2　　1957—1961 年全国农作物播种总面积、人均播种面积统计

年份 项目	总播种面积（万亩）	农村总人口（万人）	人均播种面积（亩）
1957	235866	54704	4.31
1958	227992	55273	4.12
1959	213607	54836	3.90
1960	225863	53134	4.25
1961	214821	53152	4.04

　　资料来源：国家统计局编：《中国统计年鉴》（1984），中国统计出版社 1984 年版，第 81、137 页的有关数据资料编制。

　　由表可见，尽管 1958 年至 1961 年这四年间，全国农村总人口较之 1957 年有所下降，但与此同时全国的总播种面积也呈下降趋势，因此，四年间人均播种面积并未随着农业人口的减少而增加，而是同样呈下降趋势。可见，在精简工作大规模开展之前，农村并未普遍呈现出劳动力不足

[①]　国家统计局编：《中国统计年鉴》（1984），中国统计出版社 1984 年版，第 109 页。

[②]　同上。

的问题。而在此后的两年中，全国播种总面积继续下降，分别为 210343 万亩和 210327 万亩，而农村总人口却在增加，分别为 55636 万与 57526 万，因此人均播种面积不断下降，分别为 3.78 亩和 3.66 亩。

浙江省是全国土地面积较小的省份之一，因此土地总量和人均占有量都比较低，后备土地资源不足，而同时又属于全国人口稠密的省份之一，人多地少，人均耕地低于全国平均数，人地矛盾突出成为浙江省的基本省情之一。"大跃进"运动之中，虽然从农村招收了大量的农民进入城镇支援工业生产，但与此同时，全省总的耕地面积也在不断减少。由表 4－3 可见，从 1957 年至 1961 年这五年中，全省的耕地总面积与人均耕地面积都呈逐年减少趋势，而后者减少的幅度则更大，人均耕地面积并没有因为农业人数的减少而增加，而是因为总耕地面积的减少而逐年减少。因此，在精简城镇人口工作大规模展开之前，浙江省的人均耕地面积是在减少。农业生产领域的劳动力也并没有呈现普遍不足的状态。

表 4－3　　　　1957—1961 年浙江省耕地总面积、人均耕地面积统计

项目 年份	耕地总面积		人均耕地面积	
	数量（万亩）	减少（%）	数量（亩）	减少（%）
1957	3119.8		1.25	
1958	2977.0	4.6	1.16	7.2
1959	2900.5	2.6	1.12	3.4
1960	2831.0	2.4	1.08	3.6
1961	2818.9	0.4	1.07	0.9

资料来源：浙江省土地志编纂委员会编：《浙江省土地志》，方志出版社 2001 年版，第 98 页的有关数据资料编制。

由此可见，在农村普遍不缺少劳动力的情况下，国家通过行政手段将两千多万城镇人口转移到农村，就加重了农业生产战线劳动力过剩的局面，不仅没有给农村带来积极的影响，反而加深了农村的人地矛盾，同时加重了土地的承载力。

另一方面，在整个精简的过程中，被精简人员的情况是十分复杂的，大致可以分为两大类。

第一类是青壮劳动力。在精简工作中，精简的主要对象是 1958 年从农村进入城镇企业的职工，而在这个群体中，有相当一部分是青壮劳动力，且经过培养，已经具有较强的劳动技能与劳动能力。对于这部分被精

简人员生产队还是欢迎的，而且这部分人员回到或是下到生产队以后的确给农村带来了新的气象。

根据对浙江省几个地区回乡的技术人员进行调查，一部分被精简人员，在工业战线经过两三年的锻炼和培养，学会了一些生产技术，回到农村之后，都大有用武之地。可以农忙务农，农闲做工。回到诸暨县的工人，其中有木工、铁工、泥水、石工、箍工、机修工、电工、理发师等，他们回乡之后，对支援农业起了显著的作用。诸暨县茶厂回乡工人赵某，原是机工，回到公社后，修理了全公社十八台抽水机，在抗台风和排涝中，这些抽水机发挥了作用，社员普遍称好。五泄磷肥厂回乡工人郭某，原是木工，帮助农民修理旧家具，添置新家具。石工骆某帮助生产大队采石灰石，解决了生产大队向外雇工的困难。箍工金某，帮助社员加工畚箕，解决冬闲修水利及农家日用的需要。王某擅长理发，廉价为社员理发。这些回乡人员都得到了社员的好评。① 另据德清县的一份调查，该县某公社根据各生产队的实际需要和每个新社员的技术特长作了合理安排：原有务农经验和基础知识的 17 人仍搞农业；7 个青年学生和城镇居民安置到生产队兼任会计，参加一些轻便劳动；原来以捕鱼为生的 16 个劳动力和 16 只渔船仍然捕鱼，实行评工记分、多劳多得；一个竹匠，留在大队，轮流到各生产队去修理蚕蔟和其他农具。②

可见，这些具有较强劳动能力和掌握一定劳动技能的人员回到农村后，其作用的发挥给农村带来了积极效应。在农村劳动力紧缺的状况得到缓解甚至在一些农村出现了劳动力富余的状态下，这些人员的返乡则有了更为有意义的对劳动生产率提高的贡献。这是再多数量的人也补不来的一种真正称得上进步的农业生产方式。这或许是精简工作对农村的一种特别的反馈。

第二类是老、弱、病、残、妇女以及家庭负累重的被精简人员。在精简工作中，除了上述的青壮职工外，还包括了相当部分的家属工（绝大部分为女性）和因身体原因而退职的职工，还有一部分城镇闲散人员。这部

① 《宁波市诸暨和舟山县组织干部下乡访问回乡生产的职工》，《整编工作情况》（第 23 期）。资料来源：浙江省档案馆，档案号：J040 - 021 - 156。

② 《德清县洛舍公社何家坝大队安置回乡、下乡人员采取了因人制宜、因地制宜》，《精简工作简报》（第 60 期）。资料来源：浙江省档案馆，档案号：J040 - 021 - 157。

分人员或为体力不济、劳动能力较弱的妇女，或因为年老、体弱、疾病或是伤残丧失或是部分丧失劳动能力的人员，或为本身劳动能力较强但家庭负担重的人员。将这些人员精简到农村，不仅起不到支援农业生产的作用，反而会增加农村的负担。从温州市某公社对下乡支援农业生产人员的情况进行的调查来看，在这个公社 21 户、86 个插队人员中，仅有整劳动力 12.4 个，占插队人员总数的 14.4%，平均每户仅有半个多整劳动力，这样就难以起到支援农业生产应有的作用了。更有甚者，在这些插队户中有些家庭只有一个弱劳动力，却要负担 7—8 口家庭成员，不仅其家庭的生活困难，对生产队其他社员也有影响。① 在我们调查采访的 10 位被精简人员中，就有 4 位是女性，都是作为"家属工"被精简的。当问及当时被精简的人员构成时，有受访人员就表示："基本都是女的被精简，男的留了下来。"② 事实上，许多部门与企业在精简的过程中，对于青壮劳动力尤其是具有一定劳动技能的劳动力都"舍不得"精简，而乘机将一些老、弱、病、残及女性职工精简到农村。如黄岩路桥镇某制造厂对精简的顾虑就是：怕留下女的，怕年青力壮的走了，影响生产。③ 这个镇的另一个酿造厂则打算把年老、体弱、有病的 27 人精简，另外 47 名年青劳动力则一概不精简。④ 可见，虽然各级政府的有关精简政策对于精简对象的规定十分明确，但在具体的操作过程中，各精简单位从企业自身的发展考虑，首先就会将一些家庭负累重的女职工以及一些老、弱、残、病的职工减掉，尤其是在减人计划已经或将近完成时，更会将上述人员精简到农村，而将青壮劳动力留在企业。

由此，在农村并不普遍缺乏劳动力的情况下，将大量的城镇人口精简到农村，而且其中有相当一部分是劳动能力较弱的女性以及老弱病残人员，加深了农村的人地矛盾，同时也造成了生产队干部、社员与被精简人员之间的矛盾。

---

① 《温州市动员久居城市的人口到灵昆公社插队参加农业生产情况的调查》。资料来源：浙江省档案馆，档案号：J132－014－005。

② 《采访记录 6：舟山地区被精简人员葛俊霞的访谈记录》，《附录一：调查采访记录》。

③ 《当前精简工作中的一些思想反映》，《整编工作简报》（第 34 期）。资料来源：浙江省档案馆，档案号：J040－021－156。

④ 同上。

三　变动之三：矛盾的显现

精简引起了人口的大规模流动，也产生了激烈的社会变动，导致大量社会矛盾的显现。1961年至1963年的精简过程中，浙江省整编精简委员会共刊发了146期《精简工作简报》，简报主要侧重两方面的报道：一是对各地在精简安置工作中好的典型进行宣传鼓励，二是暴露精简安置工作中的各种问题，根据简报所报道的各种情况，我们将精简过程中产生的大量社会矛盾予以归类，主要以国家、社会、被精简人员以及接收地的村干部与农民作为具体的考察对象来探讨各类社会矛盾。

第一类矛盾是国家的精简政策与实际执行之间的矛盾。

这一类矛盾主要包括了以下几个方面：

一是精简单位执行精简政策的力度跟不上国家要求的精简进度甚至与国家精简政策相违背。前文述及，对于城镇人口精简工作，从中央到地方都是十分重视的，先后出台了大量的文件指导精简工作，而且每一年、每一个地区、每一个部门都有一个精简计划。那么，作为具体实施精简工作的各单位是否就能坚决完成精简任务呢？其实不然，在各年的《精简工作简报》中，尤其是在精简工作刚开展的1961年和1962年，可以看到大量类似于"某某单位减少吃商品粮人口的潜力很大"，或是"某某单位还有大量人口可以精简"这样的报道。"减人潜力很大"，就意味着精简工作并没有做到位。例如临海县食品公司年生产任务不多，虽然精简了一些人员，但人员依然过多，造成了严重的窝工现象，而且人员的劳动技能、素质都偏低。此外，该公司的行政人员过多，共有行政干部28人，平均3.5个职工中就有1个行政管理人员，公司设有行政组和财务、人事、文书、总务、打字员、通讯员等，40余人的食堂有3个炊事员。据调查，该公司1958年招收的12个农民工和1961年招收的5名职工，以及1962年擅自招收的7个临时工，都属于精简对象，但都没有被精简回乡。① 1962年1—7月，绍兴县进行了大规模的减人工作，但到了7月份以后，减人工作的步子明显放缓。全县9个镇，有3个镇减了一部分人员，有5个镇1人未减，而有1个镇的人员不减反增，在减人的过程中出现了城镇转到小集镇，小集镇转到农村但仍由

---

① 《临海县食品公司职工精简的真的差不多了吗?》,《精简工作简报》（第60期）。资料来源：浙江省档案馆，档案号：J040－021－157。

国家供应商品粮的现象。^① 嘉兴县双乔公社 1962 年 1—10 月共精简 438 人，而经过调查，其精简的潜力仍然很大，可以再精简 375 人。与此同时，该公社还出现了一些人员粮食定量过高的情况。^② 嵊县的工交、文卫、商业、农林水气、机关团体五大部门在 1962 年底还有大量 1958 年后新招收的青壮工，除了少部分成为技术骨干外，大部分属于普通工和管理人员，这些属于精简对象的人员还未被精简。^③ 此外，据调查，各地都发现了大量属于精简对象的人员并没有被精简，或者是精简的速度过慢，跟不上要求等情况。例如：浙江水泵厂等五个单位保留的农民工 60% 以上可以精减而尚未精减；^④ 据 1963 年 1 月的统计，宁波鄞县五乡镇到 1962 年底精了 347 人，而调查后发现还有 304 人应该被精简而未精简；^⑤ 而桐乡县梧桐镇在完成 1962 年减人任务的基础上，还有一些来自农村的人员及其家属、社会闲散劳动力、停学待业青年和有条件下乡的城镇居民，可以再减 400 余人；^⑥ 1963 年 4 月，当精简工作进入收尾阶段的时候，中共浙江省委整编精简委员会连续下发两份工作简报，集中就各地的精简工作进行报道，发现各地还存在着大量可精简人员没有被精简的情况：如吴兴县道场公社，经过调查发现该公社吃商品粮人口可减的数量可以大幅度增加，大量的城镇企业职工、干部家属、居民等还可动员精简；嘉兴县经过调查，魏塘镇仓桥、建设居委会还有许多闲散人员与农村职工未被精简，减少吃商品粮人口的潜力很大。同时，中共嘉兴县委在建中、育子弄两居委会调查，发现还可以动员一些居民回乡下乡参加农业生产；金华县通过全面调查登记发现减人潜力很大，城关镇发现尚有闲散劳动力 1800

① 《绍兴县减人减粮工作中存在着不少问题》，《精简工作简报》（第 96 期）。资料来源：浙江省档案馆，档案号：J040 - 021 - 158。

② 《嘉兴县双乔公社减少吃商品粮人口的潜力仍然很大》，《精简工作简报》（第 102 期）。资料来源：浙江省档案馆，档案号：J040 - 021 - 158。

③ 《嵊县还有大批来自农村的职工可以精减》，《精简工作简报》（第 104 期）。资料来源：浙江省档案馆，档案号：J040 - 021 - 158。

④ 《浙江水泵厂等五个单位保留的农民工百分之六十以上可以精减》《精简工作简报》（第 104 期）。资料来源：浙江省档案馆，档案号：J040 - 021 - 158。

⑤ 《鄞县五乡镇可以减少的吃商品粮人口的潜力仍然很大》，《精简工作简报》（第 105 期）。资料来源：浙江省档案馆，档案号：J040 - 021 - 158。

⑥ 《桐乡县梧桐镇在完成六二年减人任务的基础上还可以再减四百余人》，《精简工作简报》（第 105 期）。资料来源：浙江省档案馆，档案号：J040 - 021 - 158。

余人；① 温岭县经过深入的调查，发现新河镇的企事业单位、硖石镇、松门镇、长竿街、坊门街、樟潭区、城北区、汤溪区、干览公社、湖前公社等地尚有很大的减人潜力，动员的对象包括了从农村来的农民工、城镇居民、干部家属等。② 从以上这些部门、单位发现的问题来看，有相当数量的单位与部门，在执行精简政策的过程中，各单位与部门执行的力度跟不上要求，甚至有些单位与部门还出现了违背精简政策的做法，从而在政策规定与实际执行两者之间形成一个普遍性的矛盾。

　　造成这一矛盾的原因是多方面的：首先是由于精简单位的领导存在着各方面的顾虑，例如担心会影响生产、或者动员工作难做、或是会造成不团结局面等。如温州市的一些企业经过精简后，许多领导认为该减的都减了，"现在留下的都是精兵健将，再减可惜"。③ 许多地区都反映减人工作是"开会难、动员难、安置难"。④ 许多精简单位的领导都有同样的想法，有的认为："不把困难向群众交底，说服力不强；交底了又引起群众对三面红旗的怀疑"，也有的说："去的是少数，留下来的是多数，留下来的这些人今后还减不减，谁也不敢说，但又要他们安下心来生产，工作怎么做法。"⑤ 精简单位对精简工作存在着诸多顾虑，精简决心不坚定，势必会影响精简工作的推进。

　　其次是被精简对象的多种担心，例如一些被精简人员担心精简到农

① 参见《道场公社经过调查研究吃商品粮人口可减数量增加了三倍》、《经过调查魏塘镇仓桥、建设居民委员会减少吃商品粮人口的潜力很大》、《嘉兴镇委在建中、育子弄两居委会调查，发现可以动员居民回乡下乡的潜力很大》、《通过全面调查登记发现减人潜力很大，金华县城关镇发现尚有闲散劳动力一千八百余人》，《精简工作简报》（第109期）。资料来源：浙江省档案馆，档案号：J040-021-159。

② 参见《新河县社办企事业可以大大精简》、《对照政策，深入调查，硖石镇减少城镇人口的任务可以完成》、《松门镇可以减少吃商品粮人口的潜力很大》、《长竿街、坊门街可以动员大批居民回乡下乡》、《樟潭区可以减少许多吃商品粮人口》、《城北区吃商品粮人口可以大大减少》、《汤溪区有许多吃商品粮人口可以动员到生产队去》、《干览公社有许多干部家属应该动员回乡》，《精简工作简报》（第110期）。资料来源：浙江省档案馆，档案号：J040-021-158。

③ 《当前精简工作中的一些思想反映》，《精简工作简报》（第34期）。资料来源：浙江省档案馆，档案号：J040-021-156。

④ 同上。

⑤ 《当前干部对精简的思想反映》，《精简工作简报》（第40期）。资料来源：浙江省档案馆，档案号：J040-021-146。

村后生活困难。如安吉县晓市镇 70 多个动员对象，都怕下乡降低收入、粮食吃不饱，对精简存在担忧心理。① 嘉兴市一些被精简人员也对被精简后回农村参加农业劳动顾虑很重，怕农业劳动吃不消，生活水平下降。②

还有一些被精简人员则存在心理的顾虑，担心被精简以后"面子"上过不去。"面子"是中国人重要的心理特征，同时也是一个社会产物，社会舆论、社会规范、文化价值观对面子的认定也会产生重要影响。"面子是一个人社会成就的反映，个人的尊严将从适当的社会行为及社会赞许中获得，这使得个人在社会生活中要追求有脸面，就要出人头地，成就事业，从这其中显示自己的能力获得面子。"③ 在中国，由于城乡之间的差异性，使得"城镇居民"与"农民"这两种身份在整个社会的价值观中地位是很不同的，尤其是从农村被招入城镇，从"农民"转变成"居民"是一件很有"面子"的事情。而如果已经成为"居民"，但又变成了"农民"，那会被认定是能力有限或是犯了错误，那在整个社会的价值观中就是一件"丢面子"的事情。正是这样的一种心理及社会价值观的引导使得许多被精简人员觉得自己被精简是丢了"面子"，如嘉兴市绢纺厂女工姚某，其爱人在农村，自己到城镇成为企业职工，在被确定为精简对象后，她认为回农村不光彩，怕亲戚朋友看不起，因此很有顾虑。④ 安吉县晓市镇的戴某，在被精简正式回农村前，先在其农村的兄弟家住了几天，发现其兄弟和其他村民很欢迎他回去，这才主动要求回农村。⑤ 可见，在精简过程中，"面子"问题着实增加了被精简人员的担忧。

---

① 《安吉县晓市镇动员城镇人口去农村安家落户的几种做法》，《精简工作简报》（第 56 期）。资料来源：浙江省档案馆，档案号：J040 - 021 - 156。

② 《嘉兴市委组织报告团现身说法，开展宣传效果良好》，《精简工作简报》（第 56 期）。资料来源：浙江省档案馆，档案号：J040 - 021 - 156。

③ 关于中国人"面子"问题的研究，参见丁华《解析"面子"：一个社会学的视角》，《社会》2002 年第 10 期。

④ 《嘉兴市委组织报告团现身说法，开展宣传效果良好》，《精简工作简报》（第 56 期）。资料来源：浙江省档案馆，档案号：J040 - 021 - 156。

⑤ 《安吉县晓市镇动员城镇人口去农村安家落户的几种做法》，《精简工作简报》（第 56 期）。资料来源：浙江省档案馆，档案号：J040 - 021 - 156。

由于存在着生活生产与心理上的多种顾虑，因此一些被精简人员采取各种办法抗拒精简。

再次是精简计划要求的精简人员数确实偏高，执行起来存在困难。如第二章所提及的全省卫生系统与银行系统，由于部门的特殊性，对职工的专业素质要求较高，而且部门处于发展壮大期，如果将部门的职工也进行精简，就会影响整个部门的运作与发展。

二是精简单位违反精简政策，影响精简工作。从《精简工作简报》中反映出来的情况看，主要表现在两个方面：

第一个方面是宣传工作不到位，精简工作简单粗暴。例如某机械厂共精简职工141人。然而，在精简工作中，该单位对精简职工不按政策办事，在许多问题的处理上都严重违反有关政策。首先，在精简工作开始之前，没有做细致的宣传动员工作，只是简单的向工人提出"要回去只要自己打报告，厂里批准，随便哪个都可以"。同时厂里把一部分批准权限下放给车间，使整个精简工作陷入混乱。其次，在精简过程中，把20名城镇居民精简回家，而这20名职工在被精简后确实存在生活上的困难。同时，该厂对于被精简到农村的职工，在他们回乡前，没有和当地有关部门联系，而是在职工临行前，发个电报通知一下，该单位回舟山的80人，其中有部分属城镇居民，由于在精简前该单位没有做好相应的沟通告知工作，导致当地政府缺乏准备，不能安排被精简人员的生产生活，而这些职工在县劳动科吵闹要分配工作，造成了不好的影响。此外，还有一名职工宋某精简回去以后，当地商业部门不需要，工作无着，转来转去，生产补助费用完，尚未找到生活出路。再次，精简待遇的发放也存在违规现象。对被精简职工的待遇，自行规定了1956年进厂的发四个半月的工资，1958年进厂的发三个月的工资，而没有按照职工工作年限计算，认为"工人转来转去，几时参加工作，查不清楚"。① 杭州轧钢厂在精简职工工作中，宣传动员工作简单粗糙，精简政策一出，就停工三天进行动员，对于被精简人员，不管思想工作是否做通，就要求其留下所有在企业的物品，在规定期限内离厂，对于一些不符合精简要求的职工也强行精简。这样的做法引起了职工的不满，纷纷

---

① 《衢州机械厂对精简职工不按政策办事》，《整编工作情况》（第15期）。资料来源：浙江省档案馆，档案号：J040－021－156。

表示厂里把他们一脚踢开不管，不当人看。①

　　第二个方面是精简单位存在错减现象，且安置措施不到位。例如某县交通局所属的部分单位，对精简城镇人口的思想教育工作做得不好。部分工人思想工作没有做通，但该局为了赶时间，怕精简工作拖过半个月要多支出半个月工资，因此在召开职工动员大会以后，只组织讨论了一次。该局对于老年职工的精简政策的宣传更是简单粗糙，只开了个座谈会，就要这些职工必须在第二天 12 点以前办好退职手续。职工们表面上不敢表示反对，但背后却议论纷纷，思想上想不通。该单位不仅没有做好动员工作，而且还没有严肃认真贯彻执行有关精简职工的政策，出现了许多违规现象。例如该单位把 1957 年以前的老职工和城镇居民作为精简的对象。该局在 1961 年 9 月底前精简回去的 171 个职工中，有 161 人是 1957 年以前的老职工。这 161 人中有 31 人是城镇居民，占精简职工数的 18%，这些家住城镇的职工都是 1949 年之前进厂的老工人，被精简回家以后大多数未得到妥善安置。同时，该企业对 1957 年以后来自农村的新职工只精简了 10 人，还有 126 人仍留在企业未作处理，而且这些人中有很多人是普工而并非技术人员，属于明确要求被精简的对象却没有被精简。该单位还把应予退休的老年职工作为退职处理。该局下属某业务站精简的 35 个职工有 8 人符合退休条件，但领导在动员时硬要工人退职。如老工人任某与关某都年过 60 且一般工龄 40 年以上，曾提出要求退休，站长回答说："上次动员你们退休你们不退，这次退休不搞了，一律搞退职。"还威胁他们说："如果现在不退，今后企业转为集体后，这扇门要关掉了，敲也敲不开。"因此工人思想上顾虑重重，怕转到集体所有制企业后生活没有保障，连退职费也拿不到，于是不得不同意退职。此外，该单位对被精简人员的有关补助也未按有关规定发放，且对于被精简人员被精简后的生产生活问题，该单位也未主动与接收地进行很好的沟通，以致有些人员被精简后生活困难。②

　　精简单位对精简工作缺乏宣传动员，对政策把握不够准确甚至于违反

① 《杭州轧钢厂精简工作简单粗糙引起职工思想混乱》，《精简工作简报》（第 39 期）。资料来源：浙江省档案馆，档案号：J040－021－156。

② 《萧山县交通局所属的部分单位在精简职工中没有认真严肃执行政策》，《整编工作情况》（第 18 期）。资料来源：浙江省档案馆，档案号：J040－021－156。

精简政策，违规操作，影响了精简工作的开展，也影响了安置工作的效果，对被精简人员的生产生活和心理造成极大的影响。

针对这些矛盾，各级政府采取了一系列措施予以解决。一是进一步做好精简单位和被精简人员的思想工作，并安排解决好被精简人员的生产生活。对于精简单位，强调动员工作的重要性，要求思想上弄通才能精简，同时要求尽可能地为被精简人员提供回乡的便利条件。对于安置地，要求各生产队要克服困难，千方百计安置好被精简人员。对于被精简人员的思想工作，各地都采用了"现身说法"的方式，让已经下乡并已取得了成绩的被精简人员作经验介绍，打消被精简人员的种种顾虑，使他们树立"下乡光荣"的观念，同时也帮助他们树立"不怕苦不怕累"的信念，使他们能安心农业生产。①

二是适当调整一些部门的精简计划。如第二章所述，针对卫生、银行金融等特殊的部门，由于部门发展的需要，在精简的过程中，没有强行规定其精简人员，甚至根据实际的需要增加了一些专门技术人员。

三是对一些确实被错误精简的人员予以收回，重新安排工作。1962年，中共浙江省委整编精简委员会发出通知，对于精简不当的人员，"原工作单位（撤销单位由上级主管部门）应当报经县以上整编精简委员会或省级各厅局批准收回，并负责安排工作"。② 根据这一要求，有关部门对于错误精简的人员予以收回重新安排工作。如北湖农牧场植保技术员赵某被精简后，发现其是高等学校毕业生，不属于精简对象，因此由农牧场收回安排工作。③ 又如杭州轧钢分厂工人赵某于1962年4月被精简回原籍临海城关镇，但其家庭有四人同时被精简，全家8口生活确有困难，因此根据1963年6月12日中共浙江省委整编精简委员会下发的《精简工作简报》（121期）中《关于精简职工政策的几个问题的解答》第11条精神，"家住城镇全家多人同时被精简生活困难的，可以收回一人或两人"，因

---

① 参见《嘉兴市委组织报告团现身说法，开展宣传效果良好》、《安吉县晓市镇动员城镇人口去农村安家落户的几种做法》，《精简工作简报》（第56期）。资料来源：浙江省档案馆，档案号：J040 - 021 - 157。

② 《中共浙江省委整编精简委员会文件：关于国家分配的中等专业学校毕业生一般的不要作为精简对象的通知》。资料来源：浙江省档案馆，档案号：J105 - 009 - 089。

③ 《关于收回三名被精减职工问题的批复》。资料来源：浙江省档案馆，档案号：J116 - 2 - 315。

此决定收回赵某，改调台州专区安置工作。① 对精简不当人员予以收回重新安排工作，对于被精简人员是一个极大的心理安慰，以此来缓和精简带来的冲击。

第二类矛盾是被精简人员相互之间以及干部与群众之间的矛盾。

这一类矛盾主要包括了以下几个方面：

第一方面是各种因素的综合影响导致对于减人对象的把握上出现偏差。虽然对于精简的对象，有关政策有明确的规定，但在实际的操作过程中，依然存在着各种因素，影响了对减人对象的把握。

第一种因素是自土地改革运动以来就出现并逐步开始强化的阶级成分因素的影响。虽然土改所造成的小土地所有权遍布的局面很快为大规模的集体化所代替，但由土改而在中国社会中形成了一种新的权力级序却在这之后很长一段时间影响着中国社会。"在相当长时期内，阶级成分成为衡量一切的标准，并创设了一种全新的价值评判体系。"② 地主、富农及其子弟即使在生产工作中表现得很出色、很有能力，但由于阶级成分的影响，他们依然会受到歧视。1957 年下半年的"反右派"运动又将一类人深深地打上了"阶级敌人"的烙印——"右派分子"。在精简过程中，"地主、富农、反革命、右派以及其他的坏分子"这所谓的"五类分子"首先就成为精简对象。在第二章曾谈及精简工作在 1960 年刚刚开始阶段，率先开始减人的商业、建筑、财贸等部门就将纯洁队伍与精简工作紧密地结合起来，而纯洁队伍最主要的方法就是将"五类分子"从队伍中清除出去，因此，"五类分子"无论是否真的符合精简条件，首当其冲成为精简对象。虽然在 1961 年开始的大规模的精简工作中，已不再将纯洁行业队伍与精简人员紧密挂钩，但"五类分子"仍然是主要的精简对象。1961 年 8 月，宁波地区在检查精简工作进度的过程中，发现许多单位的领导在把握精简对象时，就提出："政治历史有问题的，思想不好的，以及小偷，这样的人叫他们回去，这样小偷也就少了。"③ 1962 年 4 月，浙

---

① 《省委整编精简委员会办公室关于精简职工政策的几个问题解答》，《精简工作简报》（第121 期）。资料来源：浙江省档案馆，档案号：J040 - 021 - 158。

② 梁敬明：《走近郑宅——乡村社会变迁与农民生存状态》（1949—1999），中国社会科学出版社 2005 年版，第 95 页。

③ 《宁波地区抓组织机构，抓精减对象，抓工作进度，开展精减职工工作》，《整编工作情况》（第 14 期）。资料来源：浙江省档案馆，档案号：J040 - 021 - 156。

江省商业厅在精简调整全省国营商业队伍的报告中再一次重申："地富反坏分子、已经明确身份的，原则上都要从国营企业内部清理出去。"① 可见，对于这一类人员，人们已无形当中将其视作"坏分子"，在精简过程中，其身上阶级成分的烙印已代替了政策规定的精简对象的界定，成为当然的被精简者。

第二种因素是人情关系因素的影响。中国社会是一个十分讲究"人情关系"的社会，有时"人情"甚至于比国家的政策法规还要有效得多。在精简工作中，我们也可以看到，"人情关系"直接影响到了精简单位对于精简对象的把握，精简单位在对有关人员进行动员排队，决定其是否被精简时，"人情"就是一个很好的筹码，具有一定"人情关系网"的人员，就不被精简，相反不具有"人情关系网"的人员就可能被精简。在我们对有关人员进行访谈的过程中，当问及和他们一样都符合精简条件的人员是否都被精简时，有几位被精简人员就谈到"有些有路子的人被下放了以后没过多久，风头过了以后就回来了，私下里就解决掉了。只有像我们这样没有关系的人才被精简回了农村"。② 1962 年 8 月编发的《精简工作简报》第 72 期中就谈到了全省在精简教员工作中存在着的系列问题，其中遂昌县古市区某完小的教员就反映该学校校长因为其亲戚不愿转民办，因此将别的教师转民办；同时这所学校还有代课老师未被精简，而这些未被精简的代课老师也是因为"私人关系"的缘故。③ 这些人员口中所反映的"关系"指的就是"人情关系"。正是因为某些人有着一张"人情关系网"，所以避免了被精简的命运。可见，人情关系也是影响减人对象的一个重要因素。

第三种因素是性别、劳动能力、人员素质等。在精简过程中，其中一个影响着对于减人对象的因素就是人员性别、劳动能力以及人员素质等。在性别上，被精简人员中的相当部分都是女性，尤其是当夫妻双方都是企业职工时，按照当时有关的政策要精简一方时，绝大多数都是精简女方。尽管在近代以来，中国的女性已经开始为了自身的解放甚至获得与男性一

---

① 《中共浙江省商业厅党组关于精简调整全省国营商业队伍的报告》。资料来源：浙江省档案馆，档案号：J125 - 002 - 203。

② 《采访记录 7：金华地区被精简人员盛陶菊的访谈记录》，《附录一：调查采访记录》。

③ 《从人民来信看各地在精减教职员中存在的问题》，《精简工作简报》（第 72 期）。资料来源：浙江省档案馆，档案号：J040 - 021 - 157。

样的平等的参政权而奋斗，但是，女性的解放与参政权的获得是以独立的经济地位为基础的。但是在精简工作中，由于女性在体力上较之于男性弱，再加上女性往往家庭负累要多于男性，许多部门与企业仍然将女性作为重要的精简对象。因此在精简工作中，男女之间的不平等再一次表现出来。① 在我们的典型访谈中，就有 4 位女性在当时是因为夫妻双方都是职工，而必须有一方被精简回农村，她们就成为当然的被精简者。此外，老、弱、病、残等劳动力弱的人员也是主要的被精简者。各地、各部门的领导普遍都存在着"甩包袱"的思想，将老弱病残、技术不好的人都动员回去，并认为"这下子好了，留下的是精兵健将"。②

由此可见，精简过程中，尤其是当计划精简数小于可动员人员数时，精简单位在考虑"精简谁、不精简谁"时就受到了多种因素的影响，阶级成分、人情关系以及人员本身的性别、劳动素养等因素都将发生作用，而这些因素会产生对精简对象把握上的偏差，势必会造成被精简者、可能被精简者以及不被精简者等多个群体人员相互之间的矛盾，同时也会造成一定程度的社会不公。

第二方面是干部不正之风导致干群矛盾突出。在精简工作中，某些领导干部利用手中的权力，依靠自己掌握的社会资源为个人及家属谋私利，导致干群矛盾不断发生，滋长了腐败之风。

一是减人不减粮现象普遍发生。1961 年下半年在对厂矿企业、基建、交通运输、文教系统、机关等部门的整编精简工作进行检查的过程中，发现"人少粮不少"的情况普遍存在。厂矿企业方面，某硑矿共有职工 1809 人，经过核实，已自动离职回乡的有 117 人，但该矿并未将这离职的 117 人上报，因此国家仍然继续供给这 117 人粮食等生活必需品。此外，该矿还存在着其他问题，如低工种报高工种的 61 人，小孩报大人的 37 人，初步统计，该矿向国家多领粮食达 1 万余斤。基建方面，某水电工程局，从 1961 年 4 月份起自己离职回乡的工人有 900 余名，因为户粮关系未及时注销，多向国家领取粮食达 9 万余斤。交通运

---

① 参见朱珏《辛亥革命时期妇女参政运动评析及其当代启示》，《甘肃社会科学》2009 年第 1 期。

② 《宁波地区抓组织机构，抓精减对象，抓工作进度，开展精减职工工作》，《整编工作情况》（第 14 期）。资料来源：浙江省档案馆，档案号：J040 - 021 - 156。

输部门，某市航运公司因参军、死亡等原因，粮户关系未注销的有 15
人，吃双份粮的 1 人，低工种报高工种定量的 70 人，每月向国家多领
粮食达 2298 斤。文教系统普遍存在的问题就是学校已将学生按有关精
简原则精简回乡参加农业生产，但未如实申报，依然拿着国家对已被精
简学生的粮油补贴，这一情况在各地的教育部门都不同程度地存在。机
关单位同样存在这一问题。某县食堂重复报人口 103 人次，以小孩报大
人，以低工种报高工种定量的 22 人，共计多向国家领粮 19712 斤，此
外还虚报补贴粮 5830 斤，三项合计向国家多领粮食达 28582 斤之多。①
除了以少报多、以低报高、以儿童报成人等虚报粮食供应数外，某些企
业还存在着克扣工人定量，干部贪污多占的情况。如某榨油厂，9 个月
克扣工人定量 547 斤，作为支书、副支书、人事干部，以及他们家属的
补贴粮；某粮食加工厂 85 人中，有 29 人每月被克扣 134 斤，用作干部
与其他各项补贴，在工人中造成了恶劣的影响。② 此外，《精简工作简
报》1962 年和 1963 年中也反映了乐清县、金华县、普陀县等地都不同
程度地存在着领导干部冒领粮食的现象。③ 将企业职工精简回乡，最重
要的目的就是减少国家粮油及其他生活必需品的供应，减轻国家的负
担。如果人被减下去了，粮油供应并没有减，反而成为某些领导干部谋
利的工具，那就违反了精简的初衷。

　　二是领导干部在精简工作中以权谋私，违规操作。这里的"违规操
作"，指的是某些领导干部利用自己的身份、职务、特权等为自己或是家
属谋取利益，主要包括两个方面：第一个方面是某些干部家属可以不被精
简或是精简后可以不回乡，继续享受城镇人员的种种福利待遇。1962 年 7
月，省委整编精简委员会刊发了两封群众来信。一是临海县花园大队社员
的来信，反映这一地区有部分干部家属来自农村，而且都是 1958 年"大

　　① 有关材料参见《核实城镇人口与粮食供应简报》（第八期）。资料来源：浙江省档案
馆，档案号：J132 - 13 - 71。
　　② 有关材料参见《关于全省核实人粮工作情况的报告》。资料来源：浙江省档案馆，档
案号：J132 - 13 - 72。
　　③ 参见《乐清县乐城公社减人不减粮的情况》，《精简工作简报》（第 98 期）；《金华县
在核实人粮工作中发现不少问题》，《精简工作简报》（第 109 期）；《六横区检查发现不少渔
业队虚报人口冒领粮食的情况很严重》，《精简工作简报》（第 117 期）。资料来源：浙江省档
案馆，档案号：J040 - 021 - 158。

跃进"时因为不愿在农村参加劳动而被招收到机关来。1960 年大办农业
大办粮食时，本当动员这些家属回家从事农业生产，但机关领导却在机关
大办畜牧场，把她们继续留在城镇。随着精简工作的开展，这些领导干部
又把他们的家属全下放到条件较好的花园大队。大队不同意，区委就施加
压力，大队只好勉强接收。而这些干部家属到大队后，可以不参加劳动，
而且享受国家的粮油供应，群众敢怒不敢言，背后议论纷纷，反映"党的
政策是好，就是讲一套做一套"。有的说："官官相护，自古有之，她们
都是公社主任的太太，粮管所长的夫人，供销社主任的老妈子，怎么舍得
下去呢？"此外，还有其他一些地区的群众也纷纷写信，反映当地的一些
领导干部以权谋私的做法。桐乡县有些领导干部对自己的家属应精简的不
精简，如某公安局长和某镇商业办事处主任、副镇长、供销社副主任、辣
品厂厂长等干部的家属，都是 1958 年后由农村迁到城镇，并安排了工作
的，这次都没有精简，群众提出意见时，还说："领导干部家属情况不
同。"省某设备安装公司群众来信反映：该公司党委书记，1960 年把山东
的舅子安插在工厂里，以后又把岳母、小姨子迁入杭州；该公司几位经理
的儿子、团委书记的妻子、宣传部长的妻子等，都是在 1958 年后安插在
公司里工作的。由于公司的高层领导如此，下面的一些中层干部也就学他
们的样，也安插了一些亲属到公司工作。这些干部家属在这次精简中一个
也没被精简。① 其他诸如诸暨、舟山、黄岩、杭州等地在检查过程中都发
现有领导干部家属不精简，或是精简后仍享受国家各项福利待遇的情
况。② 第二个方面是某些领导干部在精简别人的同时，利用手中权力私自
招人尤其是招收自己亲属的情况。1963 年 3 月，中共浙江省精简委员会
就一些地区私自招工现象进行了报道，温州市一些领导干部私自为一些亲
属或是与自己有特殊关系的人员安排工作；德清县精简办公室的干部利用
职务之便，数次安插亲友去各单位工作；云和县粮食局的某些干部将自己

---

① 参见《人民群众来信四件》（摘要），《精简工作简报》（第 63 期）。资料来源：浙江省
档案馆，档案号：J040 - 021 - 157。

② 有关情况可参见《诸暨县和舟山公路运输段动员家属回乡的两种做法两种结果》，《精简
工作简报》（第 66 期）。资料来源：浙江省档案馆，档案号：J040 - 021 - 157；《黄岩县机关领导
干部带头动员家属回乡、杭州市上城区动员干部家属回乡工作阻力很大》，《精简工作简报》（第
103 期）。资料来源：浙江省档案馆，档案号：J040 - 021 - 158。

的妻子、小舅子等亲属安排一些轻便的工作。① 江山县在自查的过程中，发现一些领导干部擅自将一些本应精简回农村的家属仍然留在城镇，享受国家粮油供应，对此群众意见很大。② 领导干部尤其是一些自己还从事着精简工作的领导干部一方面精简别人，而同时却利用手中的权力为自己和家属谋利，使群众产生不满情绪，导致了干群之间的矛盾。

三是领导干部利用手中权力借"精简"之名打击报复群众。临海县土产站下属某棉花加工厂共有 31 名工人，被精简的 18 名女工中，有正式工人 17 人，临时雇用的只有 1 人，而未被精简继续留厂的却有 4 名雇佣女工，而且都是农村户口。据职工反映，在精简过程中，该厂的领导采取强制办法，借着通知工人带私章去开会为名，事先给工人找好代笔人，要工人当夜写好申请书表明回家的态度。据调查，这 18 位被精简的人员，多数是平时敢于提意见的人。如女工陈某等，是正式工人，又是城镇人口，平时工作很好，厂领导曾多次对她提出过表扬，只因她曾经揭发过某位领导干部贪污公物，这次就被精简了。建德煤矿工人的匿名来信中称：该矿党委书记和其爱人（系矿工会主席、人事科长），在这次精简人员中，对平时敢于向他们提意见的党员干部及职工，都视为眼中钉，借精简的机会让这些职工离开企业。许多职工都遭到这样的结果。而对那些平时会拍马奉承，与他们关系较好的职工，却一个个加以提拔重用。③ 在《精简工作简报》中，这样的事例很多。某些领导干部借着精简工作为名，大搞打击报复，致使一些地方发生了悲剧性事件。如 1962 年 5 月中旬，桐乡县一些地区在压缩城镇人口中，有严重强迫命令的行为，领导干部借口精简工作搞打击报复，再加上没有安排好被精简人员的生活出路，导致被精简人员家庭出现严重矛盾，在该县梧桐、崇福两镇发生凶杀事件，导致二人死亡，二人重伤，④ 造成了十分恶劣的社会影响。

---

① 《省编委发出通报坚决制止擅自招工等违法乱纪行为》，《精简工作简报》（第 106 期）。资料来源：浙江省档案馆，档案号：J040 - 021 - 158。

② 《江山县发现有擅自收回精减人员和将落户在农村的人员安置在城镇的现象》，《精简工作简报》（第 108 期）。资料来源：浙江省档案馆，档案号：J040 - 021 - 158。

③ 《人民群众来信四件》（摘要），《精简工作简报》（第 63 期）。资料来源：浙江省档案馆，档案号：J040 - 021 - 157。

④ 参见《人民群众来信四件》（摘要），《精简工作简报》（第 63 期）。资料来源：浙江省档案馆，档案号：J040 - 021 - 157。

在精简过程中，某些领导干部利用其职务之便，冒领粮食、多吃多占，或是以自己干部身份阻碍对其家属的精简或是精简后仍享受国家的系列福利待遇，又或者借口精简对职工进行打击报复，产生了很强烈的社会反响，造成了领导干部与群众之间的矛盾。

第三类矛盾是回乡、下乡人员与村民之间的矛盾。

精简工作将大量的城镇人口精简到农村，而事实上，在许多农村地区，劳动力并不短缺甚至是富余的。在这种情况之下，大量的城镇人口来到农村，就会加剧人地矛盾。① 而土地是农民赖以生存的根本，人地矛盾的加剧势必会在被精简人员与作为接收地农村的农民之间形成一定的矛盾。一方面，农民们本来生活就不富裕，生产生活用品有限，一下子精简下来那么多的城镇人口，其中还有相当部分是负担重、劳动能力差的妇女或是老、弱、病、残人员，与他们一同参与分配有限的生产生活资料，增加了他们的负担，降低了他们的收入，因此使得他们产生不满，认为精简不是"支农"而是"吃农"，国家将那么多城镇人口精简到农村不是来支援农业生产而是来"剥削农民"的，因此不满情绪就会产生，导致其对被精简人员采取不欢迎态度甚至是敌视态度，拒绝为他们提供生产资料和生活资料，甚至不让被精简人员参与劳动等极端的行为就会发生;② 另一方面，被精简人员响应政府号召来到农村，但却发现农村并不需要他们甚至他们已经成为村民的负累，村民们对他们的态度也十分不友好，再加上一时不适应农业生产，安置不到位，生产生活资料没有分配，生活出现困难等一系列的连锁反应，也不免产生不满情绪。嘉兴县在召开下乡人员座谈会的时候，就有被精简人员表达不满，主要是因为被精简后，生产队不欢迎，生产生活资料不到位，导致其生产生活困难。③ 在我们的典型采访中，有多位被采访人都提到他们被精简到农村后，村民们对他们的态度不友好，生产队不给他们派任务，也不分配给他们任何的生活生产资料，致使他们生活出现困难。④ 温岭县一些被精简人员念出了"高中毕业街头

---

① 关于这一点，第五章将会作专题的论述。

② 关于这一点，第三章中已有论述，这里不再赘述。

③ 《嘉兴县通过下放人员座谈会反映下乡插队人员中存在的问题》，《精简工作简报》（第80 期）。资料来源：浙江省档案馆，档案号：J040 - 021 - 157。

④ 《采访记录 7：金华地区被精简人员盛陶菊的访谈记录》，《附录一：调查采访记录》。

站，大学毕业混口饭"的打油诗来表达自己对精简工作的不满。[1] 一些被精简人员因为得不到较好的安置，因此在被精简后重新又回到城镇，成为自流人员，从而影响了社会稳定。由此，在精简过程中，被精简人员与村民之间也形成了矛盾。

第四类矛盾是精简引起的社会治安事件增加。

精简工作涉及的人员众多，在精简过程中，部分人员或是由于自己被精简而对单位及社会产生不满，或是认为可以在精简工作中乘机捞点好处，因此破坏、盗窃等行为屡有发生。主要表现在以下几个方面：

一是部分职工在精简过程中破坏公物的行为。如临安某煤矿出现多次破坏活动：技工陈某将机器上的皮带割掉六十公分、工人齐某将路灯砸碎等。[2]

二是少数职工趁机偷窃，盗卖公物的现象在不少地方相当普遍。有的偷走工厂的工具、仪表，有的窃取生活用品等。浙江遂昌县某供销社营业员吴某大量盗窃，计有粮票 116 斤，布票 74 尺，棉布 86 尺，人造丝 12 尺，棉被、绸被面、毛毯各一条，棉毛衫 2 件，面盆 2 只，热水瓶 1 只，手套 24 双，毛巾 11 条，蚊帐 1 顶等，共 60 多件。[3]

三是借着精简私分财物的现象严重。如浙江某钢铁厂供销科长徐某，私自将仓库里的小铁管、角铁运到废品商店去加工制成铁床分给大家；这个科的另一名干部以五毛钱一只电炉和三元五角一只闹钟的低价私自分卖仓库物资；职工医院的医务人员则趁精简之机，以低价集体私分糖精。[4]

四是浪费、贪污公款现象频繁。如某铁厂宣布撤销后，工会从结余的工会经费 7000 元中，拿出了 3000 多元用来包场看电影、看戏和不适当地给职工做救济，工会主席还从救济款中贪污了 200 多元。此外，对国家财产不负责任的现象也比较普遍。如某刀具厂有些基本建设停下来以后，厂

---

① 《台州地区当前精简工作中的一些思想反映》，《精简工作简报》（第 86 期）。资料来源：浙江省档案馆，档案号：J040 - 021 - 157。

② 《提高警惕，防止坏分子在精减职工中趁机破坏活动》。资料来源：《整编工作情况》（第 16 期）。资料来源：浙江省档案馆，档案号：J040 - 021 - 156。

③ 《加强物资保管，防止偷窃事故》，《整编工作情况》（第 17 期）。资料来源：浙江省档案馆，档案号：J040 - 021 - 156。

④ 《精简中要加强财务保管，防止盗窃浪费》，《精简工作简报》（第 65 期）。资料来源：浙江省档案馆，档案号：J040 - 021 - 157。

里的材料一直任风吹雨打，无人照管，使国家财产遭受损失。①

综上所述，精简工作使大量的人员离开了城市，回到了农村，从而给城市与农村都带来了一系列的变化，同时也引发了大量的社会矛盾，被精简人员与精简单位、接收地以及整个社会之间都产生了不少的矛盾问题。因此，精简使整个社会产生了较大的变动。

第三节　个体层面的分析

精简产生的第三个层面的结果，即是被精简人员个体层面上的变动，这一变动既包括其生活生产上的变化，也包括其思想上的变化。

一　被精简人员的生活变动

总体而言，被精简人员被精简后，在生活生产等方面产生的变化分为三种趋向：第一种趋向是生活发生了积极的变化，即生活水平有所提高。在精简人员中，一部分人员由于自身劳动能力较强，或是掌握一定的劳动技能的，再加上国家与各级政府对其的安置政策到位，因而这些人员被精简后生活水平有明显提高，收入增加。这部分人员绝大多数都是回到农村或是精简到了各农、林、牧、渔场的人员，利用自己的劳动优势获得了比原来更高的收益。例如在我们的典型访谈中，就有一位受访者回到农村后，自己开辟了一些荒地，种植农作物与经济作物，收入比原来在工厂时的工资收入有明显提高。② 此外，在档案资料中，也有部分被精简人员回到农村后农忙时耕种，农闲时利用自己的劳动技能从事农具修理、交通运输等工作，收入比精简前有所提高的情况。但是，部分人员在被精简后生活比之前有所改善，基本是基于这部分人员劳动能力强或是具有一定的专业技能的优势，但这优势是具有阶段性的，到了一定的年龄，这一优势就会减退。正如前面提到的那位受访者，被精简时由于劳动能力较强，可以从事家庭副业以增加收入，但是这个收入的增加是以繁重的农业劳动为基础的。随着年龄的增长，其劳动能力日渐减弱，不能再从事繁重的农业劳

---

① 《精简中要加强财务保管，防止盗窃浪费》，《精简工作简报》（第 65 期）。资料来源：浙江省档案馆，档案号：J040－021－157

② 《采访记录 8：衢州地区被精简人员项大爷的访谈记录》，《附录一：调查采访记录》。

动，其收入就会减少直至消失，其生活也就会陷入困境，而如果作为企业职工，即使在其失去劳动能力，依然会有一系列的保障来保证其生活。因此，虽然一部分人员到农村后可能会出现生活改善现象，但从长远来讲，由于其失去了固定的工资收入，其生活的改善也带有一定的不稳定性。

第二种趋向是精简前后的生活没有产生明显变化。许多被精简人员在被精简前在企业，按月拿工资以维持其生活，而被精简后或是回到农村，通过从事农业劳动获得口粮与其他生活必需品；或是留在城镇，转到集体所有制企业，或者是在政府的引导、支持之下做一些小生意以维持生活。这些人员在精简前工资水平不高，被精简后又有相应的收入来源，因此在精简前后生活没有产生太大的变化。虽然与精简前相比，这部分人员在被精简后生活水平上没有产生太大的差别，但就其收入的稳定性而言，精简后其收入来源还是存在着较多的不稳定性。例如杭州市在安置被精简后仍留在城镇人员时，采取了多种办法，一是引导部分被精简人员从事修补和服务行业，如修理五金铁器、补锅、修灶、修补竹木藤柳器、草席、雨伞、鞋子等等以及搞些理发、洗染、擦皮鞋、寄存自行车等服务行业；二是组织部分被精简人员当保姆或进行厂外加工，搞一些家庭副业生产等；三是对困难家庭进行适当的补助。[①] 从这些措施来看，对于被精简人员的生活是一种保障。但同时也应该看到，这些器具修补或是服务行业以及补助等方式，都带着季节性、临时性的特征，因此通过这些方式来解决被精简人员的生活仍带有极大的不稳定性。在调查采访中，一位受访者在被问及被精简后的生活时，描述道："那时候年轻，力气有，还过得去。"[②] 可见一旦"不年轻"了，劳动能力减弱，其生活也会出现困难。

第三种趋向就是精简前后的生活产生了负面的变化，即生活水平明显下降。一部分被精简人员回到农村后，由于安置不落实，又缺少了原来在企业工作时的工资收入，加上自身劳动能力较差，家庭负担重，不善于或是不习惯从事农业生产，因此生活水平下降。在我们的调查采访中，有两位受访人明确指出其被精简后，生活水平明显下降。[③] 另外一部分人员精

---

① 《杭州市广找门路安置家住城区的多余职工》，《精简工作简报》（第64期）。资料来源：浙江省档案馆，档案号：J040-021-157。

② 《采访记录9：丽水地区被精简人员钟叶权的访谈记录》，《附录一：调查采访记录》。

③ 参见《采访记录6：舟山地区被精简人员葛俊霞的访谈记录》、《采访记录7：金华地区被精简人员盛陶菊的访谈记录》，《附录一：调查采访记录》。

简后仍留在城镇，由于没有其他的收入来源，国家又停止了对其的工资发放以及生活必需品的供应，生活水平较之被精简前有明显下降。在被精简人员中，绝大多数的家属工（指的是原来夫妻双方都是企业工人，在精简时女方被精简的情况）被精简后的生活呈现出下降趋势。在第三章关于城镇人员的安置工作中，已提及被精简后仍留在城镇的人员由于缺少了固定的工资收入，同时获得收入的途径又有限，因此被精简后有相当一部分人员的生活水平下降。

二　被精简人员的思想变动

与被精简人员在精简前后的生活变动相比，或许精简带给他们在思想上的变化则更大，更激烈。

在我们的调查采访中，关于被精简人员对于精简工作的看法及评价，主要关注到了两个层面：一个是这些人员被精简后，在经过了生活与工作的一系列剧烈的变动之后，他们对于精简有些什么样的感受与看法；第二个层面则是作为这场运动的亲历者，事隔半个多世纪后，他们对于这一场运动又有什么样的评价。尽管此次调查采访的样本选取比较单薄，不能全面、系统地反映被精简人员在被精简后的思想变动，但由于此次访谈选取的对象类型较为丰富，精简经历各异，因此也可以从一个侧面反映出被精简人员的思想变动情况。

当问及对精简工作的看法与感受，被精简后仍留在城市的受访人和精简回农村或农场的受访人中都表示，当时国家有困难，出台精简举措也是不得已之举，自己或是主动要求或是做通思想工作之后自愿被精简的，对于这一运动都表示理解。被精简后，除了失去工资生活水平下降，同时参加农业生产较为辛苦之外，对于这一运动也没有特别的不满或是抵触情绪。在受访的 10 位被精简人员中，有 8 位属于此类情况。

另外有受访者则对于精简工作表示强烈的不满。其中一位是作为职工家属被精简的，事前并不知情，只是在厂里决定将她精简后告知了她，她在不情愿的情况下被强制精简，因此在下去之前就有一种受骗受强迫的感觉，再加上人回去后户口没有回去，成了"黑户"，厂里对其之后的生活不闻不问，村里对她也没有安置措施，使她之后的生活很成问题，还因为自己出去做工而受伤。事后她和有相同精简经历的部分人员还上访过，但上访的后果就是这些上访者至今都没有拿到退休金，因而这位受访者对于运动表示了强烈的不满。①

　　还有一位受访者在精简工作开展之初，是自愿回农村的，但是下去后，由于生活得不到很好的安置，同时缺乏相应的农业生产经验，收入有限，再加上家庭人口众多，粮食不足，成为村里的"倒挂户"。而更让这位受访者不能接受的是，他们一家到农村后，其兄因为参加村大队的农林改造运动，在山上抬石头时被石头砸死，而村里认为是其自己不小心所致，因此没有给他们任何形式的补助。一方面家里因为失去了一个壮劳力而使原本就生活困难的家庭雪上加霜，另一方面村里对其兄之死没有任何交代使这位受访者感情上难以接受，导致其对于精简工作充满了怨气。②

　　与此同时，当有些受访人在谈到其他被精简人员的情况时，也谈到当时有一些他们身边的工友或是同乡被精简是"非自愿"的，回去之后村里也没有安置他们，使他们的生活出现了问题；有些妇女由于被精简后没有生活来源，只得在村里找个人嫁了，生活也不如意；还有一些被精简人员一直留在农村，后来也一直没有落实政策，现在年纪大了，不能工作了，生活也很不容易，这些人都对精简工作有不同程度的不满情绪。可见，对精简工作的不满情绪在相当一部分被精简人员中都存在。③

　　当问及当事人从他们被精简后的自身经历及所见所闻来看，这一场精简工作是否解决了当时农村劳动力不足，加强了农业生产这一问题时，受访的 10 人只有 2 人表示精简人员回农村后增加了农村劳动力，促进了农村生产力的发展；④ 其余的受访者则都表示精简人员只是国家卸下了负担，减少了开支，对于农业生产并没有产生积极的影响。而且在有些地区，本来劳动力就有剩余，大批被精简人员下去后，反而造成了人地矛盾的激化，结果导致村民与被精简人员两方面的不满。

　　精简城镇人口已经过去近半个世纪，当问及这些被精简人员对于这一次精简工作的评价时，每个受访人都有自己的看法。笔者对这些受访人员对于精简工作的评价及看法进行了分类，可以大致分成三种情况：

　　————————————

　　① 《采访记录 7：金华地区被精简人员盛陶菊的访谈记录》，《附录一：调查采访记录》。

　　② 《采访记录 3：绍兴地区被精简人员陆银海的访谈记录》，《附录一：调查采访记录》。

　　③ 《采访记录 6：舟山地区被精简人员葛俊霞的访谈记录》，《附录一：调查采访记录》。

　　④ 《采访记录 4：宁波地区被精简人员袁美贤的访谈记录》、《采访记录 9：丽水地区被精简人员钟叶权的访谈记录》，《附录一：调查采访记录》。

第一类：倾向于正面的评价，这在 10 份访谈中占了 5 成。这 5 人中有一人被精简后仍留在城市，3 人回到自己的家乡从事农业生产，还有 1 人回农村自己搞开荒扩种，他们被精简前在企业的工资较少，而被精简后生活过得不错，因此他们对于精简工作也就形成了倾向于正面的评价。其中有一位今年已经 95 岁高龄的老太太至今还保留着当年国家发给她的一本"精简证"，她觉得自己被精简下来，是为国家度过困难时期作了一份贡献，因此感到十分光荣。①

第二类：倾向于中性的评价，这在 10 份访谈中占了 2 成。这 2 位受访者都是在经过思想动员后自愿被精简的。回到农村后，村民大都对他们抱以友好的态度，而且他们的生活虽然艰苦，也基本能维持，后来生活有所改善，因此他们能以较为宽容的心态来看待这场运动，正如有一位受访者所说的那样："其实也没什么好评价的……这个运动主要是为了减轻国家负担，我们对国家也是很相信的，国家这么说我们就这么做，总的来说这次运动还算是好的吧，为国家减轻了不少负担……因为这个运动，刚开始的时候是很苦的……后来生活慢慢好起来了，大家也就觉得没什么了。"②

第三类：倾向于负面的评价，这在 10 份访谈中占了 3 成。这 3 人被精简后回到农村，由于不适应繁重的农业劳动，加上语言障碍、村里人态度不友善以及突如其来的家庭变故等原因，生活十分困难，与被精简前形成了鲜明的对比，认为"我们工作得好好的，却要把我们精简掉……这个事情肯定不是什么好事情"，还有个别被精简人员直到今天，国家还没有对其落实政策，致使这些受访者对精简工作产生了负面的评价。③

---

① 《采访记录 1：杭州地区被精简人员郁虎根的访谈记录》、《采访记录 4：宁波地区被精简人员袁美贤的访谈记录》、《采访记录 5：台州地区被精简人员曹晴英的访谈记录》、《采访记录 8：衢州地区被精简人员项大爷的访谈记录》、《采访记录 9：丽水地区被精简人员钟叶权的访谈记录》，《附录一：调查采访记录》。

② 《采访记录 2：嘉兴地区被精简人员朴尚全的访谈记录》、《采访记录 6：舟山地区被精简人员葛俊霞的访谈记录》、《采访记录 10：温州地区被精简人员的访谈记录》，《附录一：调查采访记录》。

③ 《采访记录 3：绍兴地区被精简人员陆银海的访谈记录》、《采访记录 7：金华地区被精简人员盛陶菊的访谈记录》，《附录一：调查采访记录》。

由此可见，被精简人员对精简工作的评价与他们被精简后的生活好坏密切相关。安置到位、生活相对较好的就会对精简工作抱着理解、宽容的心态；而安置不到位，被精简后生活难以为继的就会对精简工作抱着不理解、不满意的情绪。

从调查采访的情况而言，精简带给被精简人员这一群体在生活与思想上的变动，其复杂性远远超出了我们的想象。总体而言，其变动大致与两个因素有关，一是其被精简的自愿程度，二是其被精简后安置措施的到位情况，而在这两个因素中，后者又占据了主导地位。精简工作中，自愿被精简的而且精简后安置措施又到位的，其生活与思想的变动相应就平缓一些；而强制被精简的人员，精简对其思想上的冲击是很大的。还有一种类型尤其值得注意，就是自愿被精简后安置措施没有及时到位的人员，其生活与思想上的变动经历了一个对精简由接受到不满的过程，其变动是最为激烈的。总而言之，精简后生活无忧甚至收入有所增加者，精简对其而言，是谓一喜；而精简后生活无着，收入不稳定者，精简对其而言，是谓大忧，而综观整个被精简人群，恐怕是忧者多于喜者。

虽然我们不可能对于这样一个庞大的被精简人员的群体在被精简后的生活变化以及思想变化作出一个精确的量化分析，但有一点是可以肯定的，那就是被精简的两千多万人以及由此而涉及的几百万个家庭的生活轨迹从此发生改变。这些被精简人员原本就居住在城市，或是已经从农村来到了城市，他们在城市安家，一份稳定的工作使得他们可以按月拿工资、可以享受粮油等生活必需品，他们还享受着各种其他的社会保障，医疗、养老金、住房……这些保障虽然有限但基本能让他们衣食无忧。同时因为他们已经来到了城市，成为了城市的居民，因此他们的孩子在受教育、就业等方面也就享受着居民身份可以享受的一切福利保障。然而，当他们被精简到农村后，他们的家庭也基本随之搬到了农村，这一切的保障也就消失了。因为他们的身份由居民变成了农民，他们没有了工资来源，没有了粮油及其他生活必需品的供应，没有医疗、养老金以及住房的保障，他们的孩子在受教育、就业方面也受到了很大的限制，他们的一切生产生活都得依靠自己。由此，虽然在这一人群被精简后的生产生活发生了不同的变化，有些人的生活可能比被精简前还有所改善提高；他们的思想状态也发生了不同的变化，有相当一部分人员是抱着支持、理解、宽容的心态来看待、接受这一场精简工作，但无论如何，这几百万个家庭的生活轨迹从此发生了巨大的变化，而这一变化影响了他们一生，甚至于是他们的子孙后代！

第四节　精简工作的历史遗留问题

精简过程中，国家对于被精简人员的补助措施是十分有限的，不能从根本上解决被精简人员被精简后的生产生活问题。同时，这一项措施又是一项长期的政策，许多被精简人员及其子女被精简后一直生活在农村，其生活轨迹从此改变。因此，精简造成了许多后续的问题至今未解决。

一　被精简人员及其家庭的境遇

虽然从精简工作结束之后一直到现在，从中央到地方都出台了相关政策，力图保障被精简人员的生活，但这些政策措施基本围绕的是生活救助问题展开，而且救助有限，只能维持被精简人员的基本生活需要，不可能改善这些人员的生活水平；同时享受救助的人员范围也有限，因此，救助无论是对于被精简人员这个群体还是对于整个社会而言，都只是一种"治标不治本"的方式。随着时间的推移，精简工作产生的影响也日益显现出来。

由于精简工作牵涉的人员众多，而且精简工作与之后的知识青年"上山下乡"运动相比，具有长期性的特点，因此精简工作对于被精简人员来说，产生的遗留问题也就要复杂得多。

问题之一：绝大多数被精简人员的"工作"问题未落实。

中华人民共和国建立后，由于城乡差异的日益明显，城镇居民享受着种种农民享受不到的福利待遇。而城镇居民所拥有的"工作"无疑是这一切福利待遇的源头所在。因为有了"工作"，就有了固定的工资收入，有了完善的生活设施，也有了国家按月的粮油与生活必需品的供应。因此，有了"工作"就等于有了"铁饭碗"，不仅吃上了"商品粮"，而且其他的生活必需品也由国家供给。虽然农民在农村也从事耕田种地的"工作"，但两种"工作"截然不同，或者说农民耕田种地根本不能算是一种"工作"。因此"工作"依然是城镇居民享有的一种专利。在人们看来，"工作"是神圣的，除非本人犯了严重的错误，不得已而放弃工作，否则

"工作"是相对稳定的。

而在精简过程中，两千多万已经变成了工人、干部或从事其他工作的企业职工再一次变成了农民，放弃了工作，而这个放弃并非建立在个人出现过失的基础之上，因此精简后"落实工作"问题就成了一个很突出的问题。尽管当时有的地区和单位为了动员有关人员下乡，曾许诺到经济好转时优先录用被精简职工。但后来，除了极少数因为错简或是精简不当的人员重新落实工作之外，绝大多数被精简人员的工作问题都没有落实，这也就成了精简工作中一个最为重要的历史遗留问题。为此，在精简工作过后，在不同的时期，都不断的有被精简人员进行申诉，甚至有些人员千里迢迢到北京上访。[①] 这些人员认为当时由于国民经济出现困难，将他们精简到农村，可以理解，但随着国家经济情况的好转，应当落实他们的工作问题。然而，"精简城镇人口"作为一项长期性的工作，1979 年中共中央、国务院专门下发了《关于处理部分人员要求复职复工回城就业问题的通知》，通知的第一条就是针对下放职工的，当时的提法是："对于有些被精简职工要求复工复职问题，一般的不再收回。"[②] 在我们的调查采访中，10 位受访人之中，有 3 位受访人在被精简之后在离家较近的集体企业工作，但工作都是自己找的。[③] 因此，从国家层面而言，在精简之后国家对于他们都没有落实工作。

由此可见，在精简中被精简的人员，绝大部分人员都失去了工作，由城镇职工变成了农民，而且之后国家对于这些人员都没有再一次落实工作，被精简人员失去"工作"不是暂时的，而是永久性的。

问题之二：被精简人员的生活普遍困难。

精简工作中，被精简人员失去了工作，来到了农村或是各农、林、牧、渔场，还有一部分人员继续留在了城镇。这些被精简人员不管被如何安置，他们被精简后的共同命运就是：原本稳定的工作没有了，这也就导

---

① 参见柳随年《六十年代国民经济调整的回顾》，中国财政经济出版社 1982 年版，第 137 页。

② 人事工作文件编委会：《人事工作文件选编》（1），劳动人事出版社 1986 年版，第 468 页。

③ 《采访记录 1：杭州地区被精简人员郁虎根的访谈记录》、《采访记录 3：绍兴地区被精简人员陆银海的访谈记录》、《采访记录 8：衢州地区被精简人员项大爷的访谈记录》，《附录一：调查采访记录》。

致他们失去了稳定的收入来源。这些人员被精简后，虽然其暂时的收入比起被精简前持平或是略有下降，甚至有些人员依靠自己的劳动技能或是较强的劳动能力，从事一些种植经济作物或是搞运输等副业生产，收入较精简前还有一定程度的提高，但这些都只是暂时的现象，他们从事的"工作"带着极大的临时性与不稳定性，随着这些被精简人员年龄的增长，其劳动能力不断下降，不能再长时间从事副业生产，这部分收入会日益减少。因此，这些被精简人员没有固定的收入，其年龄越大、劳动能力越弱，依靠临时性的工作或是农业生产所取得的收入越少，再加上国家对被精简人员的绝大多数都没有相应的救助，因此其生活必定出现困难。

问题之三：被精简人员的养老问题突出。

被精简的大部分人员，回到了农村，由于他们的身份发生了变化，他们没有了工作，没有了工资，没有了福利待遇，同时国家对其中的绝大部分人员只是当时补助了一些费用，之后他们的生活全部依靠自己。当年被精简时只有 20 出头的年轻人，到如今都已是年过七旬的老人，因而当历史发展到今天，这些被精简人员的养老问题尤其突出。

在我们的调查采访中，专门对访谈对象现今的生活作了了解。在访谈的 10 位对象中，其养老问题大致分成了以下几类情况：

第一种情况是养老问题基本解决的，10 位受访人有 4 位属于这一类型，这 4 人回农村后从事农业生产，后国家落实政策，进行救助，现在他们按月拿退休金，养老有一定的保障。这 4 人的具体情况是：有 1 人原籍山东，1962 年被精简至浙江农村（当时山东经济困难，国家政策规定在浙江工作的山东籍职工被精简后可以不回山东，精简到浙江农村），在 1965 年"四清"时回到原单位工作，但是从临时工做起，几年后才转为正式工，如今退休仍留在浙江，每月有退休金，生活较为稳定。① 另 2 人被精简后在农村从事农业劳动，他们落实政策都是在 20 世纪 70 年代末 80 年代初的时候，国家按月发给退休金，且退休金随着国家经济的发展有所增加，这 2 位受访者中有 1 位如今的退休金在 700—800 元左右，有 1 位较高，在 1500 元左右，因为每月有固定的收入，因此生活也相对较为安定。②

---

① 《采访记录 6：舟山地区被精简人员葛俊霞的访谈记录》，《附录一：调查采访记录》。

② 《采访记录 2：嘉兴地区被精简人员朴尚全的访谈记录》、《采访记录 4：宁波地区被精简人员袁美贤的访谈记录》，《附录一：调查采访记录》。

第二种情况是被精简后自己找到工作，现靠退休金解决养老问题。在10位访谈者中有4位属于这一类型。这4位被精简人员回到农村后，一开始从事农业生产，国家对其一直没有收回安排工作，但他们自己在被精简到农村的几年后在离家较近的地方找到了新的工作单位，退休后领新单位的退休金，生活在当地农村可以算中等。①

第三种情况是目前养老问题基本靠家庭、子女解决。在10位受访人中有2人属于这一类型。这2位被精简人员回到农村后一直参加农业生产，国家没有再对其安排工作，自己也没有再找其他的工作单位，因此他们目前没有退休金，养老基本靠家庭，靠子女。②

最后一种情况是至今没有解决养老问题的，在10位访谈对象中有1人属于这一类型。这位被精简人员回到农村后一直从事农业劳动，而且当时被精简回农村后户口却没有一起回去，后来国家对其一直没有落实政策，也没有任何形式的救助，村里对其也没有相应的安置措施。如今被精简人年龄大了，丧失了劳动能力，又没有退休金，原来靠丈夫的退休金生活，后丈夫去世后生活十分艰难。虽然在10位受访人中只有1位属于此种情况，但据受访人回忆，和她同一批被精简的人员中，有些"没路的老老实实的人"都因为户口问题到现在还拿不到退休金，生活没有保障，年老后没有生活来源。③ 因此笔者认为这种情况在当时被精简的人员中还是占有一定比例的。这部分被精简人员迫切地希望有关部门能解决其养老问题。

从以上的分析可知，对于大部分的被精简人员而言，由于精简后工作没有落实、救助的范围又十分有限，因此养老问题都是由自己或是子女解决的。随着年龄的增长，当年的被精简人员如今都已步入老年，其养老问题却至今没有纳入社会保障的范畴，许多被精简人员当时为了响应号召来到农村，为国家作出了一份贡献，但如今国家的经济在不断向前发展，而这些当年为了解决国家困难而作出牺牲的人员的老年生活却

---

① 《采访记录1：杭州地区被精简人员郁虎根的访谈记录》、《采访记录3：绍兴地区被精简人员陆银海的访谈记录》、《采访记录8：衢州地区被精简人员项大爷的访谈记录》、《采访记录10：温州地区被精简人员的访谈记录》，《附录一：调查采访记录》。

② 《采访记录5：台州地区被精简人员曹晴英的访谈记录》、《采访记录9：丽水地区被精简人员钟叶权的访谈记录》，《附录一：调查采访记录》。

③ 《采访记录7：金华地区被精简人员盛陶菊的访谈记录》，《附录一：调查采访记录》。

并没有随着国家经济的发展而得到妥善的安置，这不得不引起我们的关注。

问题之四：被精简人员子女的教育、就业受影响。

精简工作，不仅涉及两千多万的被精简人员，同时也影响了几百万个家庭。精简工作，对于广大被精简人员而言，他们失去了城镇居民的身份，这不仅影响到了其本身，对于其后代子女也产生了极大的影响，可以说，其后代子女的生活轨迹也从此发生了改变。正如前文所提到的那样，在当时计划经济体制下，城乡差异造成了城镇居民与农村居民的身份差异很大。城镇居民，不仅有稳定的工作、稳定的收入，他还享受着一系列的保障，这些保障甚至还惠及其子女。如果是城镇居民，其子女就可以在城市享有较好的教育资源，因而其各方面的素养也就较高，今后的发展也就有了一定的保障。与此同时，如果是城镇居民，其子女成年后的就业问题也相对较为容易解决，或是顶替父母的工作，或是由国家统一分配工作。而农村的农民则完全不同，由于农村的教育资源相较于城市明显落后，造成了其各方面的素质较低，对其今后的发展产生了负面影响；另一方面，国家对于农民子女的就业并不给予安排，其生产、生活都是自给自足。这样就在城市和农村形成了两种截然不同的循环方式，留在城镇的人员，其子女后代一直享受着各种福利待遇，因此生活无忧；而回到或是下到农村的被精简人员及其子女后代从居民变成了农民，失去了一切的保障，甚至于生活也成问题。

由此可见，精简工作完成后，对于被精简人员而言，出现了诸如失去工作、生活困难、养老、其子女的教育和就业无保障等一系列至今都没有妥善解决的历史遗留问题。另一方面，在精简工作中，还有一些跟这些被精简人员有着相同工作经历的人员，或是由于他有着较强的劳动技能，或是因为其有着较好的人情关系网，而最终仍然留在了城市，留在了企业，继续拿着稳定的工资，继续享受着国家给予的各种福利待遇，其子女也继续享受着城镇居民的子女所能享受的一切保障。① 相同的工作经历，在精

---

① 在第二章，笔者曾提到过，在精简过程中，对于一些有特殊技能的所谓"技术工人"在精简中，如果企业单位确实需要，可以适当放松，不予精简，继续留在企业工作；在第四章分析精简所造成的一系列社会矛盾中，就分析过在中国这个人情社会中，由于个人人情关系网的不同，也是影响其被精简与否的一个很重要的因素，同时社会地位也是影响其身份和其家人被精简与否的一个因素。

简工作结束后却出现了完全不同的命运，而这一命运的改变并非由于被精简人员本身的过失所致。这些被精简人员在精简工作中是为了解决国家经济困难而响应号召被精简，被精简工作结束后出现了一系列的问题，随着这些人年龄的增长，这些问题会更加凸显。因此，在精简工作结束后的各个时期，都有一些被精简人员由于各种问题而闹事或是上访，希望政府能够解决他们的实际困难。但正如李若建在对比"文化大革命"时期上山下乡人员与国民经济调整时期被精简人员的命运时所指出的那样："第一，文化大革命是被政府彻底否定的，"文化大革命"中下放的人是受害者，可以回城，相反困难时期的精简职工与下放城镇居民这一作法从来没有被政府否定过；第二，困难时期被下放的城镇居民往往是城镇里没有固定职业的人，社会地位特别低，与文化大革命中那些有地位的下放居民不同，没有多少申诉的力量。"① 这两个原因是导致同是下放者却出现了两种不同的命运。绝大多数被精简人员的利益诉求得不到满足，因此造成了一种长久以来都挥之不去的情绪，那就是当年被精简的相当一部分人员对精简工作至今还存有不满情绪的主要原因。

因此，精简工作带来的影响，或者说历史遗留问题即是被精简人员在被精简后，其生活发生了巨大变化，这种变化导致被精简人员的生活出现困难，而这些困难至今尚未解决。被精简的城镇人口是"大跃进"运动的受害者，国家对他们负有补偿的责任，一旦经济条件许可，应认真兑现对他们的补偿。

令人感到欣慰的是，2010 年，人力资源和社会保障部以及财政部联合下发《关于解决未参保集体企业退休人员基本养老保障等遗留问题的意见》，扩大对于生活困难人员的保障与救助。② 根据这一文件精神，2011 年7 月，中共浙江省委组织部、浙江省人力资源和社会保障厅、浙江省财政厅、浙江省民政厅四部委统一下发文件，规定"六十年代初由全民所有制企业、事业单位和国家机关、人民团体、民主党派以及军事系统精减退职，现无经济收入，生活有困难的精减退职人员按每人每月 500 元发放"。③ 这

---

① 李若建：《困难时期的精简职工与下放城镇居民》，《社会学研究》2001 年第 6 期。

② 《关于解决未参保集体企业退休人员基本养老保障等遗留问题的意见》（人社部发［2010］107 号）。

③ 《关于进一步解决部分精减退职人员生活困难补助问题的通知》（浙人社发［2011］223 号）。

一救助措施一改之前只对少数被精简人员实行救助的做法，已惠及所有的被精简人员，这也是对当年为国家经济发展做出贡献的人们的安慰！

二 对被精简人员的救助政策

就全国而言，精简工作影响了两千多万人、几百万个家庭的生产生活，同时也涉及这些被精简人员的子女的教育、就业等一系列问题。鉴于精简工作留下了大量未解决的问题，事实上，从精简工作结束以后，各级政府就开始着手陆续解决这些遗留问题。

对于部分被精简人员的救助，在精简工作开展期间就已经采取了一定的措施，各地贯彻执行以后，解决了一部分退职老职工的生活问题，但仍有一部分人的困难没有得到很好的解决。因此，在不同的时期，根据具体情况，中央出台了一系列的政策。以 1978 年中国的改革开放为界，可以将有关被精简人员的救助政策分为两个时期。

第一个时期是 20 世纪 60 年代精简工作结束以后至改革开放前。

为了做好退职老职工的救济工作，1965 年 6 月，国务院下发了《关于精减退职的老职工生活困难救济问题的通知》（以下简称《通知》），《通知》主要是对 1957 年以前参加工作而在精简工作中被精简的人员的救助问题作了规定。《通知》将这一类人员分为两部分：

一是从"1961 年到 1965 年 6 月期间精简退职的 1957 年年底以前参加工作并发给了一次性退职补助金的职工，凡是现在全部或者大部丧失劳动能力，或者年老体弱，或者长期患病影响劳动较大，而家庭生活无依靠的人员，由当地民政部门按月发给本人原标准工资百分之四十的救济费""凡享受救济费的退职老弱残职工本人的医疗费用，凭医疗单位的收费凭证由民政部门补助三分之二，本人负担三分之一"。[①]

二是从 1961 年到 1965 年 6 月期间精简退职的 1957 年年底以前参加工作的职工中，凡是不符合第一类人员所规定的身体条件而生活困难的，"由民政部门给以社会救济，应使他们的生活不低于当地一般居民；职工本人的疾病医疗费用，如果本人负担确有困难的，民政部门可给予

---

① 《关于精减退职的老职工生活困难救济问题的通知》，转引自李若建《困难时期的精简职工与下放城镇居民》，《社会学研究》2001 年第 6 期。

适当救济"。①

1965 年 9 月，内务部专门发文，对于各地在贯彻执行国务院《关于精减退职的老职工生活困难救济问题的通知》中遇到的一些具体问题进行解答，涉及人员的界定、补助的发放等 16 个方面，为各地更好地贯彻执行《通知》要求作了指导。

这两个文件是这一时期解决部分被精简人员生活困难问题最为主要的政策，一直沿用至 20 世纪 80 年代。

第二个时期是改革开放至今。

在执行上述《通知》的过程中，各地根据其经济发展情况的不同，还出现了一些符合救助政策规定的人员享受不到救助的情况。"文革"期间，对于退职职工的补助基本上都停发了，造成了这些人员生活上的困难。因此，1982 年，民政部下发通知，对退职老职工的救助作了补充规定：②

一是对于从 1961 年到 1965 年期间精简退职的 1957 年底以前参加工作的老职工，凡是在精简退职时和当时都符合《关于精减退职的老职工生活困难救济问题的通知》第一条规定的享受百分之四十的救济条件，至今未享受百分之四十的救济，经审查核实，应予补办救济手续。救济费从批准之月起发给。

二是对不符合享受百分之四十救济条件而生活困难的精简退职老职工，按照国务院《关于精减退职的老职工生活困难救济问题的通知》第七条规定，给予社会救济，使他们的生活不低于当地一般居民。对其中已年老体弱、基本丧失劳动能力而家庭生活又无依靠的精简退职老职工，各地要采取有效措施，切实解决他们的生活困难。

20 世纪 80 年代以后，随着经济社会的发展，以及人民生活水平的提高，从中央到地方各级政府都根据实际情况提高退职职工的救助金额，但救助的基本精神一直沿用了这两个《通知》的有关规定。

在贯彻执行中央有关政策的同时，中共浙江省委及浙江省人民政府以及各地也相继出台了一系列旨在解决精简工作的历史遗留问题，缓解被精

---

① 《关于精减退职的老职工生活困难救济问题的通知》，转引自李若建《困难时期的精简职工与下放城镇居民》，《社会学研究》2001 年第 6 期。

② 《民政部、财政部关于进一步做好精减退职老职工生活困难救济工作的通知》，民政部发（民〔1982〕14 号）。

简人员生活困境的政策措施。

1965 年，根据国务院发出的《关于精减退职的老职工生活困难救济问题的通知》要求，浙江省按原工资 40％ 发放的救济费用总计为 11.07 万元，医疗补助费用总计为 6329 元，家属救济费 9592 元，享受这一补助形式的老职工为 916 人；对其他老职工的救济费发放总计为 7.29 万元，享受的人数为 1357 人。

"文化大革命"时期，除了对按原工资 40％ 发放的救济照旧外，其他对于被精简人员的救济基本处于停滞状态。①

1979 年 2 月，浙江省革命委员会批转省民政局、财政局、劳动局《关于精减职工遗留问题和处理意见的报告》，决定由地方财政拨款 100 万元，对当时生活困难的部分精简职工进行一次性救济，救济重点主要是年老体弱、长期患病或旧伤复发不能参加劳动、家庭生活无依无靠的精简退职老职工。此外，对于家庭吃口重、劳力少的或因各种原因生活确实有困难的职工也酌情救济。但报告同时指出：救济面一般不超过退职老职工的 50％。这一年，全省用于按退职老职工原工资 40％ 进行救济的费用达 66.25 万元，受救济人数为 3243 人，补助医疗费 6.25 万元；发放其他退职老职工的救济费用共计 119.66 万元，可见救助的力度较之前有大幅度的提高。1981 年，中共浙江省委决定，对于不符合按原工资 40％ 发放救助费的退职老职工，除了原来的救济外，发放一定的救助费，或由原单位发放 12—15 元的救助，或由各地民政部门负责给予社会救济。在此之后，中共浙江省委对全省的精简退职老职工进行了普查补批，并根据全省人民生活水平的逐步提高多次调整了救济标准。据 1983 年的调查，当时全省精简回乡的退职老职工为 113466 人，符合按原工资 40％ 救助的 5816 人，并从当月起，救助不足 18 元的按 20 元的标准发放；不符合这一条件而定期给予救济的 6878 人。这一年，用于退职职工精简救济的费用达到 228.86 万元。1985 年 9 月，浙江省民政厅、财政厅、劳动人事厅发出《关于提高精减退职老职工生活困难补助费标准的通知》，规定从 1985 年 10 月起，全面提高救助标准，按原工资 40％ 救助的人员在原救助标准的基础上，每月发放物价补贴 5 元，另每月提高救助费 3—5 元；定期享受

---

① 浙江省民政志编纂委员会编：《浙江省民政志》，中国社会出版社 1994 年版，第 208 页。

救济的人员，在原救济标准的基础上，每月增加 8—10 元。1988 年 10
月，浙江省民政厅、财政厅联合下发通知，要求根据各地的实际生活水平
相应提高按原工资 40% 发放救助费的人员的生活补贴和物价补贴。至
1991 年，全省享受按原工资 40% 救助的人员有 4528 人，享受定期救济救
助的人员有 14179 人，全年发放的救助费用共计达 1002.3 万元。①

进入世纪之交，根据社会快速发展和人民生活水平不断提高的实际情
况，浙江省多次上调对于精简退职职工的生活救助费标准。

1999 年，中共浙江省委组织部、浙江省人事厅、劳动厅、财政厅联
合下发文件，从 1999 年 7 月 1 日开始，对于享受定期生活困难救助的精
简退职职工，生活困难救助费标准由每人每月 160 元调整为 210 元。②
2001 年，中共浙江省委组织部、浙江省人事厅、劳动与社会保障厅、财
政厅四部门联合下发通知，规定从 2001 年 1 月 1 日起，将精简退职职工
的生活困难救助费标准从 210 元提高到 250 元。③ 2004 年底，四部门决定
从 2005 年 1 月 1 日起，将救助费标准提高到 315 元，并规定由各地财政
统一负担救助费用。④ 2006 年，这一救助费标准提至 345 元，2007 年 1 月
提至 380 元。⑤ 2007 年 7 月起，救助费标准提高到 440 元，同时规定对不
符合领取精简退职生活困难救助费的精简退职人员，如符合当地最低生活
保障条件或生活确有特殊困难的，由当地政府通过正常途径给予最低生活
保障待遇或适当救助，⑥ 这一规定一直延续至今。2008 年这一标准提至
510 元。从 2009 年 1 月 1 日起，救助费标准提高到 585 元，同时规定享受
定期生活困难救助费的精简退职人员死亡后，可发给 2000 元丧葬费。⑦
2011 年 1 月 1 日起，享受原工资 40% 救济的精简退职职工的生活困难救

① 浙江省民政志编纂委员会编：《浙江省民政志》，中国社会出版社 1994 年版，第 208—209 页。

② 《关于调整精减退职职工生活困难补助费标准的通知》（浙人薪 [1999] 165 号、浙劳薪 [1999] 237 号、浙财社 [1999] 73 号）。

③ 《关于调整精减退职职工生活困难补助费标准的通知》（浙人薪 [2001] 63 号）。

④ 《中共浙江省委组织部、浙江省人事厅、浙江省劳动和社会保障厅、浙江省财政厅关于调整精减退职人员生活困难补助费标准的通知》（浙人薪 [2004] 269 号）。

⑤ 同上书，（浙人薪 [2006] 193 号）。

⑥ 同上书，（浙人薪 [2007] 160 号）。

⑦ 同上书，（浙人薪 [2009] 26 号）。

助费标准由每人每月 800 元调整为 910 元；享受定期生活困难救助费的精简退职职工的生活困难救助费标准由每人每月 705 元调整为 815 元。①

根据中央和浙江省有关退职职工的救助要求，各地根据各自不同的情况，也采取了相应的措施来切实解决被精简人员的生活困难问题。

一是从各地市财政拨出专款按有关规定对退职老职工进行定期的救济。这在全省 11 个地市都有这样的做法，即将对被精简人员的救助纳入社会救济的范畴，同时根据本地经济发展与人民生活水平的实际情况，逐步提高对被精简人员的救助额度。

二是除对 1957 年前参加工作的被精简人员按规定进行救助外，一些地市还对其他一些生活确实有困难的被精简人员进行临时性的救助。如绍兴市把对精简退职人员中一部分被精简后生活困难的人员的救助救济纳入城镇贫困户的行列，对其进行定期的救济，以保证其生活。②

三是有些地方还将一些特殊的人群纳入救助范围。如湖州从 1987 年开始，对 1957 年以前入伍，1961—1965 年间被精简下放的武装民警也给予退职老职工的待遇。③

四是对一些经济不发达地区，浙江省采取财政拨款的形式解决其对被精简人员的救助费用。1980 年，浙江省人民政府一次性拨款 4.6 万元给衢州市人民政府，用于解决其对被精简人员的救助。④

由此可见，各地都采取了不同的方式，根据本地经济发展的实际情况，对一部分被精简人员进行救助，以保证其生活。

三　救助政策的缺憾

各级政府对被精简人员的救助政策，存在较为明显的缺憾。

一是救助水平较低。

前文述及，精简中所涉及的两千多万人员，其在被精简后，生活轨迹发生了巨大的变化，失去了工作、失去了稳定的工资收入与各项福利待

---

① 《浙江省民政厅、浙江省财政厅关于调整精减退职职工和麻风病人生活困难补助费标准的通知》（浙民助〔2011〕38 号）。

② 参见任桂全主编《绍兴市志》（第三册），浙江人民出版社 1996 年版，第 1694 页。

③ 参见《嘉兴市志》编纂委员会编《嘉兴市志》（一），中国古籍出版社 1997 年版，第694 页。

④ 《衢州市志》，浙江人民出版社 1994 年版，第 858 页。

遇，其子女的受教育与就业权利也大受影响，因此可以说他们生活的许多方面都发生了变化，导致了其自身的生活出现了困难，其子女的前途也受到了影响，这些都是精简工作的遗留问题。然而，在国家和各地解决精简遗留问题的措施中，正如上面所介绍的那样，所有的措施都只是围绕生活救助展开。在精简工作中，许多人在被精简后出现了生活上的困难，但生活困难只是一种表面现象，而出现生活困难的源头是因为其失去了工作，因此没有稳定的收入来源，也享受不到国家给予的福利待遇，因此对被精简人员定期给予救助，只是解决了表面问题，而未触及精简工作背后留下的一些深层次的问题，例如社会保障、国家赔偿等。

此外，对被精简人员救助的水平是比较低的。虽然在精简工作结束后一直到今天，各地对于部分被精简人员的救助一直没有中断，而且救助的额度也随着社会经济的发展与人民生活水平的提高不断地提高。但与此同时，我们也看到，各地对于部分被精简人员的救助大都放在"社会救济"的范畴，而社会救济指的是国家和社会为保证每个公民享有基本生活权利而对贫困者提供物质帮助，因而社会救济在我国的社会保障体系中，是属于最低层次的保障制度。此外，近年来虽然对部分被精简人员的救助也在不断提高，但其提高的速度远远跟不上社会经济发展以及物价提高的速度。以2008、2009两年为例，2008年浙江省城镇职工的年平均工资为25918元，2009年为27480；而按照对被精简人员的救助，2008年月救助510元（一年为6120元，相当于当年职工平均工资水平的23.1%），2009年月救助585元（一年为7020元，相当于当年职工平均工资水平的25.5%）来计算，这个救助水平远远落后于城镇职工的平均工资水平。[①]从以上的数字可见，对一部分被精简人员的救助只能维持其最低生活，而不可能提高其生活水平。

二是救助政策解决的只是部分被精简人员的生活困难，而未涉及全部。

在上文的分析中，可以很明显地看到一个事实：救助的发放面对的绝大多数都只是1957年前参加工作的退职老职工。前文论及，在整个精简工作中，精简的人员绝大多数是1958年以后新招入各企业的来自农村的

---

① 2008年、2009年浙江省城镇职工平均工资参见浙江省统计局《2008（2009）年浙江省全社会单位在岗职工年平均工资统计公报》。

职工。救助面对的是老职工，被精简的绝大多数是新职工，可见救助的范围十分狭窄。

以下是全国 1979 年至 1996 年对被精简人员的救助情况。

表 4 – 4　　　　　1979—1996 年全国救济精简退职老职工人数　　　　（万人）

年份	人数	年份	人数	年份	人数
1979	9.9	1985	53.4	1991	56
1980	10	1986	109.6	1992	54.6
1981	10	1987	52.6	1993	54.7
1982	13.3	1988	64.2	1994	54.2
1983	24.4	1989	55	1995	53.8
1984	46.8	1990	64.4	1996	53.5

资料来源：李若建：《困难时期的精简职工与下放城镇居民》，《社会学研究》2001 年第 6 期。

以表中救助人数最多的 1986 年为例，当年救助的被精简人员为 109.6 万人，以全国被精简人员 2000 多万人计算，救助人数只占到了被精简总人数的 5.5%，而其他年份，救助人数只占到精简总人数的不到 5%。

再来看看浙江的情况。1991 年，浙江省救助的被精简人员共约 1.87 人（其中享受按原工资 40% 救济的约 4528 人，享受定期救济的约 14179 人）。而浙江省被精简的城镇职工近 70 万，因此享受救助的人员只占到被精简人员总数的 2.8% 左右。

由此可见，精简工作结束后，各级政府对被精简人员的救助范围十分有限，绝大多数的被精简职工没有享受到任何救助。

第五章

精简工作的评价

历时三年多的精简工作，全国两千多万城镇人口，浙江省有 92.3 万城镇人口被精简。这是一项非常时期的特殊工作。那么，如何评价这一项声势浩大的精简工作呢？

第一节 "政治主导"下的人口"逆迁徙"

精简工作，是国家为了渡过危机，将大量城镇人口迁移到农村，这应该说是一次人口的"逆迁徙"。

1876 年，英国学者列文斯坦（Ravenstein）在《地理杂志》（*Geographical Magazine*）上发表了题为 *Birthplace and migration* 的文章，之后列文斯坦在 1885 年与 1889 年两次提交英国皇家统计协会的发言中阐述了他关于人口迁移规律的有关理论，后这一理论被学界称为"列文斯坦法则"。"列文斯坦法则"大致可归纳为以下几个方面：一是移民主体距离法则；二是阶梯式迁移法则；三是移民潮与反向移民潮法则；四是城乡移民差异法则；五是性别选择法则；六是经济因素主导法则；七是经济发展或技术进步促进法则；八是迁入地选择法则；九是年龄选择法则；十是城市发展与移民法则。① 列文斯坦提出的迁移规律是在对英国和其他一些西方国家人口资料进行广泛研究的基础上取得的。在其陈述的关于人口迁移的法则中，其中有一条为"迁入地选择法则"，即"在人口迁移的方向上，净人口迁移流通常是从农村流向城市"，列文斯坦认为这是符合社会

---

① 国内学者对"列文斯坦法则"的研究成果可参见安介生《历史时期中国人口迁移若干规律的探讨》，《地理研究》2004 年第 5 期；沈益民、童乘珠：《中国人口迁移》，中国统计出版社 1992 年版；杨云彦：《中国人口迁移与发展的长期战略》，武汉出版社 1994 年版等论文与论著。

进步与经济发展原则的人口迁移流向，这一观点为大多数学者所认同，因此这种流向通常被称为是人口的"正向"迁移。

对比列文斯坦有关人口迁移的法则，再来看看 20 世纪 60 年代初中国城镇人口精简，不难发现：发生在 20 世纪 60 年代初中国的精简城镇人口这一人口迁移活动与西方学者所得出的人口迁移规律是完全相左的。为什么在中国会出现这样一次人口的"逆迁徙"呢？原因其实很简单，因为列文斯坦法则是对人口自发迁移规律的一个总结，而中国城镇人口的精简则绝对不是一种人口的自发迁移，它是一次有组织的人口迁移。这一次的精简具有如下两个明显的关键性特征：

第一，本次迁移是一次逆向人口迁移。所谓"逆向"人口迁移是指人口迁移的流向与人口迁移规律所应有的方向相反。按照列文斯坦法则，在人口迁移的方向上，净人口迁移流通常是从农村流向城市。而 20 世纪 60 年代初中国的精简城镇人口则完全是另外一回事。"大跃进"运动使得职工人数和城镇人口大量增加，随着困难时期的到来，这种城镇人口畸形增加的恶果立即显现出来。国家实在无力承担起保障如此众多的城镇人口粮食供应与工资发放的艰巨任务，于是开始大规模精简城镇人口，三年多的时间，两千多万城镇人口被精简到了农村。因此，就人口迁移的方向而言，20 世纪 60 年代初的精简城镇人口是一次明显的逆向人口迁移。

第二，政治因素是导致本次迁移的主因，这一次精简属于被动型迁移。被动型人口迁移，即迁移非迁移者的主动行为，带有强制性与计划性，且一般为规模较大的团体性迁移，这类迁移大多为国家行为，由国家组织并带有指令性色彩的迁移。故又可称为"国家组织的有计划的人口迁移"，这类迁移是"国家在特定经济环境和发展战略指导下服务于经济发展和社会稳定需要的特定手段，它一方面努力使生产力在宏观上的布局更加平均，同时使各地区、行业的劳动力供求关系达到平衡"。[①] 被动型的人口迁移在我国历史上的表现形式是多种多样的，包括了徭役移民、军事移民、屯垦移民等。新中国成立后，这一类型的人口迁移主要表现为政治移民、水库移民、支边移民等形式。而精简城镇人口就属于政治移民。

按照列文斯坦法则，经济因素是引发人口迁移的主导因素。列文斯坦认为，人们渴望改变自己经济状况所产生的拉力，通常都远远超出恶劣气

---

① 杨云彦：《中国人口迁移与发展的长期战略》，武汉出版社 1994 年版，第 125 页。

候、高额赋税等因素所造成的推力。但 20 世纪 60 年代初中国城镇人口的精简显然不是因经济原因而产生的人口自发迁移，而是一次由政治因素导致的强制性迁移。从本次迁移的动因来讲，主要是因为中国工业化进程中的失误所造成的，为了解决国民经济的困难，国家将大量的城镇人口精简到农村。与此相对应，从迁移的过程来看，20 世纪 60 年代初中国城镇人口精简无疑也是一次有组织的强制性人口迁移，因为它是将城镇人口下到农村，而在中国城乡差别很明显，在城市与农村的经济状况、城市居民与农民的待遇存在巨大差别的情况下，如果不是国家的一再动员和组织，有谁会自愿放弃一切城镇居民可以享受的福利待遇而跑到农村参加农业劳动呢？对于大多数的被精简人员而言，放弃一切福利待遇，重新恢复“农民”的身份，一切靠“自给自足”，从其内心来讲，是不情愿的。因此，此次精简城镇人口之所以能成功，不是经济原因在起主导作用，也不是一种人口的自发性迁移，而是一次国家的政策与干预起主要作用的被动型的人口迁移。

综上所述，精简城镇人口，实质上就是国家在国民经济出现困难的危急时刻，在政策主导下所进行的人口的“逆向”迁移。

可见，精简城镇人口的实质是“政治主导”下的人口“逆迁徙”，违背人口迁移规律，且带有一定的强制性。前文述及，经过农村自身的调整，农业生产一线并没有表现出明显的劳动力不足现象；与此同时，在国民经济调整的过程中，城镇的市场供应情况也在好转，较之困难时期，城镇居民的生活水平也有一定程度的恢复。以浙江省为例，国民经济调整时期，农村经过调整，没有出现普遍的农业劳动力不足现象，甚至有些地方存在一定的人地矛盾；另一方面，通过各地、各部门的一系列调整举措，全省的经济情况也在逐步好转。既然有了这两项条件，若非“政治主导”，若非“强制精简”，如果单纯从经济角度出发考虑，是否还有必要将城镇人口精简回农村，或者说是否有必要将人数如此众多的城镇人口精简到农村，这其实是值得深入探讨的。

第二节　精简过程中的社会动员

前文述及，精简城镇人口，是国家渡过困难、缓解困难所采取的非常措施。精简城镇人口之举，在政策层面的结果就是将全国两千多万城镇人口精简到农村，整个社会虽然发生了剧烈的变动，但基本保持了社会的稳定。精简城镇人口的结果从政策层面而言，是取得了成功。那么，这样一次大规模的人口精简何以能顺利完成呢？究其根源，是一系列因素共同作用的结果。社会动员就在此发挥了重要的作用。

一　社会动员

关于"社会动员"一词的含义，中西方学界在认识上有一些差异。西方学者对"社会动员"的理解有广义与狭义之分。广义的观点是把"社会动员"看做是一个社会的现代化过程，或是现代化的一种表现；狭义的观点则把社会动员集中理解为对社会中资源、人力以及精神的动员上。[①] 美国政治学家亨廷顿（S. Huntington）注意到了社会动员与政治参与之间的密切联系，把社会动员当做一种政治发展的手段，认为"社会和经济的变化，如城市化、文化和教育水平的提高、工业化以及大众传播的扩展等，使政治意识扩展，政治要求剧增，政治参与扩大"。[②] 中国学界对社会动员的定义相对较为狭义，一般是指对资源、人力和人的精神的动员和发动。吴忠民认为："社会动员是指有目的的引导社会成员积极参与重大社会活动的过程。"[③] 郑永廷认为："所谓社会动员，就是广义的社会影响，也可以称之为社会发动。它是指人们在某些经常、持久的社会因素影响下，其态度、价值观与期望值变化发展的过程。"[④] 郭维平、左军认为："社会动员"有两个方面的含义。首先，"社会动员"是一个社会因素影响的过程，通过社会动员，人们的思想与态度发生了变化；其次，社会动员旨在调动人们参与社会经济、政治、社会生活等各方面转型的积极性。[⑤]

综观中国共产党的发展历程，在中华人民共和国成立之前，中国共产党在夺取政权的过程中，已经充分运用了"社会动员"的力量并积累了

---

①　杨龙：《经济发展中的社会动员及其特殊性》，《天津社会科学》2004 年第 4 期。

②　［美］塞缪尔·亨廷顿：《变动社会中的政治秩序》，上海译文出版社 1989 年版，第 5 页。

③　吴忠民：《渐进模式与有效发展——中国现代化研究》，东方出版社 1999 年版，第 184 页。

④　郑永廷：《论现代社会的社会动员》，《中山大学学报》（社会科学版）2000 年第 2 期。

⑤　郭维平、左军：《中国共产党的社会动员模式研究》，《扬州大学学报》2011 年第 1 期。

许多经验。例如在抗战时期，中国共产党的社会动员就十分有效，其动员包括三个方面：一是建立了较为完整的民众动员体系，其组织结构是自上而下的层级结构的垂直动员体系。在这一系统内，广大群众既是被动员的对象，也是动员他人的动员者。二是利用报刊、文艺演出、宣讲大会等各种宣传方式对民众进行动员，激发民众的爱国情怀。三是从全国各地广泛招纳文艺、军事等各方面的人才，通过学校等各种形式，发挥辐射作用，在较短的时间里对普通民众实行大范围的训练，提高民众教育、文化、军事各方面素质，以适应战争的需要。中国共产党的"社会动员"可以说是取得抗战胜利的重要因素之一。[1]

中华人民共和国成立后，中国共产党成为执政党，基于巩固政权、稳定社会以及发展经济等诸方面的考虑，中国共产党更多的将"社会动员"应用于对国家的治理之中。

例如，20世纪50年代的粮食"统购统销"政策的顺利实施，"社会动员"就起了重要作用。1953年是中国执行"第一个五年计划"和大规模进行工业建设的第一年。但这一年，中国出现了生活必需品特别是粮食供应紧张的状况：国家粮食收购计划不能按期完成，粮食销售远远超出计划，不少地方因此发生了混乱。为解决这一可能造成社会震动、进而影响大规模经济建设的重大问题，在陈云的主持下，中共中央制定了对粮食"计划收购"和"计划销售"的"统购统销"政策，并于1953年12月初实行，这一政策在中国一直延续了30多年，直到1985年才宣布取消。

粮食统购统销，即对粮食实行计划收购和计划供应，将农民生产的粮食由国家统一收购，然后再由国家根据统一的标准供应给城镇居民，也就是将与人们生产生活息息相关的粮食的收购与供应都纳入国家的宏观调控之中。国家收购粮食的价格较低，而同时工业品的价格又较高，这就形成了工农业产品交换时产生了一个"差价"，称为"价格剪刀差"，而这一"价格剪刀差"的存在，就形成了工业品的价格高而农产品的价格低的情况。因此，从这一政策实行的结果而言，广大农民的利益受到了损害。

那么，在牺牲广大农民利益、存在明显负面效应的情况下，这一政策何以能维持30多年呢？这就与在整个粮食统购统销政策的出台、实施过

---

[1]　关于抗战时期中共的社会动员模式的研究参见张丽梅《抗战时期中国共产党民众社会动员方式研究》，《社会科学战线》2010年第12期。

程中的社会动员有密切联系。

首先，社会动员需要一系列政策作为动员的依据，因此在粮食"统购统销"政策实施的过程中，制定颁布了大量的政策。中央先后出台了《关于实行粮食的计划收购与计划供应的决议》《关于实行粮食的计划收购和计划供应的命令》《农村粮食统购统销暂行办法》《市镇粮食定量供应暂行办法》《关于粮食统购统销的补充规定》《关于实行粮食征购、销售、调拨包干一定三年的通知》《当前农村经济政策的若干问题》等一系列文件，以规定、决议、命令等形式将粮食统购统销政策的地位不断上升，最终成为执政党的意志，为社会动员提供了政策依据，以推动整个政策的贯彻执行。

其次，执政党在制定一系列政策作为社会动员依据的基础上利用多种媒介、载体对广大群众进行广泛的社会动员。一是利用了多种媒体进行动员：报纸就是一种重要的宣传媒体。在统购统销的政治动员中，运用诸如《人民日报》《工人日报》《光明日报》等在全国具有相当影响力的报纸的主要版面，大篇幅地对粮食政策及各地的售粮先进事迹进行重点报道，这样的宣传传播面广，速度快，渗透力强，深入社会各阶层，遍及城乡各角落。其次是广播，采用讲话录音、实况广播、录音报道等形式，并采取多种措施，强有力的宣传，成为宣传动员的另一主力媒体。二是组织广大文艺工作者深入基层，体验生活，大力创作鼓励农民售粮的文艺作品，这也成为宣传动员的有效形式。三是通过逐渐建立健全庞大的宣传网。早在1951 年 1 月 1 日，中共中央就发布《关于在全党建立对人民群众的宣传网的决定》，要求在党的各级领导机关建立宣传员和报告员的工作制度。宣传员与报告员各司其职，这一宣传网制度建立的结果，就是在全民性的宣传教育运动中，建立中共领导的，以报告员和宣传员为核心骨干的群众宣传工作队伍及其组织制度。① 在"粮食统购统销"政策的实行中，中国共产党利用这一宣传网开展了全面的宣传教育活动，利用广大的宣传员和报告员以宣讲的方式将粮食统购统销政策对干部群众进行逐层传达，层层落实，使粮食政策基本做到了家喻户晓。运用全国性的宣传网进行如此深入细致的宣传动员，确保了粮食统购统销政策的广泛深入传达。

---

① 关于中华人民共和国成立后中共宣传网制度的研究参见王炎《新中国历史上的宣传网制度》，《中共党史资料》2007 年第 3 期。

再次，运用了多种社会动员的手段来确保整个政策的顺利实施。一是建立了较为严格的基层组织。在农村，由农村合作社和互助组组织宣传、发动、引导广大农民踊跃售粮，由点到面，从易到难，由先进带动落后，充分发挥互助组、合作社和积极分子的骨干带头作用。在城市，居民委员会保证粮食的计划供应，核对城镇粮食供应人口数和粮食供应数量，对城镇居民进行宣传教育，控制城镇粮食的过度消费。二是专门为政策的实施设计了启发式的工作方式。启发农民自我教育，主要是帮农民"算账"、"回忆对比"、教农民"做事"，帮农民算算解放以来农民得到了哪些利益，引导农民回忆和控诉旧社会给农民的苦，奸商、高利贷者给农民的苦，启发农民自己说明小农经济不能使农民从根本上摆脱贫困，从而明白卖粮食给国家、努力增加生产、发展互助合作的意义，理解并拥护粮食统购统销政策，拥护社会主义道路。通过启发式教育，帮助农民提高对发展工业的认识，减少售粮抵触情绪。三是以适当的政治压力配合政策的实施，即运用报纸全面揭露粮食投机行为对广大人民利益造成的损害、对国家利益造成的损害，同时动用国家机器和政治压力处理违法奸商，消灭粮食投机和各种破坏行为，从一个侧面推动政策的实行。①

可见，大量政策出台、多种媒介的运用以及使用多种社会动员手段是粮食统购统销政策得以顺利实施的保证，也显示了执政党进行社会动员的强大力量。

此外，中华人民共和国成立初期的"灭鼠疫运动"或许可以从一个侧面反映出当时执政党对社会所拥有的强大动员力量。中华人民共和国建立之初，东北、内蒙古、福建、广东、广西等省、自治区的鼠疫流行和肆虐，造成了大量人员伤亡。这一情况引起了中共中央的高度重视，决定"把卫生、防疫和一般医疗工作看作一项重大的政治任务"，② 打一场鼠疫歼灭战。在这场鼠疫防控战中，从中央到地方采取了一系列的举措，除了

---

① 关于建国后，粮食统购统销问题的研究，参见张军《博弈视野中的国家与农民——以粮食统购为例》，《湖州师范学院学报》2009 年第 3 期；徐向东：《建国初期粮食统购统销中的政治动员》，《湖南城市学院学报》2009 年第 2 期；刘圣陶：《粮食统购统销政策形成的原因、特征及启示》，《求索》2006 年第 4 期；刘洋：《统购统销——建国初期统制经济思想的体现》，《中共党史研究》2004 年第 6 期等。

② 《党的文献》编辑部：《毛泽东为中共中央起草的关于加强卫生防疫和医疗工作的指示》，《党的文献》2003 年第 5 期。

实行新的现代防疫措施外，还包括几项大规模的工作：一是在中央领导下，各地开展了大量的宣传工作，如编写宣传小册子、组织文艺工作者演出相关内容的街头剧、请医务工作者作有关的宣传讲座，出版通俗读物等。例如广东省佛冈县卫生防疫站在1956年6—8月间就直接领导"粤剧卫生宣传队"下乡演出共15场，观众10000人次以上。① 二是建立中央卫生防疫队和各级专业鼠疫防治机构。1950年3月，卫生部成立了中央防疫总队，下设6个大队，共438名工作人员，前往全国各地，结合当地情形开展鼠疫、霍乱、天花等疫病的卫生防疫工作。② 此外，各地也成立了相应的机构来负责这一防控工作。三是开展广泛的清洁卫生运动。建国初期，百废待兴，国家需要关注的问题很多，但因为鼠疫防控已经上升为当时一项很重要的"政治任务"，因此全国各大城市开展了大规模的城市清洁卫生运动，并制定了相关的文件和规定，如《北平市清洁运动委员会清除积存垃圾工作实施大纲》《北京市街道清洁管理暂行办法》《北京市冬季动员处理积雪办法》等都是针对这一运动而专门出台的文件与规定。在中央人民政府以及广大人民的不懈努力下，建国初期的鼠疫防控获得了成功。③

对于建国初的鼠疫防控的最后成功本身无可厚非，我们想要就其中的一些措施进行探讨。鼠疫防控，原本属于公共卫生领域的范畴，50年代初期的鼠疫防控战所采取的措施已远远超越了这个领域。在这场运动中，执政党整合了各方面的力量，对这场运动进行了声势浩大的宣传工作，从政治运动的高度让其深入人心；同时还建立了各级政治机构来领导和组织这一场防控运动；颁布了有关的政策来指导、推进这场运动的进行。由此可见，这场鼠疫防控战役已远不止公共卫生一个领域的问题，它已经完全属于政治领域的问题，而这场运动的最终胜利也可以归结为是一场政治运动的胜利。从一个领域的运动转变为全国性的一个重大的政治任务，动员、整合、调动社会各种力量来推动这一运动，最终使得这一场运动获得了全面的胜利，这或许可以从一个侧面反映出当时国家对整个社会的动

① 李光：《怎样使卫生宣传工作经常化》，《中华卫生杂志》1958年第2期。
② 中央人民政府卫生部资料室：《农村防疫工作》，1950年内部发行，第7—8页。
③ 有关建国初期的鼠疫防控问题参见李洪河《建国初期的鼠疫流行及其防控》，《求索》2007年第2期。

员、整合力。

可见，中华人民共和国建立后，经历了"灭鼠疫""粮食统购统销""反右倾""大跃进"等一系列全国性的政治运动之后，执政党对于社会动员积累了更多的经验，而且在执政过程中，社会动员渗透到各个领域，包括经济领域、政治领域、文教卫生领域……与此同时，执政党进行社会动员的方式也越来越多元化，舆论宣传、政策推进、协调整合等方式都运用于执政的需要。

前文述及，中国共产党在革命和社会主义建设初期的探索中，对于"社会动员"积累了相当丰富的经验，也形成了基本类似的动员模式，即在运动之初制定动员的基本依据，然后辅之以集中的、大量的政策以及强大的宣传网络推动运动的开展，而当运动出现反弹时，利用一切可以运用的资源协调各方力量，解决矛盾，保证运动的顺利进行。在60年代初国民经济调整时期的精简城镇人口工作中，这一社会动员模式再一次发挥了重要作用。

在精简城镇人口的过程中，大量生活在城市中的人员下到农村，这些被精简的人员明知城市与农村存在着巨大的差别，但还是下去了，甚至有相当一部分人员是带着愉悦的心情下去的；而作为接收地的农村，明知道这么多的人员下到农村，会给他们的生产生活带来一定的压力，但也接收了，而且有相当一部分生产队还是欣然接受。为什么会出现这样的情况？这就是执政党对这一工作进行强而有力的社会动员的结果。因此可以说，精简工作是执政党具有强大的社会动员力的典型表现。在这次社会动员中，政权、法律、纪律、社会舆论以及群体意识等方面共同作用，最终使精简工作在政策层面取得了成功。

二 动员的基本依据：两个"宣传要点"

精简城镇人口工作之所以成功的一个很重要的前提，就是执政党对广大群众进行广泛的动员，让他们了解、关注并接受、支持这场运动，也就是说，社会动员的模式在精简工作中再一次发挥了强大的作用，成为这场运动成功的首要环节。那么，在精简城镇人口工作中，对这一工作进行社会动员的依据是什么呢？这就不得不提到当时中共中央出台的两个十分重要的"宣传要点"。

在精简城镇人口工作开展的初期，为了做好精简的动员工作，中共中央以党内文件的形式下发了两个宣传资料,一是《关于减少职工和城镇人口的宣传要点》,另一个是《关于热情接待下乡职工的宣传要点》(以下对这两个文件都简称为"宣传要点"),前一份宣传资料是面向职工和城市居民的,后一份宣传资料则是面向农村干部和广大农民的。这两个"宣传要点"都分为四个部分,第一个部分题为"当前的国内经济形势",第二个部分题为"用什么办法来克服困难",第三个部分题为"对减下来的职工的安置办法",第四个部分题为"团结一致,共同努力,克服困难"。其中第一、四两个部分在两个"宣传要点"中的内容是基本一致的。在第一部分"当前的国内经济形势"中,两个"宣传要点"都承认我国当前的经济存在着严重的困难,其具体体现在两个方面:一是广大群众的生活水平下降;二是工业生产的原材料缺乏,许多工厂陷于停工或半停工状态。至于出现困难的原因,"宣传要点"归结为三点:一是连续三年的粮食大幅度减产;二是"大跃进"运动以来基本建设的规模、工业发展的速度、文教事业的发展都出现了过快的现象,城镇人口增加过多;三是工业发展中各行业的发展呈现出很大的不平衡性。之所以会出现这些现象,"宣传要点"承认:一是由于连续的自然灾害的影响;二是领导工作上的缺点和错误。"宣传要点"明确表示:对于曾经发生过的这些缺点和错误,中共中央已经指出,首先要由中央负责。但是各级党政领导都有责任,应该向群众检讨。至于第四部分,具有很强的鼓励、引导功能,在两个"宣传要点"中都号召大家团结一致,通过大家共同的努力,克服当前的困难,来取得国民经济形势的好转、人民生活水平的改善,内容也基本一致。

根据宣传对象的不同,两个宣传要点的第二、第三部分就有了差别。针对职工和城镇人口的"宣传要点",侧重点主要是向这些人员宣传精简的必要性以及他们被精简到农村后对农村的农业生产带来的好处;而针对广大的农村干部和农民的"宣传要点",侧重点则是说服他们接纳回乡、下乡的职工及他们的家属,因此在内容上有明显的区别。

第一个"宣传要点"的第二部分,即"用什么办法来克服困难"的内容,着重强调了将城镇人口精简到农村的必要性。"宣传要点"认为:克服困难最根本的办法就是增加农业生产,使农业情况好转,提供的产品逐渐增多。要增加农业生产,就必须加强农业战线,增加农业生产一线的劳动力,同时减轻农民的负担。而增加农业生产劳动力的最重要的措施就是进一步减少职工和城镇人口。这一"宣传要点"还列举了多种精简职工和减少城镇人口的好处，比如说可以增加农业战线的劳动力，有利于农业的恢复和发展；可以减少城市粮食的销售量，少挤一些农民的口粮，提高农民的劳动生产积极性；可以减少国家的开支，压缩购买力，缓解市场各种商品供应紧张的局面等。与此同时，针对人们普遍存在的精简是否是解决这一系列问题的必需措施这一疑问，"宣传要点"表示：除了精简之外，没有其他更好的办法来解决问题。原因主要是三个方面：一是不能再因为供应城镇人口必需的粮油和其他必需品而向农民多征购产品，因为这样做会使农业受到更大的破坏；二是不能再降低城市人口的供应标准，否则职工的生活就难以维持；三是不能再多进口粮食，因为进口粮食，国家已经花去了大量外汇，不可能拿更多的外汇去买粮食，而且进口粮食也非长久之计。基于这三方面的原因，解决困难的必需措施就是精简城镇人口回乡、返乡。"宣传要点"的第三部分关于"安置问题"，除了向城镇人员宣传安置的有关规定之外，主要强调的就是对于被精简人员，国家一定会妥善安置，管到底。

在国民经济调整的过程中，农村的经济形势有了一定的好转，但农民的生活并不富裕。同时，在农村进行内部调整之后，许多劳动力回到了农业生产一线，因此农业生产战线劳动力短缺的情况已经解决，甚至在某些地方还出现了劳动力富余的情况。在这种情势之下，大量的城镇人员被精简到农村。由于这些人员到农村后，农村需要安置他们，分配给他们土地、农具、房屋等生产生活资料，为此，许多农村干部和农民是不太情愿的，因此第二个"宣传要点"，主要是说服广大的农民接受下乡、返乡的城镇人员。"宣传要点"主要给农民讲了四个方面的道理：一是不能让整个国家的经济困难局面继续发展下去。目前国家的困难局面还没有完全缓解，如果这些城镇人员不下乡，下了乡后不能安置妥当，国家的困难就会继续，农业和工业的发展都会受到影响，长期下去甚至会影响到整个社会主义制度的稳固。"宣传要点"指出："我们的农民都是爱国的，都是懂得照顾大局的和长远利益的，都是爱社会主义的，我们决不能让国家和社会的经济困难继续下去，把国家拖垮，把社会主义拖垮。"二是如果不妥善安置这些城镇被精简人员，他们就无法安心参加农业生产，不能很好地生产粮食和其他农产品。但他们还是要吃粮食的，这样就会继续提高粮食和其他农产品的征购任务，加重农民的负担，对整个国民经济也不利。从这个层面来讲，只有将这些下乡、返乡的城镇人员安置好了对农民才是真正的有利。三是告诉农民，下乡的城镇人员，国家会尽量安置在农业发展较好的农村，而且国家对这些人员的口粮、生产用具和生活用具都尽可能地作了安排。在安置过程中，被精简人员还会有各种其他的困难，需要生产队和农民的帮助。只要大家同心协力，这些困难都是可以解决的。四是强调这些下乡的人员一开始可能不懂农业生产，或者已经荒疏了，但经过广大农民的帮助一定可以学会，而且下乡的职工和学生，都有一定的技能和文化水平，他们可以利用这些优势增强农业生产中的技术力量，提高农村的文化水平，他们可以扩大生产门路，提高农业的劳动生产率。"宣传要点"向广大的农民交了底：如果不采取精简职工和城市人口的办法，我国目前城乡交困的局面就会继续恶化下去，工业和农业的矛盾就会更加尖锐，粮食问题就会更加严重。那么，工农业联盟就有发生破裂的危险，我国的社会主义事业就会受到严重的损害。①

应该说，这两个"宣传要点"是宣传精简工作最为重要的资料，是对整个精简工作进行宣传的纲领性文件。从其内容看，这两个"宣传要点"呈现出以下两个特点：一是内容十分完整，条理十分清晰。这两个"宣传要点"篇幅很长，四部分内容的层次分明，从国民经济困难的现状——出现困难的原因——如何解决困难的措施——号召全国人民共同解决困难，基本上把实行这一运动的前因后果都作了详细的交代。阅读这两份资料，就会让大家清楚地了解这一运动的必要性与可行性。此外，比内容本身更为重要的一点就是这两个"宣传要点"很"实在"，也很具有"感情"。两份"宣传要点"没有回避国家当前的困难，而是坦然地承认了国家经济建设所面临的严峻形势和困难，把经济形势向广大的群众交了底，道出了实情。这样的宣传内容比纯粹的口号式动员更容易得到人民的理解和支持。与此同时，"宣传资料"还从爱国和拥护社会主义制度的高度来宣传精简工作，激发起全国人民的爱国主义情怀，并取得很好的宣传效果。许多群众听了这两份"宣传要点"的内容后，都表示：过去对国家的困难不了解，所以有不少糊涂思想。现在知道了国家有这样大的困难，这个担子不能叫毛主席一个人挑，人人都要

---

① 《关于减少职工和城镇人口的宣传要点》（1962 年 5 月 21 日），《关于热情接待下乡职工的宣传要点》（1962 年 6 月 5 日）。资料来源：江苏省档案馆，档案号：3049 - 长期 - 6。

分挑担子，才能克服困难。① 可见，"宣传要点"的内容本身已经使这一社会动员取得了良好的效果。

再来考察对这两个"宣传要点"进行宣传的步骤与程序。当时这两个"宣传要点"是以口头宣传的方式进行的，这两份宣传材料由各省、直辖市、自治区统一印制并编号，发至县级以上党委、大中型工矿企业党委和大专学校党委，不准登报翻印，事后由各省、直辖市、自治区党委负责收回。事实上，在浙江省档案馆所藏的中共浙江省委、浙江省人民政府下辖各部门以及各地、各部门的档案资料中，都没有关于这两个"宣传要点"的完整记录。在我们翻查1960年到1965年的《浙江日报》以及包括杭州市在内的各地报纸的过程中，正好印证了这一点，几乎见不到有关于两个"宣传要点"的介绍。② 那么，如此"机密"的"宣传要点"是如何发挥其宣传的功效呢？为此，中共中央制定了一系列宣传动员的步骤：首先培训一批报告员，分头到各单位，主要是精简任务大的单位作报告，宣传"要点"的精神。在农村则以区或公社为单位组织生产大队长、党支部书记以上干部学习宣传要点，再由他们向社员进行宣传解释工作。"逐级学习，逐层传达"是这次宣传动员工作的主要方式。为此，中共浙江省委曾指示："各级党委要认真的宣传中央关于精简工作的两个宣传要点，组织学习，把干部和群众发动起来。"③ 各部门也积极组织相关人员采用集体阅读文件、提出相关问题进行重点讨论等方式来学习这两个"宣传要点"。④ 这一方式与上文曾提到的粮食统购统销政策的执行以及"灭鼠疫"运动等的宣传动员方式有着很大区别，以往历次运动的宣传方式，常用的方式是以报纸等一系列媒体的大量报道、对所有人员进行宣传来达

---

① 罗平汉：《大迁徙——1961—1963年的城镇人口精简》，广西人民出版社2003年版，第213页。

② 笔者利用浙江省图书馆网络报纸资源翻查了1960—1965年的《浙江日报》以及《杭州日报》等各地报纸，没有发现关于"两个宣传要点"的报道。此外关于城镇人口精简的报道，在当时的报纸中只发现《浙江日报》1965年8月27日有一篇题为《压缩集镇商业人员充实第一线》的报道，报道了温岭县在商业部门精简中的一些情况，其他关于全省及各地的精简情况均未见报刊报道。

③ 《在省委整编精简工作会议上的总结报告》。资料来源：浙江省档案馆，档案号：J002－62年1卷－001。

④ 参见《关于组织干部学习"中共中央关于减少职工和城镇人口的宣传要点"的计划》。资料来源：浙江省档案馆，档案号：J105－022－042。

到动员的效果，而精简工作的宣传动员方式则不同。由此，我们可以得出这一次的宣传动员呈现出与以往运动不同的动员方式：即以党内机密文件作为宣传的纲领性文件，集中力量，针对与精简工作相关的人群，以口头宣传劝导的方式进行动员。

那么，为何这一次的社会动员方式会有这样的特点呢？究其原因，主要包括两个方面：第一，精简工作与国民经济的调整是同步进行的。在国民经济调整的过程中，为了社会的稳定，提高广大群众战胜困难的决心，国家的整个宣传导向是正面的。但与此同时，为了使国家进一步摆脱危机，精简又是必须进行的措施，因此这两个"宣传要点"只是对部分干部群众以不公开的形式交了当时整个国民经济发展情况的底，这样做可以与整个国家正面积极的宣传导向互不冲突。第二，这一工作与以往的"大跃进"等全民运动不同，只涉及部分人员（主要是两部分人员：一是纳入精简范围的人员；二是接收被精简人员的部分农村的干部和农民），因此改变了以往全民动员的模式，而集中对这两部分人员进行宣传动员，可以取得更好的动员效果。

此外，在粮食统购统销政策的实施中，在社会动员的同时，国家还采取了一些利益驱动的方式，比如稳定农业税，提出公平合理的负担政策，规定增产不增税，同时做好物资供应，"迅速组织工业品下乡"，把工业品供应到农民手里，满足农民对生产资料的需求。国营商业部门和供销合作社在完成国家的统购任务以外，还把适合农村需要的工业品迅速输送到农村，以满足农民的需要，解决农民卖粮款的出路问题。① 以社会动员模式和利益驱动方式相结合来加强农民参与粮食统购统销的积极性。而在精简过程中，由于这个举措本身就是为了解决国民经济困难而提出的，因此国家不可能再用利益驱动的方式来进行动员，因此在精简工作开展过程中，完全依靠的是社会动员。

三　动员的推进方式：强大的政策推进力推动运动的实施

两个"宣传要点"是对精简城镇人口工作进行社会动员的依据，接下来整个动员工作还需一种推进方式来推动这种动员不断走向深入。在精

---

①　参见徐向东《建国初期粮食统购统销中的政治动员》，《湖南城市学院学报》2009 年第 2 期。

简工作中，大量政策的出台作为推动整个工作不断向前发展的强大推动力，这一点与上文提到的为实施粮食的"统购统销"政策的实施而进行的社会动员有着诸多的相似之处。在政策推动的过程中，主要呈现两个层面的作用：

一是中央一系列政策的出台。从 1960 年 8 月到 1963 年底，中共中央、国务院关于精简城镇人口问题出台了大量的政策措施。其中 1960 年 8 月至 12 月出台的与精简工作直接相关的政策共有 5 项，包括：《中共中央批准国家计委党组、国家建委党组〈关于缩短基本建设战线保证生产的措施〉》《中共中央关于坚决地认真地清理劳动力加强农业生产第一线的紧急指示》《中共中央批转习仲勋〈关于中央各部门机构编制情况和精简意见的报告〉》《中共中央转发国家计委党组、劳动部党组〈关于当前劳动力安排和职工工资问题的报告〉的指示》《中共中央批转国家计委党组〈关于一九六一年国民经济计划控制数字的报告〉》。由于 1960 年只是精简工作的酝酿阶段，因此有关的政策文件大多从宏观方面对精简工作作了安排，没有涉及精简的细节问题。除了这 5 项与精简工作直接相关的政策文件外，另在 6 份文件中，包括：《中共中央关于开展以保粮、保钢为中心的增产节约运动的指示》《中共中央批转国家经委党组〈关于全面考核工业企业的经济工作，纠正片面追求工业发展方针的请示报告〉》《中共中央关于压低农村和城市的口粮标准的指示》《中共中央对国家经委党组〈关于以保钢为中心的增产节约的紧急措施的报告〉的批示》《中共中央批转建筑工程部党组〈关于解决城市住宅问题的报告〉》《经济工作的十条经验教训》也提到了有关的精简工作。[①]

1961 年是精简工作初步展开的一年，在中共中央、国务院对于国民经济的安排以及调整工业、农业发展的指示中都提到了有关精简工作的开展对于解决国民经济出现的困难，协调国民经济生产各部门所起到的重要作用。在对这一年重要的政策文件进行统计的过程中，发现与精简工作直接相关的政策文件就有 12 项之多，包括：《中共中央转发五人小组〈关于调整农村劳动力和精简下放职工问题的报告〉》《动员城市人口下乡》《中央工作会议关于减少城镇人口和压缩城镇粮食销量的九条办法》《中共中央批转轻工业部党组关于紧急安排日用工业品生产的报告》《关于安

---

① 有关文件参见《建国以来重要文献选编》（第十三册），中央文献出版社 1996 年版。

排一九六一年国民经济计划的意见》《当前建设中的几项任务》《中共中央批转国家计划委员会党组〈关于安排一九六一年基本建设计划的报告〉》《中共中央批转劳动部党组〈关于企业整风中建立和健全定员定额制度的建议〉》《当前经济困难的原因及其克服的办法》《中共中央关于核实城市人口和粮食供应的紧急指示》《中共中央批转国家计委党组关于第二个五年计划后两年补充计划（控制数字）的报告》以及《中共中央关于精减职工工作若干问题的通知》等，这些政策文件已经开始对精简工作作了具体的安排。①

1962 年是精简工作全面推进的一年，涉及的文件有 11 项。中共中央、国务院的政策文件中除了对精简工作作了宏观的指导外（例如《中共中央对于中央精简小组〈关于精简工作若干问题的解释和意见〉》《中共中央、国务院关于进一步精减职工和减少城镇人口的决定》），也涉及了一些特殊群体在精简过程中的政策规定（例如《中共中央对于中央精简小组〈关于各级国家机关、党派、人民团体精简的建议〉》《中共中央、国务院关于在精简工作中处理高等学校毕业生问题的若干规定》）。此外，在有关 1962 年的国民经济发展目标以及有关粮食工作的文件中也都涉及了精简工作，包括：《目前财政经济的情况和克服困难的若干办法》《国内形势和我们的任务》《中共中央关于批发一九六二年国民经济调整计划的指示》《中共中央批发中央财经小组〈关于讨论一九六二年调整计划的报告〉的指示》《中共中央同意国家计委党组〈关于加强基本建设管理问题的报告〉》《中共中央关于粮食工作的决定》《中共中央、国务院关于当前城市工作若干问题的指示》。②

1963 年是全国精简工作的结尾阶段，这一年有关精简工作的政策文件主要为总结报告以及对安置工作的情况汇报（包括《中共中央、国务院关于全部完成和力争超额完成精减任务的决定》《中共中央批转中央精简小组〈关于精减任务完成情况和结束精减工作的意见的报告〉》《中共中央、国务院批转中央安置工作领导小组〈关于城市精简职工和青年学生安置工作领导小组长会议的报告〉》）。此外，这一年涉及精简工作的政策文件还有 6 项，包括：《中共中央批转薄一波〈在全国工业工作会议上的

---

① 有关文件参见《建国以来重要文献选编》（第十四册），中央文献出版社 1997 年版。

② 有关文件参见《建国以来重要文献选编》（第十五册），中央文献出版社 1997 年版。

总结发言〉》《中共中央关于批准一九六三年基本建设计划草案的指示》
《中共中央批转国家计划委员会党组〈关于一九六三年国民经济计划（草
案）的报告〉》《中共中央、国务院关于粮食工作和农产品收购工作的几
个问题的规定》《关于第二个五年计划后两年的调整计划和计划执行情况
的报告》《关于一九六一年和一九六二年国家决算的报告》。①

短短三年多时间，涉及精简工作的政策文件达到 43 项之多，几乎每
个月都有相关的文件出台，可见中共中央对精简工作的指导性文件出台的
密度与强度之大。中共中央通过出台大量的政策文件，对精简工作进行密
集性地调控与指导，以推进整个动员工作不断深入。

二是地方对中央政策的贯彻执行。在三年多的精简工作中，中共中央
出台了大量的政策文件来推动整个工作的发展，说明中共中央对精简工作
所具有的宏观的控制与协调力。然而，中共中央出台的大量的政策措施是
需要地方政府以及各部门、各单位的贯彻执行，才能真正地起作用。在整
个过程中，地方政府对于中共中央政策的执行力度也是强而有力的。

首先来看中共浙江省委、浙江省人民政府对于精简政策的执行力度。
主要考察三方面的情况：一是对中共中央有关政策文件的推行。由于精简
城镇人口是一项全国性的工作，中共浙江省委、浙江省人民政府首先是要
贯彻中共中央的一系列文件政策。因此，在整个运动过程中，中共浙江省
委、浙江省人民政府大量转发了中共中央的文件，要求各地各部门进行学
习、领会文件精神，抓好精简工作。同时中共浙江省委、浙江省人民政府
还负责对整个浙江省的精简工作进行控制协调，不仅成立了相应的机构负
责领导整个精简工作，还出台了相应的政策。据统计，除了转发中央有关
精简文件之外，从 1960 年底到 1964 年上半年，中共浙江省委和浙江省人
民政府还出台了有关浙江省指导本省精简工作的文件共有 25 项，② 既有政
策规定、也有调查总结，通过这些政策文件对浙江的精简工作作宏观的指
导，可见其对中央精简精神的贯彻力度之强大。

二是在贯彻执行中央有关政策时，出台了大量着眼于浙江实际省情的
政策规定。前文述及，在浙江省精简、安置过程中，在执行中央政策的同

---

① 有关文件参见《建国以来重要文献选编》（第十六册），中央文献出版社 1997 年版。

② 具体的文件及内容可参见《中共浙江省委文件选编》（1957.1—1960.12）、《中共浙江省
委文件选编》（1961.1—1966.4），中共浙江省委办公厅印刷厂 1991 年版。

时，由于浙江的实际情况与全国或者其他省份存在一定的差异性，因此中共浙江省委和浙江省人民政府出台了针对浙江省实际情况的政策措施，例如在精简进程、救助发放、安置落实等各方面都有一些针对浙江省的实际情况而出台的文件。例如被精简人员的粮油供应问题，中共中央的政策为："职工本人及其随行的供养亲属回乡的时候，原工作单位和当地管理户口的部门、粮食部门，应该帮助他们办好转移户口和粮食关系的证明，并且按照以下标准发给他们回乡后一个月的口粮：原来粮食定量在三十斤以内的，按照原定量发给；原定量超过三十斤的，按照三十斤发给。另外，回乡途中需用的粮票，也根据上述标准按照旅途天数计算加发。对重灾区、缺粮区和回乡职工过多的社、队，各地可酌情多发给一部分口粮，但供应时间，最迟不能超过 1961 年 9 月底。"①

浙江省根据全省的实际情况，出台了一系列粮油供应的细则，包括《浙江省粮食厅关于整编精简人员的粮食供应问题的通知》②《浙江省粮食厅关于精减回乡人员的粮油供应安排问题的通知》③《关于精简职工工作中有关户、粮迁移问题的请示报告》④《中共浙江省委整编精简委员会关于精简职工和减少城镇人口的粮油供应问题的补充通知》⑤ 等多个规定，对于不同工种的职工被精简后的粮油供应量、粮油关系的转移、粮油补贴的发放等方面都作了细致的规定。

三是协调下属各职能部门分块管理、监督整个精简工作。在整个精简过程中，涉及人事组织、民政、粮食、交通运输等各职能部门，需要各部门的相互配合来推动整个精简工作。因此，在精简过程中，可以看到各职能部门在自己的职权范围内，出台与本部门管理职能有关的政策规定，如

---

① 《中共中央关于精简职工工作若干问题的通知》，《建国以来重要文献选编》（第十四册），中央文献出版社 1997 年版，第 507 页。

② 《浙江省粮食厅关于整编精简人员的粮食供应问题的通知》。资料来源：浙江省档案馆，档案号：J132 - 13 - 29。

③ 《浙江省粮食厅关于精减回乡人员的粮油供应安排问题的通知》。资料来源：浙江省档案馆，档案号：J132 - 13 - 29。

④ 《关于精简职工工作中有关户、粮迁移问题的请示报告》。资料来源：浙江省档案馆，档案号：J145 - 1 - 44。

⑤ 《中共浙江省委整编精简委员会关于精简职工和减少城镇人口的粮油供应问题的补充通知》。资料来源：浙江省档案馆，档案号：J105 - 009 - 089。

人事组织部门主要负责对被精简人员精简过程中各种手续的办理；民政部门主要负责一些因老弱病残而退职的人员的精简问题；粮食部门主要负责被精简人员的粮油补助；交通运输部门主要负责被精简人员回乡返乡路途中的各种问题，等等，而各部门的相互配合工作也必须在中共浙江省委和浙江省人民政府的指导管理之下才能完成。

再来看看各地、各部门对精简精神的贯彻执行情况。在精简过程中，所有的部门，包括工业、基本建设、交通运输、农林水气、商业、金融、城市公用、文教卫生、机关团体九大部门，以及杭州市和宁波、金华、嘉兴、温州、台州五专区都制定了专门的针对本地区、本部门的精简计划，落实精简工作。同时，我们也看到了几乎所有的部门与地区都有大量相关的调查、总结报告来推进整个精简工作。此外，在这些部门、地区的总结报告中，都用了"顺利完成"或是"超额"完成这样的字眼来强调精简工作在本地区、本部门的成功。众所周知，精简工作就是将城镇人口精简回农村，这是一项难度很大的工作，而大多数地区和部门不仅顺利完成了任务，还有一部分地区和部门甚至是"超额"完成了精简任务，可见其精简力度之强大。

综上所述，在精简过程中，中共中央通过大量政策的出台指导整个精简工作；而各级地方政府则通过转发中共中央文件以及出台与本省情况相符合的政策文件指导本省的精简工作，同时通过指导、管理下属各职能部门，形成各部门之间的互相配合来进一步推进本省的精简工作。此外，各地、各部门在学习、领会中共中央和中共浙江省委的精简精神的前提下，负责制定、推动本地区、本部门的精简工作，从而顺利完成甚至是超额完成精简任务。从此，三方面朝着一个方向共同作用，使得各级精简政策的推行强而有力，成为精简工作胜利完成的一个很重要的因素。这也是在精简工作进行社会动员过程中一种最为重要的推动力。

四　动员取得成功的保障：执政党的协调整合力

精简工作，涉及全国两千多万人，而且精简实质上是一次人口的"逆迁徙"，因此，尽管执政党制定了宣传政策的基本依据，出台了大量的文件政策来保证社会动员的效果。然而，在精简工作开展的初期，在精简政策的宣传动员中，依然出现了诸如政策宣传不到位、强制精简、精简不当等问题。正如前文第四章所述，精简工作在社会层面上的结果是产生剧烈的变动。然而，精简工作虽然造成了社会的剧烈变动，但整个社会没有发生剧烈的动荡，基本保持了社会的稳定。变动剧烈而社会基本保持稳定，这恐怕与执政党所具有的协调、整合能力有着密切的关系。

首先，执政党可以调动大量的人力物力来解决精简工作开展初期宣传动员工作中出现的问题。前文述及，在动员宣传过程中，虽然从中共中央到各级政府可以说层层部署，逐级动员，但还是出现了某些地区或者单位部门宣传不到位的情况。当这种情况发生时，各级政府可以调动相应的人力及其他社会资源进行重点宣传，从而真正能做到对被精简人员的思想"弄通一个，精简一个"，同时因为有了一个十分完善的宣传动员网络，当出现精简不当或强制精简的情况时也可以及时纠正，不致出现大的社会影响，而这样大规模的宣传动员网络恰恰就深刻反映出执政党的协调能力。

其次，出台有关细则随时解决精简工作过程中出现的各种问题。精简工作，涉及很多细节性问题。例如被精简人员的补助发放问题、回乡以后粮油的供应问题、回乡途中的粮食补贴、差旅费的报销问题等，中央根据被精简人员的不同情况，先后出台了一系列的细则，指导各地解决问题。在出现一些既属于细节问题同时又是共性问题时，国家会以"具体问题的解答"的形式解决相关问题。与此同时，各级地方政府针对本地的实际情况，在整个精简过程中也出台了一系列的实施细则，指导本地解决各种问题。① 利用细则随时协调、解决精简过程中出现的各类细节问题，也充分显现出国家对社会所具有的协调力，确保运动不断推向前进。

再次，将调查研究运用到精简工作之中，使之成为常态性的工作，在调查中解决问题。在整个精简工作中，各级政府、各个部门单位都组织了调查小组，对精简安置工作进行不间断的调查。在调查中，发现有安置不落实或是被精简人员外流的情况，调查小组就会联络有关接收地的职能部门、基层的农村干部、社员以及被精简人员，一起协商解决安置过程中产生的各种问题，如落户、住房、粮油供应等。在这一过程中，调查组就起到了一个很好的协调整合作用。

最后，在整个精简工作中，由于这项工作的特殊性，难免会出现一些社会的反弹。因此，各级政府会以不间断地下发一些简报、调查报告的形

① 关于这些文件内容，在第三章第一节中都有涉及，因此这里不再赘述。

式指导、监督精简工作。在中央，有"精简工作简报"，反映全国各地的精简情况。在浙江省，从1961年到1963年，下发了"精简工作简报"共146期，其中涉及精简的各种问题。同时还积累了大量从中共浙江省委、浙江省人民政府到各地、各部门关于精简工作的调查报告。① 在这些资料中，一个很突出的指导思想就是：大力表扬先进，在全社会树立学习的典型；同时也严肃批评后进，在全社会引起警惕。在表扬先进、批评后进的过程中，在全社会形成一种支持精简工作的风尚，将社会的反弹控制在一个相对较低的范围之内，以保持社会的相对稳定，从而推动整个精简工作的进行。

精简城镇人口，是执政党社会动员取得成功的典型体现，正是因为执政党强大的社会动员能力，使得精简工作在国家层面取得了成功。精简工作在政策层面的成功其实也可以说是中国共产党社会动员能力的又一次体现。然而，随着时代的发展与社会的进步，将社会动员模式经常性地运用到国家的日常管理工作中是否妥当？

五　从"社会动员"到"依法治国"

在精简城镇人口工作中，执政党的"社会动员"发挥了重要作用。事实上，从中国共产党成立伊始，"社会动员"就被广泛运用，在整个革命的过程中，"经过社会动员的激励、联络与组织，底层民众被广泛地发动起来，重塑了乡村社会的政治结构。旧有的权力等级秩序被颠覆，原本居于统治地位的地主士绅集团成为民众的斗争对象，完全丧失了对于民众生活和社会资源的控制权，而中国共产党却在政治动员的过程中逐渐获得了底层民众对其革命领导权威的深切认同，成为乡村社会中新的权力中心"，② "社会动员"可谓成绩斐然。1949年后，执政党的"社会动员"力非但没有减弱，反而有所加强，成为处理社会发展过程中所遇到的一系列重大问题时必用的一种手段。在精简城镇人口工作中，"社会动员"也发挥了其强大的作用。

不可否认，在中华人民共和国成立之初，在政权尚需进一步巩固，

---

① 关于浙江省"精简工作简报"以及各地各部门的调查报告，在前几章中都有所涉及，这里不再赘述。

② 李斌：《政治动员及其历史嬗变：权力技术的视角》，《南京社会科学》2009年第11期。

社会发展面临大量困难需要解决的情况下，社会动员起到了良好的作用，"它使党和国家能够在任何必要的时候集中精力于既定的目标，并有效地动员广大群众及全社会的资源为此而奋斗，而且在动员模式下，党和国家的决策贯彻执行极有力度，渗透力极大，往往能起到立竿见影的效果，在一些情况下能产生其他执政方式难以企及的施政效能"。①

但是，当"社会动员"被大量运用，成为社会发展过程中的一种常态，其弊端就会日益显现。以"精简城镇人口"为例，执政党在应用"社会动员"过程中造成了一系列的弊端：

第一，社会动员的大量运用造成了人力物力的巨大浪费。在整个精简过程中，上至中央，下至各省、各地、各部门、各生产队都成立了专门的机构，调派了大量专门的人员，对被精简人员以及接收被精简人员的农村的农民进行动员、宣讲、劝导。尤其是在一些人员复杂、反对情绪较浓的单位，这种动员工作要重复不断地做。与此同时，在需要大量接收被精简人员但不满情绪又很浓厚的生产队，各级部门还要派出专门的领导和人员下去进行政策的宣讲与大量的劝导工作。可见，在整个动员过程中，需要耗费大量的人力、物力与财力。因此，当政治动员成为国家、社会运行中的常态性工作，就势必造成人力物力财力等的巨大浪费。

第二，社会动员的大量运用导致许多的历史遗留问题。精简过程中，在"社会动员"所形成的共同意识下，短短三年多的时间内，两千多万人来到了农村，解了国家的燃眉之急，精简工作取得了巨大的成功。然而事实上，这一次的精简虽然从短期来看是成功的，但是从长远来看，精简工作导致了一系列的历史遗留问题。至今，国家每年都要拨出相当数量的款项来解决被精简人员的生产、生活的安置及其子女的教育、就业问题。尽管如此，仍有相当一部分被精简人员的生活、工作问题没有解决，使得他们对精简工作充满了不满情绪。其实，不仅仅是精简工作如此，中华人民共和国成立后，"社会动员"下的一系列运动，如粮食的"统购统销"、"大跃进"运动等都导致了大量的历史遗留问题。

第三，社会动员的大量运用会导致国家、社会与个体关系的畸形发

---

① 关于政治动员模式的积极作用，参见王长江等《现代政党执政方式比较研究》，上海人民出版社 2002 年版。

展。"有效的社会动员需要以社会的高度组织化为基础，而社会的高度组织化又使得社会难以获得独立的生长空间，社会沦为政治的依附"，① 而身处社会之中的家庭与个体，也因为整个社会在强大的社会动员力之下成为国家政治的依附而缺少了独立性。前文述及，在强有力的社会动员之下，精简工作取得了成功。但这种成功只是国家政策实施层面的成功，而这一工作在社会以及家庭、个体所产生的种种变动被国家层面的成功所掩盖。因此，精简的结果是产生了国家、社会以及家庭与个体三个不同的面向，这三个层面的结果又产生了巨大的差异性，而最终国家层面的胜利成为了主导，社会以及家庭和个体层面的结果往往隐藏在了国家层面的结果背后，几乎不容易被发现，这样就会造成国家、社会与个体三者关系的畸形发展。

　　既然国家在社会生活中大量运用社会动员模式会造成一系列的负面效应，久而久之也会影响到动员的效果，长此以往，社会动员的功效就会减退甚至不再具有效力，因此，在国家日常的政治生活中，过度运用社会动员方式不具有可持续性。那么在国家发展过程中，当面临一些重大问题与危机时，大量运用社会动员方式来解决问题与危机的治理方式必须改变。

　　毫无疑问，社会动员模式有其优势，加上长久以来我们在社会动员方面积累起了一定的经验，社会动员在某种情况下可以达到别的方式所达不到的效果。例如，在重大的自然灾害面前，进行广泛的社会动员，可以激发起全社会成员的爱国主义情怀以及人道主义精神，短时期内形成强大的凝聚力与向心力，这对于我们抗击灾害、克服困难会起到很好的效果。

　　然而，在国家、社会常态发展的过程中，我们需要寻求其他的治理方式来更有效地协调国家、社会、个体之间的相互关系。法治就是一种较好的治理方式。"法治"在治理国家事务中所具有的根本性、长远性以及权威性的特征，可以避免政治动员模式下国家资源的浪费，同时法治的稳定性也可以取代政治动员的临时性，能够充分重视个人在政治生活中的主体性，从而建立起国家、社会、个体三者之间的健康关系，使三方面朝着共同的方向发展。事实上，改革开放以后，"依法治国"的治国方略逐渐为执政党所重视，在国家政治生活中真正确立起宪法和法律的至高权威。同

---

① 龙太江：《从动员模式到依法治国：共产党执政方式转变的一个视角》，《探索》2003年第4期。

时，"法治"观念日益深入人心，成为处理国家、社会发展中的重大问题以及调节国家、社会与个体关系的重要手段。

因此，必须倡导以"法治"作为主要的治理手段，而在特定的情况下辅之以社会动员，使社会动员的方式实现从主导手段向辅助手段的转变，使国家的政治生活更健康，更具有可持续发展性。

第三节　国家体制、城乡差异与社会心理

精简工作中，"社会动员"起到了十分重要的作用，使得精简工作最终在国家层面取得了成功，但同时，"社会动员"的模式也造成了精简工作在国家、社会与个体层面形成了不同的结果。那么，除了社会动员外，是否还有其他因素在影响着整个精简工作的开展呢？

一　国家体制：开展精简工作的基础

国家体制主要指的是国家机关、企业和事业单位机构设置与管理权限划分的制度①。这里主要探讨的是中央机关管理权限的问题。中华人民共和国建立之初，中国共产党的治国理念是比较清晰的，就是要把中国建设成为一个社会主义的强国，而社会主义国家的领导权必须牢牢地掌握在工人阶级，或者说是工人阶级的代表——中国共产党的手中。从这一治国理念来看，1949 年以后中国集权体制（即将所有的权力集中于执政党）的形成是必然的。这种"集权"性质的国家体制导致的一个后果就是"行政从属于政治"。这一现象不仅在中央，而且在地方也有充分表现。在这种国家体制下行政工作很大程度上受到党委的制约和限制，而党的方针政策也因此能在地方得到切实的贯彻执行。② 由此，各级政府管理行政事务也就形成了高度集中的计划型管理模式，其主要特征就是："中央政府集中掌握和配置人、财、物各种资源的最高权力，对国民经济实行全面的直接管理；国家在财政上实行统收统支，在产品物资分配上实行统购包销、

---

① 《辞海》（1979 年缩印本），上海辞书出版社 1979 年版，第 228 页。
② 关于 1949 年后中国国家体制的演变，参见朱春雷《建国后中国国家与社会关系研究综述》，《广州社会主义学院学报》2007 年第 1 期；金东日：《论述中国国家体制的性质及其变化》，《南开大学法政学院学术论丛》2002 年第 S1 期。

集中调拨，对企业生产经营直接干预，对整个国民经济进行指令性计划，对收入分配和社会福利实行政府统一调配"①。

在精简工作中，正是有了这样一种高度集权的"国家体制"，使得精简这一项原本的"行政事务"变成了一项"政治工作"，当时绝大多数的政策文件都是以"中共中央"的名义下发的，这就能从一个侧面反映出精简工作性质的变化。与此同时，精简工作是一场全国性的统一行动，但又需要各个地区贯彻执行，才能保证精简工作的顺利完成。从中央到地方需要抽调一批专门的领导干部来负责这项工作；也需要选派大批的人员到各地、各部门、各生产队进行宣传动员；还需要投入相当的人力、物力、财力去协调、解决精简工作各个环节中出现的各类问题。此外，从中央到地方还需要拨出相当数量的钱和物来安置被精简人员。这一系列的工作，没有一个统一的、集权的国家体制是不可能完成的。因此，1949 年以后，国家体制的集权性质可以说是开展精简工作并保证精简工作取得预期结果的基础。

不可否认，高度集权的国家体制对于精简工作的开展与完成奠定了基础。这样一种国家体制的特点在当时国家政权尚不稳固、经济关系相对较为单纯的前提下可能具有一定的优势。然而，随着社会的发展，在国家政治关系、经济关系日益复杂的情况下，国家体制也随之改变。就精简工作而言，由于过度强调了行政命令的作用，因此，精简工作虽然短期内取得了预期的效果，但长期来看，还是造成了许多历史遗留问题。

二　城乡差异：国家减负的途径

精简工作，就是将城镇人口精简到农村，以减轻国家在工资发放以及粮食和其他生活必需品供应上的压力。但是，国家将两千多万的城镇人口精简到农村后，为什么就能减轻各方面的压力了呢？这就涉及中国存在的城乡差异以及城镇居民与农民在各种待遇上的差异性。

鸦片战争以后，中国在从传统社会向近代社会转型的同时，也加快了城市的近代化进程，因此，中国的城乡关系由传统城乡格局向近代化转变，城乡差异也因此有不断扩大的趋势，城乡社会分工发生了较大变化，形成了"城市工业、乡村农业"新的分工格局，而这种格局在中华人民

---

① 覃振停：《浅议建国初期我国的政府管理模式》，《传承》2008 年第 11 期。

共和国成立以后进一步稳固。① 一般说来，政策的导向性决定了国民经济发展的主要方面，而这个主要方面一旦确定下来，政策又会对其产生倾斜，两者之间是一个辩证关系。中华人民共和国成立后，中国开始了工业化进程。在政策层面，无论是资源配置、劳动力的调配以及财政的支持，都倾向于城市，农村逐步成为后方支援地。政策的倾斜带来城乡地位的巨大差异，一个最为典型的例子就是价格剪刀差的产生。所谓"价格剪刀差"，即通过工业品和农产品的人为价格差价来转移农村的收入和财富，这是一种隐蔽的形式。中国在"工业化"的过程中主要就是通过"价格剪刀差"从农业中获取大量的资金支持城市工业的发展，即采用农产品国家定价形式，由政府主导从农民手中低价统购，又对城市居民和工业企业低价统销，用以维持大工业的低工资和低原料成本，提供不断产生超额利润的条件，最后又通过大工业利税上缴，集中起国家工业化的建设基金。在高度集中的计划经济体制下，建立这种农产品低价统购统销制度，把农业所提供的积累以隐蔽的"农民的贡赋"的形式，不断转化为工业投资。② 由于政策的扶持，城市工业化日益发展，而农村则成为工业生产的原料输出地，资本投入过分集中于工业和城市，"突出发展工业，辅之农业发展"，从而使"城乡二元结构"特征日趋明显。

"城乡二元结构"除了使城市和农村的经济发展水平存在明显的城市发达、农村落后的后果之外，另一个明显的差异就是居民与农民身份的差异，其差异性主要表现在以下几个方面：

一是身份的不同。在户籍制度下，农村人口又被称为"农业人口"，城镇居民又被称为"非农业人口"，一般情况下，"非农业人口"转换为"农业人口"相对较为方便，而"农业人口"转换为"非农业人口"，除了一些特殊情况之外，这种转变则受到严格控制。这一身份上的差异导致的一个最直接的后果就是阻碍了农村剩余劳动力向城市的转移。在计划体制下，农村人口只能通过数量有限的升学（主要指大中专以上）、参军或少数部门招工等途径才能流入城市。大量农村人口滞留在农村，随着农村生产力的逐步提高，不但加剧了人地矛盾，而且浪费和埋没了许多人才。

---

① 参见朱洪亮、张瑞青《我国城乡差异历史探源》，《安徽农业科学》2011 年第 6 期。

② 有关"价格剪刀差"问题，参见李泉《中国城乡发展关系：反思与检讨》，《调研世界》2006 年第 10 期。

大量农民被约束在已经超载的土地上，进一步激化了农村劳动力过剩和资源相对短缺的矛盾，农村贫困化加剧，农村社会的不稳定因素增多。

差异之二是待遇的不同。由于居民与农民的身份不同，因此，其享受的待遇也不同，这个不同表现在三个方面：一个是就业待遇的不同。在当时，我们对农村人口实行的是"自然就业"，即自谋生计。基本上农村人口的就业就是在自己的土地上解决的，国家采取的是"不加干涉"的政策；而国家对城市人口实行的是"统包统配"的就业政策，即城镇人口的就业由国家"包下来"。二是粮食与副食品供应待遇的不同。对农村人口实行的基本属于"自给自足"型，粮食与副食品的来源基本靠自己解决；而对城镇人口的粮食、蔬菜、肉、蛋等实行的是供给制，即由国家定量供应。三是保障待遇的不同。这种保障包括了受教育的权利、医疗、养老、住房等方面。受教育年限的差距以及受教育成本的不同，使得城乡人口受教育的权利不同，从而导致城乡人口的素质产生差距。除了受教育权利的差异，城乡居民在其他社会保障方面也有明显差异。城镇居民一般在就业后，其医疗、养老、住房等问题也基本得到了保障，而这些保障对农村农民而言基本是缺乏的。

可见，中国的城乡之间存在着巨大的差异。对于城镇人口，国家基本采取"包下来"的政策，而对于农民基本采取的是"放任不管"的态度。在国民经济出现困难的时候，由于当时的生产力水平相对比较低下，城镇缺乏有效的途径来消化急剧膨胀的城镇人口，国家再也"包不起"这么多的城镇人口，所以解决困难的一个最基本的考虑就是将"包下来"的城镇人口转化为"放任不管"的农民，以减轻国家的财政压力。

"大跃进"运动中，由于工业发展的需要，国家将大量的农村人口招入城市，这些人员成为企业职工后，其身份发生变化，由"农民"转变为"城镇居民"，其生活也由"自给自足"转变成由国家提供工资、生活必需品及其他诸如医疗等保障。可见，这些人员身份的转变，导致其一切福利待遇也发生了变化，甚至于其家属的就业，子女的教育和医疗也被纳入国家的保障范围。而"大跃进"运动后，由于国民经济出现严重困难，国家再也无力负担如此众多的城镇人口，因此，不得不将这些已经成为"城镇人口"的人员再次变为"农民"，身份的再一次转变使得这些人员不能再享受国家提供的一切福利待遇，其生活又回复到过去的"自给自足"。因此，中国城乡之间的巨大差异使得国家可以利用城乡之间的差异性，通过被精简人员身份的转变来卸下包袱，减轻负担。这也是影响精简工作结果的因素之一。

但是，农村普遍不缺少劳动力，国家将这么多的城镇人口下到农村只是为了卸掉一部分负担，不仅农民明白，其实被精简人员也意识到了，从而造成了农民不欢迎甚至排斥被精简人员，被精简人员感到自己在农村找不到归属感的局面，两者之间产生了一系列的矛盾。所以说精简城镇人口虽然是在国民经济出现严重困难的不得已情况下所采取的不得已的举措，但这样的一种"减负"方式造成的社会变动是十分剧烈的。然而，精简过程中，大多数被精简人员回到或是下到农村，社会虽然出现了剧烈的变动，但总体还是保持了稳定，这也从另一个方面反映出中国特殊的国情——农村的广阔空间及其吸纳能力。

三　民众的社会心理：从"政治运动"到"群众运动"

在精简工作中，还有一个导致精简工作最终在国家层面取得成功的因素值得关注，那就是民众的"社会心理"。

民众的社会心理其实就是民众对于社会现象的一种感受，或者说是一种理解。这种心理的形成是受到许多外界因素的影响的。比方说对于某一事务的一种习惯性的思维方式，又比方说外界对于某一事件的宣传引导等，都会直接影响社会心理的形成与发展。因此，从这个方面讲，社会心理的形成带有一定的被动性，还有互相的影响性。

中国共产党在其发展壮大的过程中，与民众建立了一种十分良好的关系，具有坚实的群众基础，而其一直宣传的"人民当家作主"的理念也是深得人心的，在这一理念的引导下，民众对于中国共产党的信任感、归属感逐步加强。中华人民共和国建立以后，当民众感受到自己真正成为这个新国家、新社会的主人时，对于执政的中国共产党的信任感达到了高峰。正是这种信任感使中国共产党能凝聚起民众的人心，顺利地开展了一个又一个的运动①。

同样，精简过程中，由于一直以来逐渐积累起来的民众对于中国共产党的信任，再加上在运动中执政党所进行的广泛深入的社会动员，让精简

---

① 有关 1949 年后中国民众的社会心理问题的研究，参见杨迎春《论建国以来民众社会心理的五大变化》，《锦州师范学院学报》1999 年第 3 期。

工作"深入人心",从而使精简这样一场"政治运动"转变成了"群众运动",也就是说精简从一次由执政党发起的"政治运动"在这两个因素的共同作用之下已经转变成群众主动参与的"群众运动"。2011 年 3 月 1日,《光明日报》曾报道过河南濮阳市范县白衣阁乡北街村一位名叫李文祥的村民的事迹。其中关于其精简经历,报道中谈道:1962 年,得知国家进入困难时期,李文祥在单位里带头按下手印,响应国家号召返乡支农。说起当初放弃人人羡慕的干部身份变成不吃商品粮的农民,李文祥解释说:"大家都在富地方了,穷地方没有人来不就更穷吗?下乡支农是党的号召,咱是干部,又是党员,就应该带头到农村领着大伙儿致富。"①此外,在我们的调查采访中,也有部分人员主动响应号召要求精简回乡,其中一位当年被精简者的话很有代表性:"当时,我们的心理都觉得党十分伟大,是党带领我们打败帝国主义封建主义,所以跟党走,跟国家走,肯定不会有错,所以国家要求我们精简,我们当然会响应了。"② 可见,对于李文胜和这位接受采访的被精简者等一部分人员而言,在对执政党的绝对信任以及当时大规模的社会动员之下,相当一部分被精简者主动要求精简,已经成为一种为国家分忧以及牺牲自身利益的自觉行为。而其他一部分原来可能带着抵触情绪的被精简人员,也在这两个因素的攻势之下,抵触情绪逐渐消退,"精简"转而也会成为其一种自觉行为,精简已经成为一种群众自觉参与的"群众运动"。从对精简工作的被动、不情愿、抵触意识到形成自觉行为,主动响应,积极参与这一工作,是精简工作尽管对社会而言造成了剧烈的变动,对个体与家庭而言造成了巨大的影响,但总体没有引起十分激烈的社会动荡的主要原因。因此,精简工作在国家层面的成功其实也可说是民众对于精简工作的认同、配合这一共同的社会心理发生作用的结果。

对于精简工作而言,这样共同的社会心理当然是精简工作成功的一大基础。但是,在日常的社会管理中,如果通过各种手段经常性地形成这样的一种共同的社会心理,即群体意识的日益强化会导致个体意识的消失。上文述及,精简过程中,这种共同的社会心理直接影响着精简工作的结果,这种心理让与精简工作相关的人员的被动、抵触意识逐渐消退,转而

① 《李文祥:披甲归田都是党员样儿》,《光明日报》2011 年 3 月 1 日。
② 《采访记录 4:宁波地区被精简人员袁美贤的访谈记录》,《附录一:调查采访记录》。

成为一种共同的意识，正是这种共同的意识使这些人员最终支持、参与到了精简工作之中，保证了精简工作的胜利完成。然而，在对有关被精简人员进行访谈的过程中，有多位访谈对象都提到："那时候为了响应国家号召，解决国家困难，好多企事业单位的家属被精简下放到农村里去。当时这个政策是强制性的，没有问过我们愿不愿意去，不去也得去，去也得去。"或者谈到"我是被要求下放到农村支农的，支农的原因不知道，不是很清楚，反正总是国家要求的，具体怎样也不是很清楚，就国家困难嘛"。① 可见，正是在这种并不是特别清晰的社会心理形成的过程中，相关人员对于执政党的信任以及对于外界宣传报道对其的影响接受逐渐代替了其内心真实的想法，使其个体意识逐步地消失，从而也直接影响到其对于精简工作的判断力与决断力。

考察中华人民共和国建立后的历次政治运动，有一个共同的特点：即在这种共同的社会心理的作用下，许多问题会迎刃而解，但与此同时，我们也看到社会动员背后公民政治参与的被动性。

同样，精简城镇人口中，由于形成了这样一种共同的社会心理，虽然这一工作使他们的生活轨迹发生了巨大的改变，但民众还是接受了，同时这种接受也表明了他们在精简工作中则完全处于被动、从属的地位。

政治参与就是公民通过各种可能的方式影响政府决策的活动。② 政治参与的主体，顾名思义是全体公民，因此，以公民是否愿意为前提，政治参与就分成了被动参与和主动参与两种。以精简城镇人口为例，这一工作本身实施的背景决定了公民参与这一工作的被动性。这样的政治参与虽然最终也达到了精简工作的目的，但其参与的质量与主动的政治参与相比相差甚远。被精简人员与接收被精简人员的农村的农民被动地参与到了这一工作之中，尽管他们之中有相当一部分人员对精简工作充满着不同程度的不满与怨言，而且他们的不满与怨言被掩盖了。但是，这种不满与怨言只是被暂时地掩盖了，并没有消失，长此以往，这种被动的、强制性的政治参与带来的后果就会显现。从我们的调查采访以及有关的档案资料可见，有相当部分的被精简人员由于被迫参与了这一工作，参与之后其生产生活又得不到有效的保障，因此精简工作或是导致一些极端行为的发生，或是

---

① 《采访记录 5：台州地区被精简人员曹晴英的访谈记录》，《附录一：调查采访记录》。

② 叶战备：《论中国政治参与的非均衡性及其化解》，《学习与探索》2010 年第 6 期。

在事隔多年之后，依然对精简充满着怨恨情绪的情况。

应该说，在历次政治运动中，民众较多的是以被动的形式参与国家的政治生活，使其在国家政治生活中的主人翁意识逐渐消失，同时也导致了许多久而未决的问题。而随着社会的不断进步，国家所面临的问题日益多元化；同时随着民众文化道德素养的提高，其参与政治的主动性也日益显现；再加上"法治"这一治理手段逐渐取代政治动员的方式在国家政治生活中日益占据了主导地位，而与这一治理手段相适应的民众的政治参与应该由被动转变为主动，不断推进"民众主动参与政治"的进程。

那么，应该如何更好地推动这一进程呢？归根到底，还是需要执政党执政水平、执政能力的提高。执政党在处理国家事务的过程中，不应将政治参与视为威胁和不稳定因素，而应该将其视为社会进步的一个推动因素，同时通过对民众文化素质的培养，保证公民政治参与的健康发展。此外，还要以"法治"的长远性、权威性和稳定性的治理特征鼓励民众主动参与到国家的政治生活之中。而以精简城镇人口工作所带来的反思为例，充分尊重民众的权利与自由、充分尊重市场与社会的需求、充分尊重人口迁移的基本规律，采取市场调节为主，政策干预为辅的方式，同时求得两者间的平衡，应该是今后处理类似问题的正确选择。

结　语

　　1949年中华人民共和国成立后，为使中国迅速摆脱贫穷落后的面貌，在经过三年经济恢复的基础上，中国共产党开始探索国民经济的发展之路。在众多的工业化道路中，受到苏联工业化模式的影响以及中国所有制结构变革的要求，使中国选择了"优先发展重工业"的工业化道路。优先发展工业尤其是重工业，就意味着人力、物力、财力向重工业倾斜，因此，导致了各种资源不断向城市集中，致使城乡之间、农业与工业之间、工业生产部门内部重工业与轻工业等的比例出现失调。这一趋势至"大跃进"运动中发展到顶峰，造成的一大后果即是大量的农村劳动力转移到城市，城镇人口增加。至"大跃进"运动期间，城镇人口出现了非正常的膨胀，造成了国家财政和市场供应上的巨大压力。为了减轻压力，精简城镇人口成为必然之举。与此同时，"大跃进"运动导致从1959年开始，中国的国民经济和人民生活发生了严重的困难。面对严峻的形势，解决困难的办法就是对国民经济进行调整。在"调整、巩固、充实、提高"八字方针指导下，中共中央对国民经济进行了一系列的调整，其中一项重要的举措就是精简城镇人口，因此，国民经济的严重困难可以说是精简城镇人口政策出台的直接原因。

　　由于精简城镇人口的工作是一项全国性的工作，通过精简过程中各省城镇人口的变化以及在总人口中比重变化的对比，可以看到，浙江省在精简工作过程中，无论是城镇人口减少的绝对数，还是城镇人口在总人口中比重的下降率，在全国各省份中都属于中上水平，这就使以浙江为样本来分析精简城镇人口中的各种问题有了一定的典型性与代表性。从1960年5、6月间开始，全国范围内的精简工作开始启动，整个精简过程大致分为启动阶段、初步开展阶段、全面铺开阶段以及总结收尾阶段。浙江省的精简工作，总体是在贯彻、执行中央一系列精简政策的前提下不断推进的，但也兼顾到了浙江省的实际情况，在整体进程中与全国稍有区别，大致将其分为酝酿启动阶段、全面展开阶段、稳步开展阶段以及收尾阶段。在历时三年多的精简过程中，涉及浙江各地各部门。从部门精简的状况看，全省九大部门的精简职工数呈现出"两头大、中间小"的特点，即"一头"为一线生产部门的职工，主要包括了工业与基本建设两大部门；"另一头"为服务类部门的职工（即非生产人员）大量精简，主要包括了商业、交通运输两大部门；而"中间"指的是一些技术性较强的部门人员精简数较少，主要包括农林水气、城市公用及金融三个部门。另外，文教卫生部门的精简人员绝大部分为教育系统精简的人员，而教育系统精简的人员大部分为各级各类的学生，其他的教职员工、卫生系统、文化系统等具有特殊技能的人员被精简的人数较少。从地区情况看，除台州地区本身人口较少外，其他五个地区虽然1961年和1962年每年分别精简的数据有一定差别，但两年的精简总和大致相当，可见被精简的职工在地区上的分布还是较为均匀的。与此同时，各地经过精简，城镇人口的绝对数以及在各地总人口中的比重都有不同程度的下降。对于被精简人员的考察则呈现多样化的态势。浙江省被精简的92.3万城镇人口中，企业职工占绝大多数。此外，还有一部分城镇闲散人员，这些人员大部分是1958年以后从农村进入城镇企业工作的人员，在年龄、身体状况、性别等方面呈现多样性的趋势。被精简的人员绝大多数到农村从事农业劳动，一部分留在了城镇，还有小部分成了自流人员。作为政策的被执行者，这一群体中有自愿被精简的，有无可奈何之下选择被精简的，还有采取各种方式始终抗拒精简的，情况十分复杂。

在精简工作中，安置是一个很重要的环节，直接关系到精简工作的整体进展以及整个精简工作的效果。安置工作包括三个层面，一是从中央到地方关于安置工作的部署情况，二是从中央到地方所制定的有关安置政策与措施，三是安置政策与措施实施的实际情况以及存在的问题。应该说，从精简工作一开始，安置工作也随之开始。从中央到浙江省对于安置问题十分重视，并制定了各项具体的安置政策与措施。对于被精简到农村的人员，其安置工作主要分为两部分：一是被精简时的精简补助、口粮补贴以及其他行李费、差旅费等费用的发放；二是被精简到农村后，生产队对其生活、生产资料的安置，包括落户、住房和粮油分配等方面的安置。被精简到农、林、牧、渔场的被精简人员涉及其工资、工资基金的发放以及住房和生产工具的分配等方面的安置。被精简后仍留在城镇的人员的安置涉及精简补助、粮油供给以及被精简后的出路安排。此外，精简过程中还涉及一批退休以及因老、弱、病、残等原因退职职工的安置问题，除了对其生活提供一定的保障外，还包括了其一部分子女顶替工作的有关政策规定。因此，从安置的政策与措施本身而言，兼顾了精简时以及精简后的各个环节，较为详备。然而，这一系列安置政策与措施在实施的过程中，却呈现出多样性的特点。被精简回农村的人员经过安置后，基本生活、生产活动得到了保障，但也出现了诸如落户困难、生活与生产资料分配不足甚至不予分配、拒绝接受家庭负担重和劳动能力较差的被精简人员，以及借安置被精简人员为名要求国家降低粮食征购任务等各类问题。被精简到各农、林、牧、渔场的人员由于生活、生产资料的分配基本都由国家划拨，因此，安置工作较为顺利。此外，被精简后仍留在城镇的人员以及退休和因种种原因退职的职工由于失去生活来源，又缺乏自谋生计的途径，普遍出现了生活水平明显下降的趋势。因此，安置政策与措施在实施过程中存在诸多问题。

在历时三年多的大精简中，毛泽东曾发出这样的感叹："我们的人民好啊！两千多万人，呼之则来，挥之则去！"那么，这场大精简造成的结果果真如毛泽东说的"呼之则来，挥之则去"那么简单吗？其实不然。精简造成的结果可以说是十分复杂的。精简造成的第一个层面的结果即政策层面的结果。历时三年多的大精简，全国被精简的人数有两千多万，完成了预定的精简目标；浙江省被精简的有92.3万人，完成甚至是超额完成了精简的预期目标。这些被精简人员中的大部分回到或是下到了农村，回到农业生产战线，实现了国家制定这一精简政策的目的。如此众多的人员被精简后，国家无论在工资开支还是在粮食和其他生活必需品方面的供应压力明显减轻。因此，从政策层面而言，精简取得了成功。精简造成的第二层面的结果即社会的变动。大量的人员走出城市，对减小城市的供应压力起到了积极的作用，因此，精简对城市造成的结果基本上是正面的。但与此同时，过度精简却给部分企业与部门造成了人员素质下降、劳动生产率降低的负面效应。在大量人员离开城市的同时，农村却接受了大量的被精简人员。在农村劳动力普遍不缺乏甚至于劳动力原本就已经过剩的情况下，大量人员走进农村，造成了更为激烈的人地矛盾，同时也引发了被精简人员与村民之间的冲突。因此，精简带给农村的基本上是负面结果。

但同时，一部分劳动能力强、劳动技能高的人员到农村后，对改善农村的生产条件，提高农村劳动生产率起到了积极作用，这或许是精简给农村带来的一点补偿。此外，精简运动还引发了诸如精简单位与被精简人员之间、领导干部与人民群众之间等多种社会矛盾，同时也影响到了社会治安和社会风气。精简造成的第三个层面的结果即被精简人员这一群体在生活与思想上的变动。根据安置情况的不同，被精简人员的生活在精简前后出现了生活水平提高、生活水平基本持平以及生活水平下降三种现象。同时笔者运用典型调查的资料来考察被精简人员在思想上的变动情况。被精简人员在被精简后，其生活和思想上的变动都是十分剧烈的，同时其对精简工作的评价也趋于多样化。

精简城镇人口，不仅在开展的过程中呈现出十分复杂的情况，而且留下了许多久而未决的遗留问题。为了解决部分被精简人员在被精简后出现的生活困难等情况，从1965年开始，从中央到地方开始着手解决这些遗留问题，对被精简人员按不同的身体及生活状况进行救助。然而，由于救助的水平较低，且只涉及少部分被精简人员，因此，这些救助政策并未真正改善被精简人员的生活状况。精简工作开展至今已逾半个世纪，当年的被精简者如今已垂垂老矣，由于在精简运动中失去了"工作"，导致这些人员生活普遍困难，出现了诸如养老问题、子女的受教育问题、就业无保障的问题等一系列历史遗留问题。

精简城镇人口，是一次"政治主导"下的人口"逆迁徙"，其掩盖了许多社会与个人层面的矛盾和问题。精简工作，是让城镇人口回到或是下到农村，使其由原来享受国家福利待遇的城镇居民变成一切依靠自给自足的农民，运动的难度之大可以想见。然而，这一次大规模的精简工作最终在政策层面取得了成功，是多种因素共同作用的结果。精简工作最终将两千多万城镇人口精简到农村，其中社会动员起了十分关键的作用。从出台两个"宣传要点"，到颁布一系列精简、安置政策，再到协调、整合、处理精简运动各个环节中出现的矛盾和问题，无一不显现出中国共产党强大的社会动员能力。因此，精简工作的成功也可以说是中国共产党社会动员的又一个成功案例。除了社会动员这一因素之外，1949年后中国国家体制的"集权"性成为开展精简工作的基础；中国城乡之间巨大的差异性为国家在精简工作中减轻负担找到了一条有效的途径。此外，民众对于精简工作的认同、参与也是精简工作在政策层面取得成功的重要因素。

当然,以浙江省为样本,研究 20 世纪 60 年代初期的精简城镇人口问题,到此只能说是暂告一个段落。尽管本文尝试并努力勾勒出精简城镇人口运动的清晰轮廓及其深刻影响,但关于这一课题,依然有许多研究的空间。

首先,关于被精简人员的构成问题。由于资料缺失的限制,本文只是粗略地就浙江省被精简人员进行了分类。然而,对被精简人员的年龄、性别、身体状况、工作年限等作精确的考察,是我们研究精简工作在个体层面发生变动的基础。

其次,关于精简工作的评价问题。在本文的绪论中,就本文写作过程中的口述采访资料作了限定,同时也指出由于口述资料的单薄性,因而基于这些调查采访资料所进行的关于精简工作的评价可能也是有所偏颇的。只有在不同区域、不同部门以及不同精简类型的人员中采集足够的样本,才能使我们更全面地对这一工作进行客观的评价。

最后,关于精简工作的历史遗留问题。本文第五章基于精简工作之后被精简人员及其家庭境遇和各级政府对被精简人员的救助政策的分析,提出了精简工作所带来的一系列历史遗留问题。然而,精简工作,是国家在特殊的局势下采取的非常之举,众多被精简人员为国家渡过经济危机、解决困难作出了牺牲。事隔半个多世纪,如何解决这些当年的牺牲者们的养老、生活和就业等问题或许才是重要而紧迫的,但要提出完善的解决方案却又是困难的。

精简城镇人口,过去已有近半个世纪,历史发展到今天,当我们重新翻开这一页,却发现这一项工作无论是其发生的背景、发展的过程、产生的结果之复杂,都远远超出了我们的想象。毫无疑问,只有正视历史,呈现历史,面对历史,才能找到解决问题的可行方案,才能推动社会进步和文明进程!或许,历史研究的旨义也在于此!

调查采访记录

采访记录1：杭州地区被精简人员郁虎根的访谈记录

访谈人：俞婧，女，浙江中医药大学本科二年级学生

访谈时间：2010年7月16日

受访人简介：郁先生，76岁，中共党员，50年代中期进入部队服役，1959年离开部队至沈阳松岭某机械厂成为该厂职工，1962年被精简回杭州市萧山县农村老家。

问：您为什么会被精简呢？

答：我1955年当兵，那时候福州新建机场招兵，我就去了，进了部队，1959年我离开部队，到沈阳松岭某机械厂工作。1962年6月，我被精简回家，那时候的理由是国家经济困难。

问：能具体说说您当时的情况吗？

答：我原本是不会被精简的，因为我们这批人比较年轻，是厂里的劳动力。那个时候我负责去沈阳火车站送被精简的老职工，由于我是南方人，心里总是挂念家里的亲人，看到那些老职工精简回家，我有点触景生情，就跟车间主任提出要精简回家，他就答应了，于是在1962年6月我就被精简回家了。

问：那当时的精简政策您了解吗？您周围的工友他们了解吗？

答：不是很了解，当时只是告诉我们，国家现在有了困难，要我们暂时回家几年，之后可以再回来的。我周围认识的人差不多都是这么说的。

问：当时您们厂里的情况怎么样？

答：听说62年以前，也有人在厂里闹，不愿意被精简，厂长就逐个找他们谈话，然后帮他们安排。但是到了62年，政策说是必须回家去，大量的职工都被精简回家了。当时我听我们车间主任说，因为国家困难，让我们下岗暂时回家。

问：那应该有很多人去厂里闹的吧，毕竟这么多人原本都是有工作的，一个命令就得回家了。

答：那肯定是有的。不过像我们这种长期在外面，很久没回家的人，其实还是很希望回家的，尤其是一些南方人。当时厂里条件虽然比较好，但毕竟不是自己家乡。

问：那么当时您们厂里有做这方面的宣传吗？

答：这个是有的，主要是每个车间主任跟车间里的职工传达精简的通知，在 60 年代初，就开始了。我们工友之间也有在说的。精简，对于我们工人来说，那个时候应该算是件大事。

问：被精简回家以后，给您们安排了田地住房或者工作吗？

答：土地和住房没有什么安排，我家原本就有房子的。后来，我侄子跟我换了块地，我就住到山外面来了，原本我住在山里面的。工作的话，也就是在家里种种地，到 66 年左右，就有很多企业来我们村里招工。

问：当时村里的情况，您了解吗？

答：不是很了解，因为我出门在外很多年了，62 年才回来的。当时村里人也不多，老年人比较多一点，像我们这样的年轻的小伙子不多。不过，村里的地还算多，我们当时住在湘湖边，经常去那里劳动。

问：您长年在外，这次回家，周围的邻居，村里的人，对您有没有什么别的看法？

答：可能多少有一点的吧，我在外面当兵那么多年，也没回家几次。以前住在山里面的时候，旁边的人有意见说，这条路不能走，是他们家的。我就说，我跟你没什么关系的。后来，我们家搬到外面来了也就好了。

问：被精简回家之后，您在家做些什么呢？帮忙家里做农活吗？

答：差不多。回家了以后，就帮家里做做农活，种地，那个时候我们还要做工分的。而且那时候，我的大女儿刚出生，我就在家照顾她。

问：这样做做农活，赚工分，很辛苦，但是养活家里的人应该没问题吧？

答：差不多能养活。但是，有时候还是要去生产队赊借粮食，我们家也没有什么余钱，很少买其他的东西。

问：那么和您一起被精简回来的人，他们的情况您知道吗？

答：与我同时从北方回来的南方人，大家都还挺高兴的，因为毕竟离家那么久了，终于有机会回家了。他们回家以后，和我差不多，在家里做农活。后来听说还有人被招去了上海的厂里，我们大家都挺羡慕的。

问：那另外的人呢？您有听说吗？他们后来的情况怎么样？

答：听说有另一些与我们同批被精简的人，文化程度都不高，有一些不愿在家的人，每天还去村里闹，村长很头疼。后来有招工的机会，就通知他们，他们后来有一些自己也找到了新的工作。

问：那时候让您一个年轻的小伙子回来在家做做农活，那时候您心里怎么想的？

答：我就是想能回家了，也挺好的。以前在外当兵，一年才可以回家探亲一次，一些人的母亲死了，还不能回来探亲。所以我觉得回家，在家里与亲人一起也挺好的。

问：您之前说"如果在家不好，还是可以再被招回沈阳的厂里的"，那么之后，他们有没有再来招您回厂里？

答：有的，我原本想去的，但是后来我的大女儿出生了，家里都希望我能留下来，可以照顾家里的人。我想想也对，于是我就没回去，其他外地的厂，我也没去，就找了个萧山的厂。

问：前面您提到是因为国家困难而把你们精简的，您怎么看？

答：那时候，国家说是因为国家困难才把我们精简回家的，我并没有怀疑，这些都是我听工友说的，我觉得可能是这样的吧。

问：精简回家以后，您觉得村里的村民对你有没有什么别的看法？

答：回家以后，村里也就觉得多了一个劳动力，工分也没多得，其他也没什么的，有些粗活重活，会叫我们帮一下忙什么的。因为以前当兵的缘故，劳动对我来说，也不是很累，我也不偷懒。

采访记录2：嘉兴地区被精简人员朴尚全的访谈记录

访谈人：沈嘉坽，女，浙江中医药大学本科二年级学生

访谈时间：2010年7月15日

受访人简介：朴先生，67岁，中共党员，1961年由上海某企业被精简回乡，在嘉兴西塘某农场从事农业劳动。

问：您当时为什么会被精简？

答：当时国家困难，我们为了响应党的号召，要为国家减轻负担，下放劳动。我们属于闲散劳动力，没有工作，而且当时国家也有政策规定，

每个地区必须要有一定的人数被精简下去，所以在 1961 年，我那时候才
18 岁，就一个人从上海被精简了下来，然后就被分配到了西塘农场工作。
我没有父母，所以下来也就下来了，虽然下来之后心里还是很苦闷。

问：您是怎样被精简的？

答：当时根据国家政策，一个地区规定精简一定的人数，先是自己报
名被精简，然后人数不够的时候就算是不同意下来也必须要下来，每个地
区都是有组织下放的。当时有一部分人是被迫下来的，其实自愿要被精简
下来的也是被骗下来的，说是被精简下来后，种田的话有拖拉机的，不需
要自己做，然后每个人每天可以吃多少粮食，还有每个人又有多少土地可
以分到，所以大家就这么下来，可是下来之后什么也没有，因此当时心情
非常的低落。

问：精简下去后的生活与工作是如何安置的？

答：当时被精简下来之后，因为没有地方住，大家是集体宿舍，一个
草棚，之后一个人分配到了一间只有 18 平方的草房，草房只用稻草盖了
一下，不过比集体宿舍好多了。再之后几年，政府又帮我们把草房换成了
砖瓦房。工作的话，我刚下来先是被分配到了农场里面工作，种田、插秧
什么的，做了一年不到之后被分配去了生产队当队长，干了十几年之后，
后来又到了窑厂做了五六年，再后来到了水泥厂工作，做生产科科长。土
地的话，是到了邓小平的那个时候，实施分田落户，所以一家可以分到 9
亩多的田地，所以也都挺开心的，自己有土地了。

问：被精简下来后，村里对您们这样被精简人员的态度是怎么样的？

答：我们当时被精简下来，村里是非常热烈的欢迎我们的，对我们都
挺好的，我们到了农村会有很大的帮助么，年轻人，都是劳动力，可以帮
助村里面生产发展。

问：您们被精简到农村后，农村有什么变化？

答：我们当时被精简到这边农村，这边的土地情况是人多地少，我们
这些年轻劳动力过来，多多少少还是带动这边的生产发展。后来由本来的
农场改成了人民公社再后来变成了村。至于土地，以前是毛泽东领导的，
土地都是集体的，不存在剥夺，大家也没有什么矛盾，土地是直到邓小平
的时候才开始有分配的，那时候也已经很多年了，大家也没什么计较的，
也没矛盾。

问：您对自己被精简的感受如何？

答：想法么也没什么想法，那时候被下放下来到了农村么也就只能这样了，为了响应毛主席的号召。但说实话，当时一个人下来后，很不开心，生活条件又非常苦，想回去也回不去，过来的时候帮我们把户口都一起迁过来了，不过就算不开心也没办法，下都下来了也只能这样了，后来么也成家立业，生活安定下来了，条件也变好了，就没什么想法了，安心地在这边过日子了。当时宣传范围很广，城市和城镇都要下放，大家都挺了解的，而且那时候每户人家的子女都要下来，家里最多就只能剩一个子女。

问：谈谈您知道的被精简下来的人的生活情况？

答：刚被精简下来的时候，挺多人心里还是很不开心的，后来也就没什么了，农村对我们都挺好的。不过不开心归不开心，大家也就憋着，因为当时是多劳多得，少劳少得，为了生活，大家也都不得不努力干活，而且我们这边也不是很乱，大家也不会想到说要反抗。开始的时候都是被分配到了农场工作，后来分田落户，大家都分散开去了，到社区、到村里面工作，现在的话条件也都还算不错，1978 年开始拿工资，现在起码有1500 元一个月可以拿。

问：您精简下来以后的得奖情况？

答：被精简下来之后，工作也是挺踏实的，每年都是先进，而且每年都能拿到很多奖状，两次被选为县级人大代表。

问：这一运动对您有什么影响？

答：这个运动，让我从城市到了农村，虽然没有父母，但是一个人离开自己住了十几年的地方到农村心里还是挺不开心的，不过我当时是自愿报名被精简下来的，到了农村之后，也很努力的工作，但是还是挺想回上海去的，可是想回去也没办法，回不去了，之后生活条件慢慢好起来，在这边也安家落户了，也就没怎么想回去了，毕竟，在这边也住了这么多年，生活安定了，回去也不知道能干什么，所以也就在这边住下了，后来又有工作也分到了土地，生活条件好了不少，也挺开心的，对这个运动的话，开始主要是让我们背井离乡觉得不好，现在的话大家也没什么想法，反正也就这样了。

问：您们被精简到农村后对当地农村产生的影响？

答：影响么其实也没什么大的影响，就到了村里工作，劳动力增加了，帮助了生产，开始大家都挺辛苦的，生活条件也非常的艰苦，但是因为多劳多得，少劳少得，所以大家工作都很努力，带动生产力的发展，农村条件也越来越改善了，大家生活条件也慢慢的好起来了，农村也就发展起来了。

问：您对精简这一运动有什么评价？

答：其实也没什么好评价的，当时想回上海么也不能回去，这个运动主要是为了减轻国家的负担么，我们对国家也是很相信的，国家这么说我们就这么做，总的来说这次运动还算是好的吧，为国家减轻了不少负担。因为这个运动，刚开始的时候是很苦的，大家下来之后也都挺不乐意的，可是到了邓小平之后生活就慢慢的好起来了，大家也就觉得没什么了。

采访记录 3：绍兴地区被精简人员陆银海的访谈记录

访谈人：王张亮，男，浙江中医药大学本科二年级学生

访谈时间：2010 年 7 月 15 日

受访谈人简介：陆先生，1946 年出生上海，1954 就读于康佳桥小学，1960 年在沪西中学就读。初二时（1962 年）随父母下乡到浙江省上虞市梁湖镇花浦村。参加农业生产三年。之后也就是 1965 年被征兵入伍到杭州余杭 6292 部队一中队，三年兵役之后，在嵩坝公社参加农业生产。又先后到绍兴浬渚铁矿（1968 年）、浙江省重工业局仓库（1971 年）、上虞百官供销社工作（1975 年直至退休）。

问：当时精简城镇人口的原因是什么？

答：精简的原因主要是为了解决城市的粮食问题：为了减轻国家的经济负担，缓解城市粮食压力。国家动员上山下乡。

问：您当时为什么会被精简？

答：当时我们一家积极响应国家政策号召，向上级打报告主动请求精简，以及上山下乡。另外还有一个原因就是当时我们一家兄妹好几个，父母迫于生活压力只能上山下乡。我们是自己主动请求下乡的。

问：精简过程中，有关方面有什么安置措施吗？

答：当时国家只提供了路费，然后把我们安置在小队里。当时政府并没有给予我们照顾，只是提供了差旅费。分配到农村时，没有提供任何生活补助。小队里把我们安排在一间茅草房里，我们家就开始在小队里的生产劳动。

问：精简的过程中，单位对于精简工作的宣传工作做得到位吗？

答：当时政府的宣传工作主要在工厂，宣传形式主要是动员群众和干部上山下乡，实行自愿原则。政府的宣传工作在当时的条件下是比较到位的。我的父母当时是自愿下乡的，因此并没有对精简的政策做详细的了解。

问：被精简后您们一家的生活如何？

答：精简后生产生活安排非常简单粗糙：由于我们一家长期生活在上海，而且初到农村，缺乏应有的农村生产的经验，不会种田。分配到小队以后只能从事一些简单又辛苦的体力农活，比如把田里的烂稻草拖出来等的农活。虽然当时农村公社化，生产资料和生产成果是归集体所有。但当时实行工分制，由于我们一家生产经验不足，所以工分所获不多，成了村里每年的"倒挂户"。加上孩子又多，一家人的生活比一般普通的家庭要来的困难。

生活上粮食的不足仍旧困扰着我们一家。而且对我们一家伤害最大的是大哥陆金海因为参加村大队里农林改造而失去了生命。我哥哥在后山抬石头时不小心被石头压死，又造成了家庭劳动力的不足。但是国家和政府并没有因为我哥哥的死亡而给予我们一家少许的生活补助。

问：您知道和您们一同被精简的其他人员的情况如何？

答：大多数当时被精简人员的情况都是差不多的，都存在吃不饱穿不暖的问题，而且这种情况明显比在城市生活要来得糟糕。

问：您对精简工作的评价如何？

答：不满意，特别是大哥（陆金海）因为工作牺牲，而国家政府没有给予适当的补助，上海方面也没有采取救助措施。这是一次不公平的运动，精简人员在国家危难关头主动提出上山下乡，支援农村和农业生产，但国家没有照顾到家里的情况。

问：您对这场运动怎么看？

答：很多人下乡之后没有再回到城市，一直留在了农村，为农村的建设或多或少的做出了其应有的贡献，然而国家政府在改革开放的过程中忽略了这些人群，没有弥补他们所受的损失，没有满足他们应得的利益。而且这次运动又造成了城市人才的流失和断层，使人才没有得到合理有效地配置，使得城市建设陷入瘫痪，又造成农村的粮食和人口问题的加剧。

问：您现在生活如何？

答：现在我们一家生活相对富足了，我靠着在上虞市供销社的退休工资维持家用。儿子和儿媳也有稳定的工作。家里建起了小楼房，生活水平在一般农村家庭之上。

问：精简工作对农村造成了什么样的影响？

答：对农村生产的影响：精简人员对农村最大的影响就是解决了农村劳动力不足的问题。但是，当时在农村实行人民公社，虽然在初期的时候促进了农村的生产力的发展。但在一定程度上加重了农村的粮食紧张。由于人民公社的特殊的分配方式，大量的下乡人口涌入农村，造成了本来就不富足的农村雪上加霜。

采访记录 4：宁波地区被精简人员袁美贤的访谈记录

访谈人：韩诗颖，女，浙江中医药大学本科一年级学生

访谈时间：2010 年 7 月 10 日

受访人简介：袁女士，95 岁，小学教师，1962 年被精简。

问：阿太，您好。您的身体看起来很棒噢，脸色也很不错哦！

答：不行了，老了，耳朵不好使，听不出了！

问：阿太这个样子，看起来要再活几十年啊！

答：我活着也不像你们年轻人，也没什么事情可做。

问：阿太，今天不好意思，要打扰您一下，我有几个有关于"精简"的问题想要请教你一下。

答：好的，你说。

问：我们这代年轻人对"精简"非常陌生。我也刚刚才知道这一历史事件。我们老师正在做一个课题，而我对"精简"也有一定兴趣，所以就帮助我们老师做一些调查研究。我得知您是当年被"精简"的人员，所以就来采访您一下。

答：哦，能让你们年轻人知道这些事，也是我们经历过"精简"的人的职责吧。

问：阿太，您知不知道当时为什么要"精简"啊？

答：我当年是一个小学老师，所以也有一定的文化水平，我们主要是要响应国家"调整，巩固，充实，提高"这个八字方针，所以就有了"精简"吧。

问：那当时阿太是如何响应国家的号召的？精简会不会对您的生活产生一定的影响呢？

答：当时，我们的心里都觉得党十分伟大，是党带领我们打败帝国主义封建主义，所以跟党走，跟国家走，肯定不会有错，所以国家要求我们"精简"，我们当然会响应了。还有一个什么问题，没听清楚？

问：噢，阿太，刚刚我还问了，会不会对您的生活产生一定的影响？

答：影响？影响肯定会有的。当时，我在慈溪龙场小学教书，是从1952年开始到1962年5月，在这十年里面，每年只拿一个月的工资，也就是35元，十年一共只拿到了350元，当然和现在没办法比，现在350元，一个月都过不了啊。在1962年5月响应国家"精简"的号召主动要求被精简，然后就回家了。

问：我在互联网上查了一下，被"精简"以后是不是去农村了呢？

答：噢，不是的。"精简"是每个人从哪里来就回哪里去。我的户口所在地在宁波，所以我就回宁波了。还有一些来自农村的，被精简后就回农村了。

问：噢，那您就是特殊情况了！

答：是的，呵呵。

问：那被精简下去以后的生活怎么办呢？

答：是这样的，我在那个时候身体也不是非常好，经常生病，所以我才会自愿请求被精简。我的子女都有自己的工作，他们的孩子也需要一个老人来管，所以在被精简以后我就回家带孙子了。

问：噢，原来是这样啊，那阿太当时在宁波住的是哪儿呢？

答：当时在宁波，我是自己住的一套房子，在现在的江北区，是国家住房，每个月我需要自己交房租1.2元，虽然这些钱在现在是非常非常小的数目，但是在当时也不算小了。

问：那看来阿太当时的生活情况还是比较艰难的啊。

答：到了1982年，国家来调查"精简"人员了，那个时候，我获得了15元一个月的补助，现在也越来越多，已经有700元一个月，而且子女的工作单位也不错，所以收入也很好，他们每个月都给我一些钱，会常来看我，给我买很多东西，所以我现在的生活非常好，我也活得非常开心。

问：看来阿太现在生活得非常幸福美满了，哈哈。那阿太周围有没有人也是被"精简"人员呢？

答：我曾经的邻居也是"精简"对象。我可能是在"精简"中比较特殊的，而她是比较典型的。

问：她有什么故事呢？

答：她的户口在农村，所以被"精简"后，她回到了农村，到农村去的那个时候还能干什么呢？只能当农民种种田了。

问：噢，那"精简"对她来说不是意味着自己的前途都被毁了吗？

答：是的，对于她这样的，是农村户口，又不是自愿"精简"的人来说，确实影响非常大。一来，他们丢失了自己在城市里的工作，二来他们又必须回到乡下，这类人很少有自愿的吧。当然我也不是非常了解他们，虽然是邻居，但也已经很久没有联系了。

问：噢。那阿太对于"精简"这个活动有什么感受吗？

答：因为我是自愿"精简"的，而且对于我来说，也还是住在城市，所以影响不是特别大，感受也不是很深，可能那些被精简到农村的人感受会多一点吧。

问：是的，阿太相对来说是一个比较特殊的例子吧。

答：呵呵。我这儿还有本证书，你可以看一下。

问：原来这就是"精简"的证啊。阿太现在还收藏着啊。

答：是的，这在我看来也是一种光荣，能为祖国做一些事情。

问：对阿太来说，自己决定被"精简"也是深思熟虑以后的事吧？

答：呵呵。还好，也就是和家人一起考虑了一下，觉得带孩子也是需要人手的，于是就决定主动被"精简"了。也不是很难选择。

问：噢，原来是这样。通过今天访问阿太您，我除了可以完成我的报告以外，似乎对这段历史也有了一定的了解了！再一次谢谢阿太，真是不好意思占用了您宝贵的休息时间。也祝愿阿太身体越来越好，越活越年轻，寿比南山。

答：谢谢你！

采访记录 5：台州地区被精简人员曹晴英的访谈记录

采访人：叶淑婷，女，浙江中医药大学本科二年级学生

采访时间：2010 年 7 月 14 日

受访人简介：曹女士，74 岁，作为城镇职工家属被要求下放农村。当时的政策是动员家属支农。

问：当年被精简前您和您丈夫分别从事什么工作？

答：我丈夫本来是中国银行的，后来是楚门区政府的，就是现在的楚门镇。我被下放的时候他当时还在中国银行工作，我当时是一个电镀厂的职工，也在楚门。

问：您当时是以什么理由被精简的？当时的情况是如何的？

答：我是被要求下放到农村支农的，时间大概是在"大跃进"运动后。支农的原因不知道，不是很清楚，反正总是国家这么要求的，具体怎样也不是很清楚，就国家困难嘛。当时我丈夫在银行，没有被下放，于是就动员家属去支农，解决困难么。至于宣传工作，就是在工厂贴出来，说我是被精简对象，要回农村支持发展生产什么的。反正是国家的命令么，要我回家就回家好了，反正不是去其他地方，蛮好的。

问：当时您被精简后回到农村，心情如何，有什么感想？

答：我是被下放回家乡的，能回家么我很高兴的。去楚门区是丈夫带我出去的，现在下放回来就在自己的村里，很高兴。我丈夫是银行的工作人员，没有被下放。他们单位的其他人怎么样，我不清楚。后来我丈夫去政府工作了。

问：回去村里，村里有给您什么补助吗？

答：没有，哪有什么补助啊，就靠自己的。村里这些都不管的，反正本来就是自己村里的人嘛。

问：那您回自己村里，村里的人有没有什么看法？态度如何？

答：都是自己村的人，哪有什么看法，回来就回来了，没有什么态度的问题。

问：那您有自己的土地吗，或者是去哪里帮忙种地维持生活呢？

答：土地没有的，我是居民户口，没有土地的，没有出去种地的，我家条件不错的，就靠丈夫的工资就可以了，我不用做什么的。

问：那您回来后一直没有工作吗？家里条件如何？

答：没有的，我们那个地方自己有个造船厂，厂里有个纺织厂，我就在纺织厂里工作。自己过去就可以了，就有工作可以做的。后来还去了商店上班，而且没有多久我就又被调去区里了。

问：那您知道你周围被精简的其他人的情况吗？

答：周围的人，我不知道，我们村就我一个。

问：那当时对于您丈夫的其他同事的家属被精简的事情了解吗？

答：这个我不清楚，这么多年了，我当时就没有去了解，不太清楚别的被精简的家属的情况。

问：对于当时的精简政策，您有多少了解吗？

答：这个不知道，这么多年了也记不得了。当时命令是一级一级下达的，反正国家要我回家的，我就回家好了。

问：那对于国家当时采取这样的政策，要求您们被精简，您觉得好不好？

答：好，怎么不好，能回家当然是好。当时国家么说什么，我们当然怎么做了。

问：当时下放就是要求一定要回自己家乡，还是可以自己选择呢？

答：一般都是下放回自己家乡的吧，反正我们厂就下放两个人，我们都是回自己家乡的。不过可以特殊的，像当时东门的党支部书记和我很好，说我可以选择下到东门区，那有自留地的，我当时要去那，我肯定还要舒服了。不过，我丈夫坚决不同意，要求我回家乡，没办法我就回家了，一般都是要回自己家的。哪来去哪里的。

采访记录 6：舟山地区被精简人员葛俊霞的访谈记录

采访人：傅明燕，浙江中医药大学本科二年级学生

采访时间：2010 年 7 月 14 日

被访谈人简介：葛女士，68 岁，山东人，1961 年由舟山某机械厂被精简。

问：您当初是在 1961 年到 1964 年期间，被国家精简下放的吗？

答：是的，全国精简是从 61 年开始的，但是我们这个地方比浙江省其他地方晚一步，我们是在 62 年的时候被精简的。

问：您是从哪里精简过来的，是精简到嵊泗，还是到别的地方后来到嵊泗的？

答：我本人是山东人，在嵊泗工作安家。由于当时中央有政策，山东特别困难，属于全国重灾区，所以有山东户口的我被精简后可以在当地落户，不用回山东去。

问：您为什么会被精简呢？

答：当时情况就是由于三年的自然灾害，国家既有外债（欠苏联的钱）又有内债（人民买公债），无法开支全国费用，所以全国范围内普遍进行精简。比如说我们这边的马关机械厂，工人下岗的不少。在我认识的

被精简人里，很多人都是58、59年的时候参加工作的，之后都被精简了，我的年龄算是最小的了。当时被精简的基本都是20多岁的人，留下来的就是那些有资深工作经验的，还有就是极少数专业方面的学生被分配工作，基本都是女的被精简，男的留了下来。我和我老公那时都在水产局工作，老公是个干部，所以我就被精简了。因为当时政策是家里双职工的，两人里精简一个，干部起带头作用。在下达精简通知时，他们是开大会全体通知的，没有被骗下乡的情况。具体政策也记不起来了。

问：知道被精简之后，您有没有去政府提过意见？

答：没有。当时我们这里归上海管辖，与其他地区相比在生活方面或在别的方面还是要好的。那时她们说与定海或者哪里比较，都说是嵊泗好。再说这里地方也小，没人会去闹。

问：精简前后您家里生活情况有变化吗？

答：相对来讲，精简之前肯定要比精简之后生活要好的。精简之前，我们家有两个人工作，加上2个孩子，4个人吃饭，由于还有长辈要养活那时也只能是勉强过得去。而精简之后，情况就更不行了，一个人赚钱3个人吃饭，还要养长辈。我们这边地方小，经济上也不好，又没有什么工厂能让我们打打零工，所以精简后生活也上不去。

问：精简之后是只有自己到农村来，还是全家都来了？

答：我们没有去过农村，精简之后就和下岗一样在家，也没有去过别的地方

问：精简之后国家有什么补贴吗？生活状况怎样？

答：精简之后，国家什么补贴都没有。但是如果家庭特别困难，单位里的工会会适当补助，过年或特殊情况，会以补贴的形式多多少少给点钱。如果单位有临时工的机会就适当照顾我们。精简之后生活就比较困难了，有机会就打打零工，收入很少。

问：和您一起被精简的人，她们的状况你知道吗？

答：当时我们一个单位被精简的人都住在一起，情况也都差不多。但是有个人情况就比较可怜：她是从石浦领养来到嵊泗，然后在嵊泗水产加工厂工作，也是在那个时间被精简。被精简后由于自己是养女，不好再回养父母家，靠他们养活，只好在这周边小岛找个渔夫嫁。而那人家徒四壁，上还有老，每天只靠丈夫捕的一点鱼过活。因为全家没人在单位工作，也就没有单位的补贴。年老之后，丈夫无法下海捕鱼，也就没有了生

活的来源，过着极度贫困的生活。如果那时候没有被精简，她有工作有收入，大可找一个条件稍好的人，不用每天为吃穿发愁。

问：您目前的工作生活状况怎样？

答：在被精简之后不久，1965 年进行"四清"运动的时候，我们根据国家政策，重新回原单位工作。但是我们重新上岗后是从临时工开始做的，几年后才转为正式员工，我是第一个转为正式员工的。我们这里加工厂回去的人多，船厂工作的回去的人很少。现在我们都退休了，休息在家，生活也不错。3 年一趟，5 年一趟也有回山东去。

问：您觉得精简这一举措是否真的解决了农村劳动力不足的困难？

答：作为国家一个普通公民来讲，我没什么想法，因为国家有困难，我们也都没办法。这是国家政策规定的，不是我一个人可以改变的，都是没办法的事。我不觉得自己被精简后解决了农村劳动力不足的困难，因为自己被精简后也只是赋闲在家。但是我们被精简后，国家减少了不少开支，这倒是对国家资金缺乏的困难有帮助。

采访记录 7：金华地区被精简人员盛陶菊的访谈记录

采访人：周瑜，女，浙江中医药大学本科二年级学生

采访时间：2010 年 7 月 13 日

受访人简介：盛女士，72 岁，1963 年作为职工家属被精简。

问：您是什么时候被精简的？

答：1963 年的时候。

问：当时为什么被精简？

答：那时候为了响应国家号召，解决国家困难，好多企事业单位的家属被精简下放到农村里去。家属一定要下放。当时这个政策是强制性的，没有问过我们愿不愿意去，不去也得去。单位里领导说要是我不去农村的话，我丈夫在单位里也没得干了。如果我去的话，我丈夫的工作还可以做下去。那两个人一起被精简不如一个人回去好了。想想也没办法，后来就被精简下去了。当时对于政策也不了解的。就是听说有这么个政策。当时就是很强制性的，强迫我们一定要去。

问：您当时被精简下放的农村状况怎么样呢？

答：我被精简下放农村里去。农村里的人都不欢迎我们，还要说我们。因为本来那里地少，人又多。我们这些人去了就等于要从他们的饭碗

里要饭吃，小队里也要说我们。说我们吃他们的，大便还要拉到外面去（意思是都不给他们做肥料），粮食被我们抢了。白养我们的。本来粮食都不够，人又多起来了。回到农村后就是寄宿到朋友家或者亲戚家，说是暂时住的后来就没来管过。

问：那您当时在农村里是怎么生活？

答：做农民。很苦的。没办法。城市里待了一段时间，农活都做不来。不知道怎么熬过来的。当时也没有什么东西分配给我们，连住的地方都没有，更不要说有什么地啊、牛啊、羊啊什么的，基本生活有保障就不错了。

问：您去农村居住情况、生活情况是怎样的？

答：搭在亲戚家里。后来那边也没地方住了，就回到我丈夫那里，但是户口没有迁回来的，就变成"黑人"。两边都没人管这个户口。这边推那边，那边推这边，当时叫做"黑人户口"。我只好在城里做黑户。到现在都没人来管。

问：那您回来以后怎么生活的？

答：不种田了以后回来做小工，做临时工，大概是68年的时候。造房子、扛空心板、扛石头那种建筑工地里的小工，都是吃力的工作，工资也低，因为干活还受过很多伤，大概做了7、8年还是10来年。因为没有户口，导致后来我没有退休费，也没有转正什么的。到现在也没有退休费，一直苦到现在

问：那时候让您离开城市到农村去您是怎么想的？

答：一开始我不知道自己被精简。后来单位领导突然来说，我被精简到农村去。我只好坐起来哭。哭哭也没有用，只好去。都是在本人不知道的情况下帮你办掉了，再来跟你说要你去农村，没有经过自己同意的。等于当时就是以骗的形式，骗我们过去，在农村里干活，做得昏过去也还要做。这么一下去连户口都没了，现在几岁了啊，72岁了啊就苦到现在。就是个失败的政策。

问：您知道当时和您一起被精简的人的情况吗？

答：有很多人一起被精简下放的。大家都分散的，每个地方都有的。我就是在我自己这个村里。大家都是不愿意的。有些有路子的人被下放了以后没过多久，风头过了以后就回来了，私下里就解决掉了，只有像我们这样没有关系的人才被精简回了农村，虽然去闹过，去上访过，但是没有

结果，坐在上访的地方门口一夜等到天亮。他们没去的那些人到现在都有退休费的，就我们去的人都没有。很不公平的。

问：您对当时精简这种做法怎么看？

答：这个怎么说呢，我觉得并没有减轻国家负担或者说解决农村劳动力不足的问题。名义上是这样说的，实际上并没有解决什么。这一大批被精简的人惨了，这一生都被他们毁了。这个就是个错误的政策，害我现在也没有退休费。这个政策导致了很多人没有户口没有退休费。我们这一批被精简下放的人么有路子的都回来了，没路子的老老实实的都没有户口没有退休费，回来后自己去找工作，都是苦的工作，靠劳动力，做做临时工或是小工，都是工资低的工作。当时动员我去的人跟我说你去，到时候会回来的，只是暂时去一下。到现在没人来管。现在丈夫死了二十几年了，靠丈夫的生活费生活。老实就吃亏啊，本来我有工作有户口有退休费现在都可以生活得很好，不会这么苦的。我对这个政策很不满意的，我们现在生活没有保障，没有生活来源。只能靠儿女。你们能不能反映一下啊？当时这一批人都是现在七八十岁了还活着的，有没有人来管一下，国家有没有补偿？

采访记录 8：衢州地区被精简人员项大爷的访谈记录

采访人：郑超，男，浙江中医药大学本科二年级学生

采访时间：2010 年 7 月 10 日

受访人简介：项先生，78 岁，1962 年从兰溪陶瓷厂被精简。

问：项大爷您今年贵庚啊？

答：我今年 78 了。

问：大爷 78 了身体还是这么硬朗啊。那大爷您是哪一年被精简到农村的呢？

答：我是 1962 年到农村的。

问：那大爷您被精简前的工作单位是在哪？

答：我当时是在兰溪，兰溪陶瓷厂工作。我本来是衢州荒滩口户口，后来碰到兰溪陶瓷厂招工，我就去应聘上班了，把户口迁到了兰溪。

问：哦，那大爷当时为什么会被精简到农村来呢？

答：当时有个口号就是号召大家回农村开荒扩种，搞私有制。我当时就是自愿回农村来开荒的。而且当时粮票价格太贵了，一斤粮票要一块多

钱，而我一个月的工资只有 38 元，不够买粮票，不能解决温饱。于是我自愿要求到农村来。

问：哦，大爷是自愿到农村的，那除了粮票太贵的原因外还有其他什么原因吗？

答：没有的，当时就是为了回来自己搞私有开发。

问：那当时精简的具体方式是怎样的呢，还有到农村后工作的安排啊等等？

答：当时厂里没有给我安排工作的，要自己找，就是现在有给我资金补助的。

问：哦，那在大爷厂里有被强制精简到农村的吗？

答：不是自愿的也有的。我们那个时候啊，厂里有个规定，1957 年进工厂工作的人是不可以被迫精简到农村去的，除非他犯了错误。而 1958 年进工厂的人是强制精简到农村去的，我是 1957 年进到厂里工作的。

问：嗯，那这些被强制精简到农村的人他们的工作和居住等方面的问题厂里会给安排吗？

答：这些厂里都没有安排的，他们被精简到农村后就和厂里单位没有任何关系了，工作和居住地厂里不给安排的，要凭他们自己的本事去找。

问：那这些被强制精简到农村的人他们的精简地点是由厂里安排的还是他们自己选择的？

答：他们都是精简回到自己老家的，他们以前是哪里的就被精简回哪里。

问：哦，那就是说大爷本来就是项家村的人，因为去兰溪陶瓷厂工作所以才把户口迁到了那里。

答：嗯，是的。我老家就在项家村，刚开始在荒滩口上班户口迁到那里，后来单位没事我回老家玩，刚好碰上兰溪陶瓷厂招工，于是我就去了，户口也就迁到了那里。

问：大爷知道当时厂里为什么要把人员精简到农村来吗？

答：就是当时有些工作人员思想作风上有问题，工作上也犯错误，所以就被厂里精简下来了。

问：嗯，那大爷自愿下来农村后从事什么工作呢？

答：务农，自己种地，搞私有开发。

问：嗯，那大爷您知道当时除了你们厂之外其他一些地方的人员精简情况吗？

答：旁边其他一些地方的人员精简情况我就不太清楚了，我们这地方只有这一家兰溪陶瓷厂，是由游埠陶瓷厂、纸厂和碗厂三厂合并的。

问：哦，那大爷知道这个精简活动是从哪一年开始的吗？

答：好像是从 1961 年开始的吧。

问：那大爷你们当时被精简的人数多吗？在工厂里占的比例大不大？

答：这个不太多的，精简的人不多。就是一些思想作风有问题，工作犯错误的人才被精简到农村。

问：嗯，当时这个运动是全国性的，大爷您觉得这个精简工作是为了解决国家农村劳动力不足的问题吗？

答：不是的，就是那些人思想作风上有问题才被精简的。

问：那像那些被强制精简到农村的人如果交了下放费也可以回去上班吗？

答：我们自愿到农村的人性质不一样，如果后悔了想回去和厂里商量一下还是可以回去的。那些被强制精简到农村的人即使交了下放费也是不可以再回去上班的。

问：嗯，那这些被强制精简到农村的人厂里有给他们补贴吗？

答：开始有的，就是按每个月的工资给他们几个月，最多一年的补贴，后面的就没有了。没有像我们一样一次性补贴 700 元，现在也没有每个月的补贴。

问：那可以请大爷谈一下精简这个运动吗，大爷觉得好还是不好？

答：好，你说这个政策好不好？刚开始我下来就一次补助了我 700 元，后来又每个月都有补贴，我都没想过会有这么好。

问：嗯，那从城镇被精简到农村这些人员来到农村后，会对农村产生什么样的影响呢，请大爷谈谈好吗？

答：没有的，当时对村里也没有什么影响。我当时回来后就相当于我们生产大队多了一名劳动力，但我分到的土地除了一点自留地就没有别的了，直到实行家庭联产承包责任制后，我才分到更多的土地。

采访记录 9：丽水地区被精简人员钟叶权的访谈记录

采访人：郑楚红，女，浙江中医药大学本科二年级学生

采访时间：2010 年 7 月 23 日

受访人简介：钟先生，72 岁，浙江丽水老竹人，杭州钢铁厂工人，后被精简。

问：国家为什么要出台精简政策？

答：那是五十多年前的事情，我原本在杭州钢铁厂的，那时候说是大办钢铁被村里抽去的，后来是要大办农业，就把任务分配下来让我们回来种田。我们小农民知道什么呀，政策是什么，我们干什么。有一次我们的班长说可以回去了，说是政策下来要我们回去，回去的话投入生产，大家都挺想回去的，在这里做了那么久也没存下什么钱，没盼头。我们回来都是自愿的，但是有些人也不想回来的，上面有的也批准了，是党员的或者是团员有关系的就优先考虑。对政策也不是很了解，就知道是要开始大办农业了。好像是因为粮食和农作物不够，不能够支持工业的发展。

问：回来还有工资吗？

答：没的，就是靠自己种田，算是在家里了。

问：那不是更不合算？

答：那时候大办公社，回来的都是没有的，大家都是一样的，各个单位都是没有的。后来慢慢的又有点补贴之类的。

问：那您为什么被精简，采取了什么方式？

答：本来就是农村来的，工作了将近三年，说政策下来要回去种田就回来了，也没有什么方式，回来么大家在一起也好点。再说厂里工资不高，吃吃用用根本没有多余的钱给家里。

问：回来有补贴的不？

答：没的，那时候国家也是困难的，没人给我们钱。

问：被精简下去后生活工作如何安排？

答：那时候生活很艰苦，每个月到手上的粮票都要精打细算，还吃不饱，每天就那么点，扣着点吃。有些人家里小孩多的就更苦了，都是吃番薯丝拌饭的，实在是没有东西吃。别人看着可怜就给点他们吃的。工作上么种田人自力更生，多劳动么多点吃，大家一起种田，养点猪牛之类的，集体做起来算工分的。女的有些做五六分七八分的，男的做十来分。做得多拿得多，有的技术工，钱要多点的。

问：您对于精简的感受。

答：其实那时候我也是很想回来的，钢铁厂工资很低，一个月就四五块钱，只够一个人吃的，平时买点用的或是衣服的就没有了，家里还有好几口人都顾不上，回来也好。

问：有没有人是不愿意回来的？

答：大家都是愿意回来的，有政策在的呀，领导要你下去就是要下去的。不愿意回来的也有个别，譬如说是从军队回来的，他们工资高呀，就留下来了。还有些是党员或者是团员的不想去农村的就因为这个身份留下来得到照顾。像我们这样普通人就回来了。

问：您对这一运动的评价。

答：是解决了国家的负担的，同时也解决了农村劳动力不足的情况。国家不需要付给我们工资，那时候炼的铁质量都不是很高的，早点放我们回来国家开销就没那么大了。对于农村也是好的，以前农村的田没有人种，粮食不够吃了，我们回来了以后一下子人手就多了。

问：周围精简人员以及精简工作的总体情况。

答：我们这一地区的人被分成好几个部分的，邻村的有的在青田造水库，有的在云和烧煤厂工作，时间到了回来以后就种种田，没钱的。现在也联系不到了，好多年了。

问：精简后对农村的影响。

答：对农村当然是有影响的，我们回来以后人手就多了，劳动起来快点，有些人子女在家总是安心点的。

采访记录 10：温州地区被精简人员的访谈记录

采访人：赵丽娜，女，浙江中医药大学本科二年级学生

采访时间：2010 年 8 月 23 日

受访人简介：男，70 岁，1962 年被精简（姓名等其他资料不愿透露）。

问：您那时候每天的工作有规定要多久吗？比如说早上几点开始有规定吗？

答：这个倒没有规定，不过我那时候算是很肯干的，我那时候经常是早上三四点就起床到外面盐滩上去挑盐了，晚上八九点才回来，一天到晚都是在外头这么工作。也有些人就比较懒惰一点，有时候迟一点开始干活，或者工作的时候偷懒，去抽烟什么的。

问：您觉得精简后所做的那些工作对您来说辛苦吗？

答：辛苦是肯定辛苦的，当然不像你们现在，年纪轻轻地，干那么一点点工作就说累死，平时想吃什么就可以吃什么。我那时候，一次性都是两三百斤东西这样挑的，而且那时候的路又还是泥土的，不是水泥路，这边一个山头，那里一个山头的，就是造房子用的石头都是自己从很远的地方一点点挑过来的。而且那时候也没有电，每天干得热死，就拿个扇子，就坐在外面乘凉，蚊子又多。

问：您当时的工资情况怎么样，怎么结算的？

答：当时哪有什么工资的啊，我们都是赚工分的，我一天干十个小时，每个小时拿两毛钱，一天一般就只能赚到一块钱。我那时候一年赚三百多块钱，我那时候算勤快的，中午吃完饭去挑盐，到晚上能赚十几个工分，能抵上别人一天的，所以我赚的已经算很多了，一般人一年都是两百多块钱。对全村人进行分组，大家都在一块工作，原来我们全村分六组，后来说这样分每组人太多，偷懒的人也比较多，又把组变成十二组，又变成二十四组，这样偷懒的状况可以减少，当时我在做组长，每天要去组里叫其他人去工作，但是有些人根本就叫不动，他们有些偷懒不干的嘛，没办法只能由自己几个勤快点的多分担点。

问：当时有一批人被精简，您知道其中一些人的情况吗？

答：不怎么清楚，当时回来之后，也就没跟其他人联系了，自己村里的就跟我差不多的，其他地方我觉得应该都是差不多的吧。

问：回农村后让您做农活，您觉得辛苦吗？

答：我们那时候也没怎么读书，一般人能读到初中高中已经算是很好的了，更别说什么大学了，所以我们很早就跟着家里人下地干活了，干这些重活也是生活所迫没办法的事，当时的情况就是这样，大家都是这么干，也就没觉得怎么样了，受得了受不了都还是得干。

问：被精简回去后，生活有没有什么困难？是怎么解决的？

答：一般过得去吧，当时当然没有像现在这样的鸡鸭鱼肉，但是一般通过自己的劳动还是能填饱肚子的。不过当时家里兄弟姐妹们还是比较多的，所以如果有时候实在不行的话，会找其他家里状况好点的那里，先赊点钱。像我家里那时候养了几头猪，那时候国家会来收购，把猪卖掉之后，有时候好的可以卖个一百多块，少的六七十块钱，然后把这些钱用到家里的一些支出上，还可以还钱给他们了。有些人家里养些鸡鸭什么的，把鸡蛋鸭蛋拿去卖也可以赚点钱。

问：被精简后，房子土地有安排吗？有什么补贴吗？

答：房子没有安排，都是自己家原来的房子，当时的土地也是公家的不是私人的，大家都是一起干活。还是有些空地会分给大家，可以种点蔬菜之类的东西，平时就不用花钱买蔬菜了，蔬菜还可以腌起来吃。偶尔买点其他的东西换换口味，一般很少吃到鲜的东西，一般那些鱼干算是好东西了。

问：您当时是为什么被精简的？

答：其实当时具体的情况我也不是很清楚，我当时也就二十来岁的人，可能是我年轻有力气或者看我是刚来没多久没什么经验、资历吧，具体我也不知道。我也算是个老实人，而且也就只有读过几年的书，平时都只管做好自己的本分工作，既然上面有命令让我回去，那我就跟着做了。

问：您是怎么样被精简的？他们采取了什么方式？说说当时的情况。

答：当时我就是像平时一样工作，然后有人过来把我们召集起来说厂里要进行精简，我也在名单里面，就这样 1962 年的时候我就被精简回家了。

问：您对当时的精简政策有进行了解吗？

答：我也不是很清楚，只是听说是什么困难时期，让我们尽量配合安排，我也就是跟着上面的指示行动的。

问：当时说要精简的时候，厂里面有进行宣传吗？

答：也没什么宣传吧。就是这么一说，有些愿意回来的人就回来了，有些人不乐意的，就对那部分人做思想工作，把他们说通。

问：您原来在工厂里干什么，被精简后在干什么，主要说说被精简之后的工作？

答：回来之后，在地里干农活，还有挑盐，而且家里也养了几头猪。

问：被精简回家后，当时同村人对您有没有什么看法？

答：我觉得没什么差别，反正我回来之后也没偷懒，也就跟他们一样一天到晚地在外面干活，而且我也勤快，所以我觉得还好。

问：您对这个运动有什么感受和想法，是不是您自愿的？

答：当时来看我觉得算是自愿的吧，当时我也没有想太多，反正是回自己的家乡去，也就觉得还好，而且是跟自己的亲人一起，感觉也还好。不过现在想想的话，如果当时我没有被精简的话，现在可能会更好吧。

问：您觉得您这批人到农村后对当地农村产生哪些影响？

答：我觉得没有多大的影响，就多了几个人干活吃饭吧，就算没有我们这几个人，大家照样能干得了，每天累死累活的日子也就这样了。

问：您后来有没有回到厂里去？

答：没有，回家两年之后，我就在家里娶了妻，然后有了小孩，就觉得留在家照顾着比较好比较方便，所以也就没回去了。

问：您对这个运动有什么评价？是功还是过？

答：我们从现在来看这件事情的话，说实话，我们肯定是不满了，这个运动不是什么好事情，都是不好的，为什么我们当时工作好好的，却要把我们精简掉。像"大跃进"之前还好一点的，但是从"文化大革命"到这个事情，整个就是乱七八糟的，什么反右，土地改革等等，这些很多事情，没一件是好的。后来把土地分给大家单干之后，大家生活就好了很多。

注：所有访谈记录都备有音频与照片资料

部分整编工作简报、
精简工作简报目录

整编工作情况：第十二期（1961.7）

关于湖州钢铁厂撤点减人工作情况介绍

整编工作情况：第十三期（1961.8）

各部门各地区整编工作动态

整编工作情况：第十四期（1961.8）

宁波地区抓组织机构，抓精减对象，抓工作进度，开展精减职工工作

整编工作情况：第十五期（1961.6）

各地区、各部门精简职工工作动态

湖钢对精简的城镇职工安排得很好

宁波地区调查摸底工作做得细

衢州机械厂对精简职工不按政策办事

金华县商业局准备吸收新工人的做法不当

整编工作情况：第十六期（1961.9）

各地区精简职工进度

提高警惕，防止坏分子在精简职工中趁机破坏生产

半山钢铁厂组织访问回乡职工的办法好

私招乱用人员的现象必须严格制止

整编工作情况：第十七期（1961.9）

嘉兴地区七、八两个月精减劳动力情况和九月份工作安排

平湖县安排回乡职工工作基本落实

江山煤矿围绕生产进行整编

加强物资保管，防止偷窃事故

整编工作情况：第十八期（1961.9）

各地区各部门精简职工进度

浙江省地质局精简职工情况

集体所有制单位急需补充劳动力

瑞安三个厂的整编工作方法对头：百好厂边调整劳动组织边落实精减方案；机床厂切实帮助回乡职工解决生产生活用具；酿造厂做好对挂钩职工回乡落实到队

萧山县交通局所属的部分单位在精简职工中没有认真严肃执行政策

开化县已对该县中心汽车站私招人员问题予以严肃处理

整编工作情况：第十九期（1961.10）

精简职工的进度和精简的农民工

中共杭州市委关于制止少数企业事业单位私招乱雇职工的通知

德清县城关镇调整商业体制后的情况

整编工作情况：第二十期（1961.10）

杭州市积极组织手工业商业人员归队

嘉兴县积极安排城镇人员，效果显著

整编工作情况：第二十一期（1961.10）

宁波地区第三季度精简职工情况及当前工作安排的意见

杭州市处理原系城镇居民的企业编余人员的情况

整编工作情况：第二十二期（1961.10）

嘉兴地区和长兴、吴兴县交通运输业转集体所有制情况

宁波市商业所有制调整立见功效

整编工作情况：第二十三期（1961.11）
宁波市诸暨和舟山县组织干部下乡访问回乡生产的职工

整编工作情况：第二十四期（1961.11）
全省整编工作简况
金华地区交通运输业所有制的调整工作正在积极进行
省交通厅发出关于加强劳动力管理的通知

整编工作情况：第二十五期（1961.12）
各地区、各部门精简职工进度
温州市减人少、进度慢
关于农民工的压缩情况
一边减人，一边增加，新职工的情况值得注意

整编工作情况：第二十六期（1962.1）
杭州市精简职工和压缩城市人口情况

整编工作情况：第二十七期（1962.2）
金华地区和温州地区精简职工和压缩城市人口情况

整编工作情况：第二十八期（1962.2）
嘉兴地区精简职工和压缩城市人口情况
宁波地区精简职工和压缩城市人口情况

整编工作情况：第二十九期（1962.2）
嘉兴、温州、宁波地区积极部署精简和进行减人工作情况

整编工作情况：第三十期（1962.2）
嘉兴县精简职工和压缩城镇人口的情况
吴兴县民间运输调整所有制之后生产上出现一片新气象

整编工作情况：第三十一期（1962.3）
从临海县算的几笔帐看减人潜力

关于劳动力使用情况的初步调查

整编工作情况：第三十二期（1962.3）

临海县文教部门师生比例变化情况

温州市永强初级辅导区经过调整，不是需要增加十六人，而是可减四十四人

温州中百公司门市部劳力使用情况的调查

整编工作情况：第三十三期（1962.3）

对国营农场一九六一年比一九五七年职工人数增长情况的初步分析

临海化工厂今年安排劳力情况

青田石墨矿人多事少，窝工浪费相当严重

整编工作情况：第三十四期（1962.3）

当前精简工作中的一些思想反映

整编工作情况：第三十五期（1962.3）

今年一、二月份全省精简工作进度

华东局发出关于抓紧精简工作的通知

转载：辽宁省新金县做好了今年上半年安置还乡人员的各项准备工作

整编工作情况：第三十六期（1962.4）

临海县减职工、减人口的工作全面展开

宁波市动员农村人口回乡的几点做法

临海县人民委员会发出切实做好精简回乡人员安置工作的通知

中国人民解放军总参谋部、总后勤部关于做好雇用职工、民工几个问题的联合指示（摘要）

问题解答

整编工作情况：第三十七期（1962.4）

国务院关于暂时停止试行"关于工人职员退职处理的暂行规定（草案）"的通知

省委文教系统精简小组要求各单位抓紧时间迅速处理临时雇用人员和新职工

嘉兴县县属中等学校处理学生回乡支援农业生产

温州市发出加强精简的统计和汇报工作的通报

整编工作情况：第三十八期（1962.4）

全省第一季度精简职工进度

宁波市召开基层单位书记会议和复查农民工继续抓紧减人工作

乐清城区供销社通过整编精简改善经营提高工效

社办工业企业也要大力精简农民工——嘉兴县惠民公社农械厂精简农民工回乡情况

更正通知

整编工作情况：第三十九期（1962.4）

闲林埠钢铁厂抓思想抓安置做好精简工作

杭州轧钢厂精简工作简单粗糙引起职工思想混乱

问题解答

整编工作情况：第四十期（1962.5）

当前干部对精简的思想反映：1. 机关干部的思想反映；2. 厂矿企业领导干部的思想反映

问题解答

整编工作情况：第四十一期（1962.5）

长兴县安置精简职工的八项办法

温州地区各县处理一九六一年新吸收人员的情况

长兴水口搬运站参加生产队分配口粮不再由国家供应

整编工作情况：第四十二期（1962.5）

桐庐县按计划已减职工百分之五十二点二已减人口百分之八十三点二

浙江军区发出精简职工问题的指示

整编工作情况：第四十三期（1962.5）

平湖县财贸系统回乡职工安置落实情况

余姚县胜归公社文山大队等四个大队回乡职工安置落实情况调查

德清县莫干公社压缩城镇人口的几种做法

整编工作情况：第四十四期（1962.5）

全省一至四月份减人进度

半山重型机械厂生产任务不足亏损严重，农民工应当立即精简

整编工作情况：第四十五期（1962.5）

温岭县按计划已减职工 93%

嘉兴县凤桥公社国家供应的非农业人口参加生产队按劳分配口粮的调查资料

嘉兴县蚂桥公社蚂桥船厂实行"以农养工，以工养农"的办法

整编工作情况：第四十六期（1962.5）

嘉善县 1961 年新增人员处理情况

久丰纱厂做好调整顶替工作，绝大部分来自农村的人员已精简回乡

省人委发出"关于雇用临时工问题的通知"

整编工作情况：第四十七期（1962.5）

獐山轧石厂职工反映厂领导，在精简工作中不按政策办事，许多有十多年工龄的无家可归的老职工和老弱残疾人员未妥善安置；而新职工反提拔为干部或"以工代干"

绍兴茶厂女工反映有十多年工龄，城镇人口，被精简，生活困难；而对有些农民工，厂领导却未处理

整编工作情况：第四十八期（1962.5）

桐乡县委贯彻省委精简工作会议的情况

温州地区各县采取措施多减职工，坚决在五月底完成精简任务

问题解答

整编工作情况：第四十九期（1962.5）

武义县基层供销社和下杨区吸收人员安插家属工作情况的调查

常山县芳村区的职工人数可减一半吃商品粮的居民可减百分之四十

整编工作情况：第五十期（1962.5）

遂昌县水南公社初小转民办试点工作情况

缙云县碧河公社做好下放人员安置工作情况

金华县罗埠区根据人多地少的特点认真做好安置工作

整编工作情况：第五十一期（1962.5）

安吉县晓市公社板桥生产大队安排回乡人员的情况

鄞县邱隘公社后新生产大队做好回乡人员工作的经验

精简中要加强财物保管、防止盗窃

精简工作简报：第五十二期（1962.6）

泽国公社改以行政区域建设为以经济区域建设的效果显著

临海县城关镇通过人口变化和减人情况的调查，对进一步减少城镇人口心中有数了，决心增强了

精简工作简报：第五十三期（1962.6）

桐庐县毕浦区公办初小转民办的具体做法

嘉兴县手工业管理局对集体所有制手工业社、厂精简人员若干经济问题的处理意见

精简工作简报：第五十四期（1962.6）

吴兴县通过三级书记会议解决了减人的思想和方法问题

转载：组织城市青年下乡生产的一个办法

精简工作简报：第五十五期（1962.6）

既做好思想工作，又重视政策处理，桐庐县一批手工业工人加强了农业第一线

长兴县丁甲桥公社斯圻小学转民办后越办越好

精简工作简报：第五十六期（1962.6）

嘉兴市委组织报告团现身说法，开展宣传效果良好

安吉县晓市镇动员城镇人口去农村安家落户的几种做法

嘉善县委要求各单位迅速根据公社要人规划做好送人工作

精简工作简报：第五十七期（1962.6）

德清县六个公社的干部回乡参加生产情况的调查

问题解答

精简工作简报：第五十八期（1962.6）

全省一至五月份减人进度

江山县关于由国家供应粮食人口的调查资料

精简工作简报：第五十九期（1962.6）

新昌县新溪公社安置工作为什么做得差

诸暨县牌头公社 520 名回乡人员户户落实人人满意

绍兴县袁川大队因人制宜安排回乡人员

关于余姚县城南公社瓜瓞大队和宁波临江公社五里牌大队安置回乡人员情况的比较

精简工作简报：第六十期（1962.6）

临海县食品公司职工精简的真的差不多了吗？

德清县洛舍公社何家坝大队安置回乡、下乡人员采取了因人制宜、因地制宜

精简工作简报：第六十一期（1962.7）

杭州市户口普查工作情况

黄岩县农村不产粮人口的变化和减缩潜力的调查

精简工作简报：第六十二期（1962.7）

余姚县芦棚大队团支部热情帮助回乡青年

陈明舟来信建议组织知识青年到山区落户

精简工作简报：第六十三期（1962.7）
人民群众来信四件（摘要）
林乃圣、童章回反映海宁县目前还有两种人应该下放还未下放
临海县花园大队社员对干部家属集中安置的做法提出意见
张逢义等七人反映有些领导干部不按党的精简政策办事
周海深认为精简不能削弱区社力量

精简工作简报：第六十四期（1962.7）
金华地委精简领导小组对金华地区的机械工业企业作了进一步调整
杭州市广找门路安置家住城区的多余职工
转载：牡丹江市妥善安置被精简职工的生活出路

精简工作简报：第六十五期（1962.7）
富阳县重视做好安置工作回乡一个，落实一个
嘉兴县回乡下乡职工安置委员会布置对回乡、下乡人员安置落实情况
进行普查
转载：精简中要加强财务保管，防止盗窃浪费

精简工作简报：第六十六期（1962.8）
吴兴县工业系统集中力量做好精简工作的情况介绍
余新镇对居民自种粮食实行抵销的情况
诸暨县和舟山公路运输段动员家属回乡的两种做法，两种结果

精简工作简报：第六十七期（1962.8）
嘉善县汾玉公社十所小学转民办的经验
温岭县泽国供销社以经济区域建设减人大有潜力

精简工作简报：第六十八期（1962.8）
绍兴县上灶公社庄前大队在安置回乡人员中紧紧抓住队干部和社员的
活思想进行教育效果良好
鄞县安置回乡人员的经验
余杭县"地少、人多、缺粮"的鲶鱼角生产大队 98 个回乡人员已全

部安置落实

精简工作简报：第六十九期（1962.8）
关于"国务院关于精减职工安置办法的若干规定"的问题解答
关于职工退职补助费计算问题的通知

精简工作简报：第七十期（1962.8）
衢县寺后公社减少农村吃商品粮人口的经验
宁海县西垫镇压缩农村吃商品粮人口的情况

精简工作简报：第七十一期（1962.8）
桐庐县梧桐公社开好回乡、下乡人员代表会议的经验
平湖县召开回乡、下乡人员代表会议的情况

精简工作简报：第七十二期（1962.8）
嘉兴市精减工作中的粮油供应业务手续处理方法
当前减少城乡吃商品粮人口工作中的一些问题
从人民来信看各地在精减教职员中存在的问题

精简工作简报：第七十三期（1962.8）
宁波市发展金丝草帽生产的经验
湖州、嘉兴团市委积极安排城市社会青年下乡
浙江省人民委员会关于建筑施工和地质勘探队伍的户口管理和粮油、副食品供应问题的若干规定

精简工作简报：第七十四期（1962.9）
杭州市酱制品、豆制品行业调查资料
宁波市社会闲散劳动力安置情况及意见

精简工作简报：第七十五期（1962.9）
海宁县新仓大队认真做好回乡人员的安置工作
转载：全国回乡人员的安置情况和问题

精简工作简报：第七十六期（1962.9）

嘉善县惠民公社减人工作的经验

转载：东鹿县减少吃商品粮人口的潜力还不小

转载：黄泥河人民公社减少非农业人口的做法

精简工作简报：第七十七期（1962.9）

嘉兴县在精简职工中所发现的一些政策问题的情况和意见

湖州市第二街道办事处对减回城镇人员的情况调查

内务部、劳动部"关于对在职的一等和二等甲级革命残废军人可否按退休处理的复函"

精简工作简报：第七十八期（1962.9）

永嘉县永灵区发现部分回乡人员重新改为吃商品粮食

转载：四川省积极慎重地动员城镇人口下乡插社

精简工作简报：第七十九期（1962.9）

碳石镇东南河街居民委员会在动员居民下乡中是怎样做好思想工作的

转载：全国城市闲散劳动力和不能升学的青年学生的情况和安置出路

精简工作简报：第八十期（1962.9）

嘉兴县通过下放人员座谈会反映下乡插队人员中存在的问题

转载：哈尔滨市千余负责的干部深入农村慰问下乡和回乡生产人员

转载：吉林省海龙县检查回乡、下乡人员的安置工作

精简工作简报：第八十一期（1962.9）

海宁针织厂、富顺昌袜厂、海宁漂染厂职工退休工作情况的调查

有些地区在整编中不恰当地向信用社安排人员

转载：抚顺市开展精简政策执行情况的大检查

转载：贵州省工建交系统清理精简工作中发现的问题

精简工作简报：第八十二期（1962.10）

嘉兴县圣阳大队因人制宜安排回乡、下乡人员的口粮

海宁县淬江人民公社减少农村吃商品粮人口的经验

人民来信摘录：县、镇手工业系统的竹、木、铁器技术工人应适当下放一批到生产队

精简工作简报：第八十三期（1962.10）

七里店生产大队做好回乡、下乡人员口粮安排工作的经验

余杭县发现虚报冒领粮食的现象

精简工作简报：第八十四期（1962.10）

黄岩县头陀区回乡人员个个落实，农副业生产样样发展

有些地区应该撤销的社办企业不撤销，应该精简的人员不精简

转载：吉林省犁树县压缩非农业人口进度快，方法好

精简工作简报：第八十五期（1962.10）

安吉县双建公社充分发挥了回乡、下乡人员的积极作用

吴兴县苕南公社八百多名回乡、下乡人员个个安置落实

精简工作简报：第八十六期（1962.10）

桐乡县濮院镇减人任务落实情况

台州地区当前精简工作中的一些思想反映

精简工作简报：第八十七期（1962.10）

嘉兴县新加、建设两镇动员居民下乡插队的几点经验

宁波市劳动力调剂顶替工作情况介绍

精简工作简报：第八十八期（1962.10）

嘉兴县嘉北公社许多应该减少的吃商品粮人口还没有减下去

桐庐县一九五八年以后的农民工仍留得很多

有些地区领导干部没有以身作则，不把来自农村的家属动员回家

精简工作简报：第八十九期（1962.10）

海盐县武原镇加快减人工作的经验

肖山县在精简工作中有少数单位和干部不按政策办事

精简工作简报：第九十期（1962.10）

国务院批转中央工商行政管理局"关于妥善安置国营商业、公私合营商业、供销合作社、合作商店和合作小组中老弱残的小商小贩的意见的报告"

内务部"关于家庭生活无依无靠的退职老弱残职工救济工作中若干问题的解答"

省劳动局"关于精简职工待遇中若干具体问题的处理意见"

精简工作简报：第九十一期（1962.11）

西塘农械厂来自农村的职工家属都已回乡

西塘粮管所、铁器社来自农村的家属一个也没有回乡

核实人粮、堵塞漏洞，杭州市全面开展核实人口、工种、定量工作

精简工作简报：第九十二期（1962.11）

杭州热水瓶厂整编精简后生产上出现新气象

杭州农业机械厂整编精简后生产上和管理上的变化情况

精简工作简报：第九十三期（1962.11）

兰溪县工业企业的设备和干部调整工作的初步总结

建德、兰溪两县精简以后中、小学教师队伍充实提高的情况

省财政厅为转发中华人民共和国财政部"关于职工探亲车船费开支标准的通知"的通知

精简工作简报：第九十四期（1962.11）

农村减少吃商品粮人口的潜力还很大——德清县二都公社的情况调查

杭州市江干区召开机关干部会议，布置动员家属回乡工作

衢县孔家造纸合作工厂动员家属回乡进度快、方法好

精简工作简报：第九十五期（1962.11）

全省一至十月份城乡减少吃商品粮人口的进度

海宁县硖石镇对症下药进行思想教育推动精减工作

嘉兴县丰收农具厂动员家属回乡工作的经验

精简工作简报：第九十六期（1962.11）

奉化县决心抓减少农村吃商品粮人口

绍兴县减人减粮工作中存在着不少问题

精简工作简报：第九十七期（1962.12）

安吉县西亩大队正确处理对手工业者的经济政策，充分发挥了他们积极支援农业生产的作用

富阳县富阳镇压缩人口工作抓得主动

精简工作简报：第九十八期（1962.12）

扭转思想，加强领导，乌镇的减人工作从被动转向主动

乐清县乐城公社减人不减粮的情况

精简工作简报：第九十九期（1962.12）

永安棉织厂整编精简前后的情况

省委统战部转发有关对资产阶级工商业者的政策问题的解答意见

精简工作简报：第一〇〇期（1962.12）

当前农村安置回乡人员工作中存在的几个问题

财政部关于精简职工费用处理问题的解答

精简工作简报：第一〇一期（1962.12）

嘉兴县安置回乡下乡人员试行办法（修正草案）

精简工作简报：第一〇二期（1962.12）

嘉兴县双乔公社减少吃商品粮人口的潜力仍然很大

加强领导，解决干部畏难松劲情绪，余姚县精简工作进度显著加快

平湖县城北公社减少了吃商品粮人口百分之五十一，生产队对他们需要的粮油作了妥善安排

平阳县宜山镇可以超额完成县委分配的减人任务

精简工作简报：第一○三期（1962.12）
衢县邮电局动员职工家属回乡工作做得好
黄岩县机关领导干部带头动员家属回乡
杭州市上城区动员干部家属回乡工作阻力很大

精简工作简报：第一○四期（1962.12）
嵊县还有大批来自农村的职工可以精减
浙江水泵厂等五个单位保留的农民工百分之六十以上可以精减
各地电话汇报综合材料

精简工作简报：第一○五期（1963.1）
鄞县五乡镇可以减少的吃商品粮人口的潜力仍然很大
桐乡县梧桐镇在完成六二年减人任务的基础上还可以再减四百余人
加强宣传教育，统一思想认识，工农大队安排好了下乡、回乡人员的口粮

精简工作简报：第一○六期（1963.3）
各地认真贯彻全省整编会议精神　精简工作正在全面迅速展开
坚决制止擅自招工等违法乱纪行为　省编委发出通报
转载：做好安置巩固工作的经验

精简工作简报：第一○七期（1963.3）
嘉兴县委采取六项措施，保证完成今年精简任务
一鼓作气，雷厉风行，宁波市精简已经开始全面行动
金华县逐户逐人进行登记确定减人对象
余姚县分三条线逐级落实减人指标
转载：总结经验，吸取教训，改进工作

精简工作简报：第一○八期（1962.4）
决心大，行动快，江厦公社已动员大批居民回乡下乡

余杭县全面部署精简工作，从各方面挖掘减人潜力

江山县发现有擅自收回精减人员和将落户在农村的人员安置在城镇的现象

精简工作简报：第一〇九期（1963.4）

道场公社经过调查研究吃商品粮人口可减数量增加三倍

经过调查魏塘镇仓桥、建设居民会减少吃商品粮人口的潜力很大

嘉兴镇委在建中、育子弄两居委会调查，发现可以动员居民回乡下乡的潜力很大

通过全面调查登记发现减人潜力很大，金华县城关镇发现尚有闲散劳动力一千八百余人

金华县在核实人粮工作中发现不少问题

精简工作简报：第一一〇期（1963.4）

新河县社办企事业可以大大精简

对照政策，深入调查，碶石镇减少城镇人口的任务可以完成

松门镇可以减少吃商品粮人口的潜力很大

长竿街、坊门街可以动员大批居民回乡下乡

樟潭区可以减少许多吃商品粮人口

城北区吃商品粮人口可以大大减少

汤溪区有许多吃商品粮人口可以动员到生产队去

干览公社有许多干部家属应该动员回乡

湖前公社现有吃商品粮人口可以减少百分之七十三点六

精简工作简报：第一一一期（1963.4）

抓得紧，进度快，宁波市东胜分社重视安置落实工作

江山县、瑞安县重视召开回乡人员代表会议进一步做好安置的巩固工作

加善县干窑公社治本大队制定今年接待回乡人员的规划

德清县士林公社士林大队合理安排回乡下乡手工业者的经济报酬

精简工作简报：第一一二期（1963.4）

浙江农业大学、农业科学院教职员工家属回乡的工作做得很好

嘉兴铁道部门对大批从农村来的职工家属没有动员回乡

省工业设计院勘察队对动员职工家属回乡工作不够重视

精简工作简报：第一一四期（1963.5）

金华手帕织造厂通过合理调整劳动组织减了人增了产

深入进行思想教育，认真做好家长工作，海曙公社动员社会青年到三场去

问题解答

精简工作简报：第一一五期（1963.5）

精简与安置工作同时抓，马桥公社提前完成了减少吃商品粮人口的任务

临平镇在完成减少城镇人口任务的基础上进一步部署力争更多地减人

加强领导，干部带头，晓市镇已经完成全年减少吃商品粮人口的计划

大溪区采取插队和调整小量土地的办法多减吃商品粮人口

精简工作简报：第一一六期（1963.5）

丰城镇超额完成了减少吃商品粮人口任务

六横区检查发现不少渔业队虚报人口冒领粮食的情况很严重

精简工作简报：第一一七期（1963.6）

中共浙江省委整编精简委员会关于对精简职工工作进行复查验收的通知

中共浙江省委整编精简委员会关于动员干部和职工家属回乡的若干规定

精简工作简报：第一一八期（1963.6）

绍兴县进行老弱残职工暂列编外工作的情况和对有关问题的意见

嘉兴砖瓦二厂采取成批下乡、组织生产队的办法精减和安置职工

精简工作简报：第一一九期（1963.6）

永康县一鼓作气，超额百分之二十五点七完成减少吃商品粮人口的

任务

从一个镇的居民区看减人潜力和安置条件——嘉善县魏塘镇日晖居民区减人减粮潜力很大

嘉兴地区组织力量对各县的精简和安置工作普遍地进行检查

精简工作简报：第一二一期（1963.6）

省委整编精简委员会办公室关于精简职工政策的几个问题解答

精简工作简报：第一二二期（1963.7）

省公交系统全面布置复查验收工作

嘉兴绢纺厂在认真进行自查补课基础上顺利完成精简职工复查验收工作

宁波市对由全民所有制转为集体所有制单位进行复查验收的情况

精简工作简报：第一二三期（1963.7）

在杭的省级机关、中央部属和省属企事业单位动员干部、职工家属回乡进度显著加快

驻建德县专区以上企事业单位动员干部、职工家属回乡的情况

领导决心大、工作进度快，瑞安县认真动员县属单位干部、职工家属回乡

精简工作简报：第一二四期（1963.7）

平湖县农村安置工作为什么做得好

新昌、嵊县等地农村公社、生产队以各种借口拒绝接收回乡人员

一件值得引起注意的群众来信建议

精简工作简报：第一二五期（1963.7）

鄞县公安局陈学初同志违反精简政策迁回回乡家属

绍兴县还有部分干部对动员自己的家属回乡未能以身作则的情况必须迅速改变

精简工作简报：第一二六期（1963.7）

临海县机械厂通过精简面貌焕然一新

问题解答

精简工作简报：第一二七期（1963. 8）

衢前公社热情接待和妥善安置回乡人员发挥其积极作用

玉壶公社的事实说明，只要作好工作，回乡、下乡人员是能安置好的

定海县对当前安置工作的打算

问题解答

精简工作简报：第一二八期（1963. 8）

关于东阳县行政机关整编情况的调查

精简工作简报：第一二九期（1963. 8）

温州市精简职工复查验收工作已全面展开

舟山印刷厂精简职工复查验收的情况

精简工作简报：第一三〇期（1963. 8）

嘉兴县全面开展安置工作互查的情况

新昌县三百多名回乡、下乡人员尚未落实到队的原因

精简工作简报：第一三一期（1963. 8）

嘉兴县天壬镇动员社会青年下乡插队参加农业生产的经验

临安县做好精简、安置工作的几点经验

值得引起重视的两个问题

问题解答

精简工作简报：第一三二期（1963. 9）

寿昌公社做好安置工作的几点经验

缙云县在完成减人任务的基础上继续积极动员应回乡的干部、职工家
属回乡

肖山县下半年继续完成和超额完成减人任务的意见

精简工作简报：第一三三期（1963. 9）

马鞍公社童家塔大队党支部通过检查回乡、下乡人员的安置工作具体

解决困难户的情况

吴兴县动员城镇人口下乡插队参加农业生产的情况

精简工作简报：第一三四期（1963.9）

永康县清溪公社回乡人员安置落实情况的调查

精简工作简报：第一三五期（1963.10）

加强对回乡、下乡人员的思想教育，大舜公社代表会议开得好

绍兴县动员干部、职工回乡的工作有了起色

精简工作简报：第一三六期（1963.10）

舟山地区召开整编精简会议，认真解决各级领导的思想认识工作

双港区回乡、下乡人员大部分已安置落实，他们在巩固人民公社集体经济、恢复与发展农业生产方面起了很大作用

精简工作简报：第一三七期（1963.10）

堰西大队广开生产门路，发展多种经营，解决地少人多矛盾，妥善安置回乡、下乡人员

采取六项措施，合理使用劳力，西岙大队妥善安置回乡人员

精简工作简报：第一三八期（1963.10）

温州地区召开农林渔场负责人会议，研究解决对城市社会青年的安置问题

坚持政治挂帅，统一思想认识，白雀公社依靠生产队做好安置工作的办法好

精简工作简报：第一三九期（1963.11）

嘉兴地区两年来精简工作中处理群众来信来访的情况

精简工作简报：第一四〇期（1963.11）

天目区对回乡下乡人员安置得好

桥坑生产大队妥善安排了回乡手工业人员的生产和生活

精简工作简报：第一四一期（1963.12）
认真进行安置工作大检查，妥善安置好回乡、下乡人员

精简工作简报：第一四二期（1963.12）
吴兴县帮助回乡、下乡人员发展猪羊
吴兴县发动群众多方设法，解决回乡、下乡人员缺乏冬夏季衣被蚊帐的困难
黄山公社对下乡插队人员的经济透支情况调查

精简工作简报：第一四三期（1963.12）
嘉兴地区组织安置复查和春节慰问活动的情况
鄞县在解决回乡、下乡人员严重困难户的工作中措施有力、行动迅速
问题解答

精简工作简报：第一四四期（1963.12）
兰溪县召开回乡、下乡人员代表会议的情况
以社会主义教育为纲，大力表扬好人好事，新昌县召开第一次回乡、下乡人员代表会议
问题解答

精简工作简报：第一四五期（1963.12）
兰溪县召开回乡、下乡人员代表会议的情况
以社会主义教育为纲、大力表扬好人好事：新昌县召开第一次回乡、下乡人员代表会议
问题解答

精简工作简报：第一四六期（1964.4）
海宁县对一九六四年精简安置工作的意见
乐清县雁荡林场对温州市上山青年的安置情况

资料来源：浙江省档案馆，档案号：J040 - 021 - 156；J040 - 021 - 157；J040 - 021 - 158

主要参考文献

一 档案资料

1. 浙江省档案馆，全宗号 J002 – 58 年：浙江省委关于"大跃进"运动的部分档案。

2. 浙江省档案馆，全宗号 J002：浙江省委关于精简城镇人口部分档案。

3. 浙江省档案馆，全宗号 J003：浙江省委组织部关于精简城镇人口部分档案。

4. 浙江省档案馆，全宗号 J007：浙江省委农工部关于精简城镇人口部分档案。

5. 浙江省档案馆，全宗号 J009：浙江省委财贸部关于精简城镇人口部分档案。

6. 浙江省档案馆，全宗号 J010：浙江省级机关工委关于"大跃进"运动部分档案。

7. 浙江省档案馆，全宗号 J011：共青团浙江省委关于精简城镇人口部分档案。

8. 浙江省档案馆，全宗号 J022：浙江省农工民主党关于"大跃进"运动部分档案。

9. 浙江省档案馆，全宗号 J039：浙江省人民政府教育厅关于"大跃进"运动部分档案。

10. 浙江省档案馆，全宗号 J040：1961—1963 年各年精简工作简报。

11. 浙江省档案馆，全宗号 J101：浙江省人委关于"大跃进"运动部分档案。

12. 浙江省档案馆，全宗号 J101：浙江省政府关于精简城镇人口部分档案。

13. 浙江省档案馆，全宗号 J102：浙江省机关事务管理局关于精简城镇人口部分档案。

14. 浙江省档案馆，全宗号 J103：浙江省民政厅关于精简城镇人口部分档案。

15. 浙江省档案馆，全宗号 J105：浙江省计划委员会关于精简城镇人口部分档案。

16. 浙江省档案馆，全宗号 J106：浙江省劳动局关于精简城镇人口部分档案。

17. 浙江省档案馆，全宗号 J109：浙江省重工业厅关于"大跃进"运动部分档案。

18. 浙江省档案馆，全宗号 J110：浙江省化学工业厅关于精简城镇人口部分档案。

19. 浙江省档案馆，全宗号 J114：浙江省交通厅关于"大跃进"运动部分档案。

20. 浙江省档案馆，全宗号 J114：浙江省交通厅关于精简城镇人口部分档案。

21. 浙江省档案馆，全宗号 J116：浙江省农业厅关于精简城镇人口部分档案。

22. 浙江省档案馆，全宗号 J117：浙江省农业厅林业局关于精简城镇人口部分档案。

23. 浙江省档案馆，全宗号 J121：浙江省水利厅关于精简城镇人口部分档案。

24. 浙江省档案馆，全宗号 J122：浙江省水产厅关于精简城镇人口部分档案。

25. 浙江省档案馆，全宗号 J123：浙江省财政厅关于精简城镇人口部分档案。

26. 浙江省档案馆，全宗号 J125：浙江省商业厅关于"大跃进"运动部分档案。

27. 浙江省档案馆，全宗号 J125：浙江省商业厅关于精简城镇人口部分档案。

28. 浙江省档案馆，全宗号 J126：浙江省代销合作社关于精简城镇人口部分档案。

29. 浙江省档案馆，全宗号 J127：浙江省对外贸易局关于精简城镇人口部分档案。

30. 浙江省档案馆，全宗号 J132：浙江省粮食局关于精简城镇人口部分档案。

31. 浙江省档案馆，全宗号 J144：浙江省煤炭工业厅关于精简城镇人口部分档案。

32. 浙江省档案馆，全宗号 J145：浙江省冶金工业厅关于精简城镇人口部分档案。

33. 浙江省档案馆，全宗号 J148：浙江省重工业厅关于精简城镇人口部分档案。

34. 浙江省档案馆，全宗号 J153：浙江省地质局关于精简城镇人口部分档案。

35. 浙江省档案馆，全宗号 J155：浙江省电业管理局关于精简城镇人口部分档案。

36. 浙江省档案馆，全宗号 J163：浙江省建工局关于精简城镇人口部分档案。

37. 浙江省档案馆，全宗号 J165：浙江省卫生厅关于精简城镇人口部分档案。

38. 浙江省档案馆，全宗号 J173：浙江省物资局关于精简城镇人口部分档案。

39. 浙江省档案馆，全宗号 J175：浙江省体育运动委员会关于精简城镇人口部分档案。

40. 浙江省档案馆，全宗号 J187：浙江省公路局关于精简城镇人口部分档案。

二　资料汇编

1. 中央人民政府卫生部资料室：《农村防疫工作》，1950 年内部发行。

2.《浙江省国民经济统计资料》（1949—1978），浙江省计委统计处 1979 年版。

3. 浙江省农委综合处，浙江省农业厅计财处编：《浙江农业情况：1949—1979》，1980 年版。

4. 国家统计局编：《中国统计年鉴》（1984），中国统计出版社 1984 年版。

5. 浙江省人口普查办公室、浙江省公安厅、浙江省统计局编：《浙江省人口统计资料汇编》（1949—1985），1986 年版。

6. 人事工作文件编委会：《人事工作文件选编》（1），劳动人事出版社 1986 年版。

7. 王嗣均主编：《中国人口·浙江分册》，中国财政经济出版社 1988 年版。

8. 浙江省民政厅编：《浙江省行政区划》，浙江人民出版社 1988 年版。

9. 《中国人口统计年鉴》（1988），中国展望出版社 1988 年版。

10. 浙江省统计局编：《奋进中的浙江》（1949—1989），1989 年版。

11. 浙江省农业厅编：《浙江农业 40 年》，浙江科学出版社 1990 年版。

12. 《各省、自治区、直辖市历史统计资料汇编》（1949—1989），中国统计出版社 1990 年版。

13. 浙江省农业合作化史编委会编：《浙江省农业合作化史资料》（第一册），杭州云轩印刷厂 1990 年版。

14. 沈吾泉主编：《中国农业全书·浙江卷》，中国农业出版社 1997 年版。

15. 《浙江工业发展五十年》编委会编：《浙江工业发展五十年》，中国计划出版社 2000 年版。

16. 浙江省统计局编：《新浙江五十年统计资料汇编》，中国统计出版社 2000 年版。

17. 浙江省统计局：《2008（2009）年浙江省全社会单位在岗职工年平均工资统计公报》。

18. 浙江省农业厅、浙江省统计局编：《浙江农业 60 年发展报告》，浙江人民出版社 2009 年版。

19. 浙江省统计局、国家统计局浙江调查总队编：《浙江 60 年统计资料汇编》，中国统计出版社 2010 年版。

三　单行文件

1. 《国务院关于工人、职员退职处理的暂行规定》（草案），国务院法规（1958）。

2.《内务部关于精减退职的老职工生活困难救济工作中若干问题的解答》（［65］内发字18号）。

3.《关于精减退职老职工生活困难救济问题的通知》（［65］国内字224号文件）。

4.《民政部、财政部关于进一步做好精减退职老职工生活困难救济工作的通知》（民［1982］城14号）。

5.《关于调整精减退职职工生活困难补助费标准的通知》（浙人薪［1999］165号、浙劳薪［1999］237号、浙财社［1999］73号）。

6.《关于调整精减退职职工生活困难补助费标准的通知》（浙人薪［2001］63号）。

7.《中共浙江省委组织部、浙江省人事厅、浙江省劳动和社会保障厅、浙江省财政厅关于调整精减退职人员生活困难补助费标准的通知》（浙人薪［2004］269号）。

8.《中共浙江省委组织部、浙江省人事厅、浙江省劳动和社会保障厅、浙江省财政厅关于调整精减退职人员生活困难补助费标准的通知》（浙人薪［2006］193号）。

9.《中共浙江省委组织部、浙江省人事厅、浙江省劳动和社会保障厅、浙江省财政厅关于调整精减退职人员生活困难补助费标准的通知》（浙人薪［2007］160号）。

10.《中共浙江省委组织部、浙江省人事厅、浙江省劳动和社会保障厅、浙江省财政厅关于调整精减退职人员生活困难补助费标准的通知》（浙人发［2009］26号）。

11.《浙江省民政厅、浙江省财政厅关于调整精减退职职工和麻风病人生活困难补助费标准的通知》（浙民助［2011］38号）。

12.《关于解决未参保集体企业退休人员基本养老保障等遗留问题的意见》（人社部发［2010］107号）。

13.《关于进一步解决部分精减退职人员生活困难补助问题的通知》（浙人社发［2011］223号）。

四　地方史料

1. 浙江省经济研究中心编：《浙江省情：1949—1984》，浙江人民出版社 1986 年版。

2. 金华市地方志编纂委员会编：《金华市志》，浙江人民出版社 1992 年版。

3. 舟山市地方志编纂委员会编：《舟山市志》，浙江人民出版社 1992 年版。

4. 杭州市民政局编：《杭州市民政志》，余杭华兴印刷厂 1993 年版。

5. 《丽水市志》编纂委员会编：《丽水市志》，浙江人民出版社 1994 年版。

6. 《衢州市志》编纂委员会编：《衢州市志》，浙江人民出版社 1994 年版。

7. 浙江省民政志编纂委员会编：《浙江省民政志》，中国社会出版社 1994 年版。

8. 任振泰主编《杭州市志》，中华书局 1995 年版。

9. 任桂全主编：《绍兴市志》（第三册），浙江人民出版社 1996 年版。

10. 《嘉兴市志》编纂委员会编：《嘉兴市志》，中国古籍出版社 1997 年版。

11. 俞福海主编：《宁波市志》，中华书局 1998 年版。

12. 章专诚主编：《温州市志》，中华书局 1998 年版。

13. 浙江省水利志编纂委员会编：《浙江水利志》，中华书局 1998 年版。

14. 王克文主编：《湖州市志》，昆仑出版社 1999 年版。

15. 中共浙江省委党史研究室编：《当代浙江简史》，当代中国出版社 2000 年版。

16. 浙江省土地志编纂委员会编：《浙江省土地志》，方志出版社 2001 年版。

17. 浙江省政协文史资料委员会编：《浙江文史资料目录》（1962—2002），浙江人民出版社 2003 年版。

18. 浙江省政协文史资料委员会编：《浙江文史大典》，中华书局 2004 年版。

19. 陈剩勇、金普森主编：《浙江通史》（共 12 卷），浙江人民出版社 2005 年版。

20. 中共浙江省委党史研究室编：《"大跃进"运动》（浙江卷），中共党史出版社 2006 年版。

21. 浙江省人口志编纂委员会编：《浙江省人口志》，中华书局 2007 年版。

22. 浙江省人事志编纂委员会编：《浙江省人事志》，中华书局 2007 年版。

23. 《浙江省中国共产党志》编纂委员会编：《浙江省中国共产党志》，浙江人民出版社 2007 年版。

24. 浙江省统计志编纂委员会编：《浙江省统计志》，中国统计出版社 2007 年版。

25. 台州市地方志编纂委员会编：《台州市志》，中华书局 2010 年版。

26. 金延锋主编：《历史新篇——中国共产党在浙江》（1949—1978），浙江人民出版社 2011 年版。

27. 浙江省政协文史资料委员会编：《浙江文史资料》各辑中相关内容。

28. 浙江省政协文史资料委员会编：《浙江文史资料选辑》各辑中相关内容。

五 典籍、文集、文件

1. 《周恩来选集》，人民出版社 1984 年版。

2. 中共中央文献研究室：《关于建国以来党的若干历史问题的决议》（注释本），人民出版社 1985 年版。

3. 《毛泽东选集》，人民出版社 1991 年版。

4. 《中共浙江省委文件选编》（1957 年 1 月—1960 年 12 月），中共浙江省委办公厅印刷厂 1991 年版。

5. 《中共浙江省委文件选编》（1961 年 1 月—1966 年 4 月），中共浙江省委办公厅印刷厂 1991 年版。

6. 《江华在浙文集》，浙江人民出版社 1992 年版。

7. 《李富春选集》，中国计划出版社 1992 年版。

8. 李先念：《李先念论财政金融贸易》，中国财政经济出版社 1992 年版。

9. 中共中央文献研究室编：《建国以来毛泽东文稿》第七册至第十

册，中央文献出版社 1992 年以来各年版。

10. 薄一波：《若干重大决策与事件的回顾》下卷，中共中央党校出版社 1993 年版。

11. 中共中央文献研究室编：《刘少奇论新中国经济建设》，中央文献出版社 1993 年版。

12. 中共中央文献研究室编：《周恩来经济文选》，中央文献出版社 1993 年版。

13. 《邓小平文选》，人民出版社 1994 年版。

14. 中共中央文献研究室编：《建国以来重要文献选编》第七册至第十七册，中央文献出版社 1994 年以来各年版。

15. 《陈云文选》第三卷，人民出版社 1995 年版。

16. 《习仲勋文选》，中央文献出版社 1996 年版。

17. 中共中央党史研究室：《中国共产党历史》（第一、二卷）（1949—1978），中共党史出版社 2011 年版。

六　论著

1. 柳随年等：《六十年代国民经济调整的回顾》，中国财政经济出版社 1982 年版。

2. 柳随年、吴群敢：《“大跃进”和调整时期的国民经济》（1958—1965），黑龙江人民出版社 1984 年版。

3. 田方、林发棠：《中国人口迁移》，知识出版社 1986 年版。

4. 田方、陈一筠主编：《国外人口迁移》，知识出版社 1986 年版。

5. 田方、陈一筠主编：《中国移民史略》，知识出版社 1986 年版。

6. 么树本：《三十五年职工工资发展概述》，劳动人事出版社 1986 年版。

7. *Plender*, *Richard*：《*International migration law*》，Sold and distributed in the U. S. A. and Canada by Kluwer Academic Publishers，c1987.

8. 《当代中国丛书》编辑部：《当代中国的人口》，中国社会科学出版社 1988 年版。

9. 何光主编：《当代中国的劳动力管理》，中国社会科学出版社 1988 年版。

10. 马齐彬等：《中国共产党执政四十年》，中共党史出版社 1989

年版。

11. ［美］E. A. 罗斯：《社会控制》，秦志勇等译，华夏出版社 1989 年版。

12. 毛况生主编：《人口学原理》，中国财政经济出版社 1989 年版。

13. ［美］塞缪尔·亨廷顿：《变动社会中的政治秩序》，上海译文出版社 1989 年版。

14. 田方、张东亮：《中国人口迁移新探》，知识出版社 1989 年版。

15. 石方：《中国人口迁移史稿》，黑龙江人民出版社 1990 年版。

16. *The effects of receiving country policies on migration flows*，Westview Press，1991.

17. 莫里斯·梅斯纳：《毛泽东的中国及其发展——中华人民共和国史》，社会科学文献出版社 1992 年版。

18. 沈益民、童乘珠：《中国人口迁移》，中国统计出版社 1992 年版。

19. 胡焕庸、严正元：《人口发展和生存环境》，华东师范大学出版社 1992 年版。

20. 吴松弟：《北方移民与南宋社会的变迁》，（台北）文津出版社 1993 年版。

21. 彭尼·凯思：《1959—1961 年中国的大饥荒》，中国社会科学出版社 1993 年版。

22. 马侠：《中国城镇人口迁移》，中国人口出版社 1994 年版。

23. 中共永嘉县委党史研究室、永嘉县农业局、永嘉县档案馆合编：《中国农村改革的源头——浙江省永嘉县包产到户的实践》，当代中国出版社 1994 年版。

24. 中国科学院国情分析研究小组：《城市与乡村》，科学出版社 1994 年版。

25. 梁启超：《中国历史研究法》，华东师范大学出版社 1995 年版。

26. 杨云彦：《中国人口迁移与发展的长期战略》，武汉出版社 1995 年版。

27. 张国雄：《明清时期的两湖移民》，陕西人民教育出版社 1995 年版。

28. 罗桂环、舒俭民编著：《中国历史时期的人口变迁与环境保护》，冶金工业出版社 1995 年版。

29. 杨云彦：《生产要素流动与区域经济发展》，武汉出版社 1996 年版。

30. 杨子慈：《中国历代人口统计资料研究》，改革出版社 1996 年版。

31. 池子华：《中国近代流民》，浙江人民出版社 1996 年版。

32. 李锐：《大跃进亲历记》，上海远东出版社 1996 年版。

33. 丛进：《曲折发展的岁月》，河南人民出版社 1996 年版。

34. 孙达人：《中国农民变迁论》，中央编译出版社 1996 年版。

35. 葛剑雄、曹树基、吴松弟：《中国移民史》，福建人民出版社 1997 年版。

36. 阎蓓：《新时期中国人口迁移》，湖南教育出版社 1997 年版。

37. ［法］埃马纽埃尔·勒华拉杜里：《蒙塔尤——1294—1324 年奥克西坦尼的一个山村》，商务印书馆 1997 年版。

38. ［美］黄仁宇：《放宽历史的视野》，中国社会科学出版社 1998 年版。

39. 杨云彦：《人口、资源与环境经济学》，中国经济出版社 1999 年版。

40. 吴忠民：《渐进模式与有效发展——中国现代化研究》，东方出版社 1999 年版。

41. 林勋健等著：《西方政党是如何执政的》，中共中央党校出版社 2000 年版。

42. 陶水木：《浙江商帮与上海经济近代化研究》（1840—1936），上海三联书店 2000 年版。

43. 辜胜阻、刘传江等：《人口流动与农村城镇化战略管理》，华中理工大学出版社 2000 年版。

44. ［美］黄宗智：《长江三角洲小农家庭与乡村变迁》，中华书局 2000 年版。

45. 张根福：《抗战时期浙江省人口迁移与社会影响》，上海三联书店 2001 年版。

46. 王俊祥、王洪春：《中国流民史·现代卷》，安徽人民出版社 2001 年版。

47. 葛庆华：《近代苏浙皖交界地区人口迁移研究》，上海社会科学院出版社 2002 年版。

48. 汪水波、马力宏主编：《浙江农村城镇化道路探索》，浙江人民出版社 2002 年版。

49. 王长江等：《现代政党执政方式比较研究》，上海人民出版社 2002 年版。

50. 罗平汉：《大迁徙——1961—1963 年的城镇人口精简》，广西人民出版社 2003 年版。

51. 杨树标、梁敬明、杨菁：《当代中国史事略述》，浙江人民出版社 2003 年版。

52. 张善余：《中国人口地理》，科学出版社 2003 年版。

53. 逄先知、金冲及主编：《毛泽东传》（1949—1976），中央文献出版社 2003 年版。

54. ［美］黄仁宇：《资本主义与 21 世纪》，三联书店 2004 年版。

55. 李玲：《珠江三角洲人口迁移与劳动市场》，科学出版社 2005 年版。

56. 梁敬明：《走近郑宅——乡村社会变迁与农民生存状态》（1949—1999），中国社会科学出版社 2005 年版。

57. 郑峰等：《新型工业化道路与城乡经济社会发展》，山东人民出版社 2005 年版。

58. ［美］R. 麦克法夸尔、费正清编：《剑桥中华人民共和国史》（上卷），中国社会科学出版社 2007 年版。

59. 苏星：《新中国经济史》，中共中央党校出版社 2007 年版。

60. 金延锋、刘建平、张维主编：《江华传》，中共党史出版社 2007 年版。

61. 费孝通：《江村经济》，上海人民出版社 2007 年版。

62. 段应碧主编：《工业化进程中的城乡关系研究》，中国农业出版社 2008 年版。

63. 陈修颖、孙燕、许卫卫：《钱塘江流域人口迁移与城镇发展史》，中国社会科学出版社 2009 年版。

七　论文

1. 马侠：《人口迁移的理论和模式》，《人口与经济》1992 年第 3 期。

2. 王家范：《中国社会史研究笔谈》，《历史研究》1993 年第 2 期。

3. 胡兆量：《迁移八律与中国人口迁移》，《云南地理环境研究》1994 年第 1 期。

4. 李若建：《中国人口迁移统计失实原因探讨》，《中山大学学报论丛》1994 年第 3 期。

5. 周天游、葛承雍：《中国社会史研究的新趋向——"地域社会与传统中国"国际学术会议综述》，《历史研究》1995 年第 1 期。

6. 王桂新：《中国人口迁移与区域经济发展关系之分析》，《人口研究》1996 年第 6 期。

7. 陈理：《60 年代初精减职工、动员城市人口下乡决策的研究》，《当代中国史研究》1996 年第 6 期。

8. 赵耀辉、刘启明：《中国城乡迁移的历史研究：1949—1985》，《中国人口科学》1997 年第 2 期。

9. 李成瑞：《"大跃进"引起的人口变动》，《中共党史研究》1997 年第 2 期。

10. 孙达人：《摒弃"精英"史观，发现中国农民创造历史的潜力》，《历史教学问题》1997 年第 4 期。

11. 李若建：《大跃进后人口损失的若干问题》，《中国人口科学》1998 年第 4 期。

12. 戴逸：《世纪之交中国历史学的回顾和展望》，《历史研究》1998 年第 6 期。

13. 李若建：《大跃进与困难时期人口迁移初步探讨》，《中山大学学报》（社会科学版）1999 年第 1 期。

14. 李若建：《大跃进时期的城镇化高潮与衰退》，《人口与经济》1999 年第 5 期。

15. 黄力平：《论党的执政方式转变的法制化趋向》，《兰州学刊》1999 年第 6 期。

16. 屈小娥：《50 年来中国人口迁移的历史轨迹》，《山西统计》1999 年第 10 期。

17. 武力：《过犹不及的艰难选择——论 1949—1998 年中国农业现代化过程中的制度选择》，《中国经济史研究》2000 年第 2 期。

18. 郑永廷：《论现代社会的社会动员》，《中山大学学报》（社会科学版）2000 年第 2 期。

19. 李若建：《"大跃进"与困难时期的人口流动》，《中国人口科学》2000 年第 4 期。

20. 张佩国：《传统中国乡村社会的解释学——以地权分配为透视点》，《东方论坛》2001 年第 1 期。

21. 刘玉照：《从形态描述到机制分析》，《上海青年管理干部学院学报》2001 年第 1 期。

22. 张晓青：《国际人口迁移理论述评》，《人口学刊》2001 年第 3 期。

23. 李若建：《困难时期的精简职工与下放城镇居民》，《社会学研究》2001 年第 6 期。

24. 周皓：《我国人口迁移研究的回顾、总结与讨论》，《人口与经济》2002 年第 1 期。

25. 王先明：《中国近代乡村史研究及展望》，《近代史研究》2002 年第 2 期。

26. 《深化对共产党执政规律的几点认识——访全国党建研究会副会长、中共中央党校教授蔡长水》，《理论与现代化》2002 年第 3 期。

27. 张善余：《三年经济困难时期中国人口地区分布的变动》，《中国人口科学》2002 年第 3 期。

28. 张兴茂：《当代中国所有制结构变迁管窥》，《史学月刊》2002 年第 11 期。

29. 刘松林：《浅析 1957 至 1963 年国家职工人数波动的原因及其历史经验教训》，《党史纵横》2003 年第 1 期。

30. 唐力行、吴建华、张翔凤：《国家、地方、民众的互动与社会变迁国际学术研讨会综述》，《历史研究》2003 年第 1 期。

31. 孙其明：《中苏关系的演变与中国经济——二论中苏关系恶化对中国的影响》，《同济大学学报》（社会科学版）2003 年第 3 期。

32. 罗平汉：《三年困难时期的大精减》，《文史精华》2003 年第 4 期。

33. 龙太江：《从动员模式到依法治国：共产党执政方式转变的一个视角》，《探索》2003 年第 4 期。

34. 罗平汉：《三年困难时期的大精减》，《文史精华》2003 年第 4 期。

35. 安涛：《近十年来近代江南乡村史研究综述》，《枣庄师范专科学校学报》2003 年第 6 期。

36. 杨龙：《经济发展中的社会动员及其特殊性》，《天津社会科学》2004 年第 4 期。

37. 饶伟新、刘永华、张侃：《中国社会史研究的新领域——"礼仪、习俗与社会秩序"国际学术研讨会综述》，《中国社会经济史研究》2004 年第 4 期。

38. 刘洋：《统购统销——建国初期统制经济思想的体现》，《中共党史研究》2004 年第 6 期。

39. 安介生：《历史时期中国人口迁移若干规律的探讨》，《地理研究》2004 年第 9 期。

40. 张佩国：《口述史、社会记忆与乡村社会研究——浅谈民事诉讼档案的解读》，《史学月刊》2004 年第 12 期。

41. 刘平：《要重视乡村边缘群体的研究》，《史学月刊》2004 年第 12 期。

42. 雷颐：《国史研究：史学新亮点》，《光明日报》2004 年 12 月 30 日。

43. 曹树基：《1959—1961 年中国的人口死亡及其成因》，《中国人口科学》2005 年第 1 期。

44. 罗平汉：《一九五八年至一九六二年粮食产销的几个问题》，《中共党史研究》2006 年第 1 期。

45. 董志凯：《二十世纪六十年代经济调整的历史经验》，《中共党史研究》2006 年第 1 期。

46. 李庆刚：《十年来"大跃进"研究若干问题综述》，《当代中国史研究》2006 年第 2 期。

47. 邱国盛：《当代中国逆城市化研究》（1949—1978），《社会科学辑刊》2006 年第 3 期。

48. 于潇：《建国以来东北地区人口迁移与区域经济发展分析》，《人口学刊》2006 年第 3 期。

49. 马维强、常利兵：《历史与现实中的中国乡村——"中国乡村问题研究"学术讨论会综述》，《中国经济史研究》2006 年第 3 期。

50. 卞利：《乡村社会史研究的新成就——"地域中国：民间文献的

社会史解读"国际学术讨论会暨第十一届中国社会史学会年会乡村社会史讨论综述》,《中国农史》2006 年第 4 期。

51. 刘圣陶：《粮食统购统销政策形成的原因、特征及启示》,《求索》2006 年第 4 期。

52. 孙成军：《中共三代领导集体对城乡统筹发展的探索及经验启示》,《毛泽东思想研究》2006 年第 5 期。

53. 朱允卫、黄祖辉：《经济发展与城乡统筹互动关系的实证分析》,《农业经济问题》2006 年第 5 期。

54. 陈建兰：《1961—1963 年中国城镇人口精简浅析》,《兰州学刊》2006 年第 6 期。

55. 李泉：《中国城乡发展关系：反思与检讨》,《调研世界》2006 年第 10 期。

56. 武力：《1949—2006 年城乡关系演变的历史分析》,《中国经济史研究》2007 年第 1 期。

57. 郑美霞：《试论困难时期的职工精简与城镇居民压缩》,《怀化学院学报》2007 年第 2 期。

58. 李洪河：《建国初期的鼠疫流行及其防控》,《求索》2007 年第 2 期。

59. 王炎：《新中国历史上的宣传网制度》,《中共党史资料》2007 年第 3 期。

60. 杨黎源：《建国后三次人口大迁徙的流动机制比较及启示》,《探索》2007 年第 3 期。

61. 刘燕、张建：《近十年来乡村经济史研究综述》,《甘肃联合大学学报》（社会科学版）2007 年第 4 期。

62. 王伟、吴志强：《基于制度分析的我国人口城镇化演变与城乡关系转型》,《城市规划学刊》2007 年第 4 期。

63. 张同乐：《1949—1976 年河北省际人口迁移与社会结构变动》,《当代中国史研究》2007 年第 5 期。

64. 李金铮：《区域路径：近代中国乡村社会经济史研究方法论》,《河北学刊》2007 年第 5 期。

65. 陈国灿：《略论晚清时期浙江城市经济的演变》,《浙江社会科学》2007 年第 5 期。

66. 苏维民：《杨尚昆与三年困难时期精减城市人口》，《百年潮》2008 年第 10 期。

67. 南京师范大学 2008 级硕士研究生陈通硕士论文：《"文革"前知识青年上山下乡运动发展过程研究》。

68. 柳森：《1961—1963 年江苏省国民经济调整中的职工和城镇人口精减》，《当代中国史研究》2009 年第 2 期。

69. 徐向东：《建国初期粮食统购统销中的政治动员》，《湖南城市学院学报》2009 年第 2 期。

70. 张兴茂：《马克思主义所有制理论中国化的基本问题》，《当代世界与社会主义》2009 年第 3 期。

71. 张军：《博弈视野中的国家与农民——以粮食统购为例》，《湖州师范学院学报》2009 年第 3 期。

72. 张贡生：《中国国内乡—城人口迁移研究综述》，《山东经济》2009 年第 4 期。

73. 邬沧萍、李建民、王桂新、桂世勋：《新中国人口 60 年》，《人口研究》2009 年第 5 期。

74. 白积洋：《人口迁移空间选择机制的经济学分析》，《中国地质大学学报》（社会科学版）2009 年第 5 期。

75. 陈伟：《人口迁移模型的建立及参数分析》，《统计与决策》2009 年第 5 期。

76. 王义跃：《20 世纪 60 年代初浙江的精简工作》，载中共浙江省委党史研究室编《当代浙江研究》。

77. 张利民：《城市史视域中的城乡关系》，《学术月刊》2009 年第 10 期。

78. 《百年潮》记者：《如何看待新中国前 30 年的历史——访中共中央党史研究室副主任张启华》，《百年潮》2009 年第 10 期。

79. 王学典：《当代史研究的开展刻不容缓》，《山东社会科学》2009 年第 11 期。

80. 李斌：《政治动员及其历史嬗变：权力技术的视角》，《南京社会科学》2009 年第 11 期。

81. 叶超：《城乡关系的"自然顺序"之争及其透视》，《城市发展研究》2009 年第 12 期。

82. 柳森：《1961—1965 年国民经济调整研究述评》，《北京党史》2010 年第 1 期。

83. 朱珉：《新视角·新思维·新境界——读"走近郑宅"有感》，《今日南国》2010 年第 2 期。

84. 柳森：《20 世纪 60 年代江苏省移民退赔安置问题的解决》，《当代中国史研究》2010 年第 2 期。

85. 叶战备：《论中国政治参与的非均衡性及其化解》，《学习与探索》2010 年第 6 期。

86. 康胜：《城乡一体化：浙江的演进特征与路径模式》，《农业经济问题》2010 年第 6 期。

87. 高伯文：《一九五三年至一九七八年工业化战略的选择与城乡关系》，《中共党史研究》2010 年第 9 期。

88. 张丽梅：《抗战时期中国共产党民众社会动员方式研究》，《社会科学战线》2010 年第 12 期。

89. 易文彬：《城乡关系演变的历史与理论阐释》，《经济研究参考》2010 年第 42 期。

90. 郭维平、左军：《中国共产党的社会动员模式研究》，《扬州大学学报》2011 年第 1 期。

91. 朱珉：《近十年来中国乡村社会史研究述评》，《浙江社会科学》2011 年第 2 期。

92. 《李文胜：披甲归田都是党员样儿》，《光明日报》2011 年 3 月 1 日。

93. 朱洪亮、张瑞青：《我国城乡差异历史探源》，《安徽农业科学》2011 年第 6 期。